Franz Josef Wetz
Exzesse

Franz Josef Wetz

Exzesse

Wer tanzt, tötet nicht

Alibri Verlag
Aschaffenburg

2016

Franz Josef Wetz, geboren 1958, Professor für Philosophie und Ethik in Schwäbisch Gmünd; Mitglied im Wissenschaftlichen Beirat der *Giordano-Bruno-Stiftung*. Zahlreiche Publikationen, u.a. *Illusion Menschenwürde* (2005), *Baustelle Körper* (2009), *Lob der Untreue* (2011). Bei Alibri erschien 2014 *Rebellion der Selbstachtung*.

Alibri Verlag
www.alibri.de
Aschaffenburg
Mitglied in der Assoziation Linker Verlage (aLiVe)

Erste Auflage 2016

Copyright 2016 by Alibri Verlag, Postfach 100 361, 63703 Aschaffenburg

Alle Rechte, auch die des auszugsweisen Nachdruckes, der photomechanischen Wiedergabe, der Herstellung von Mikrofilmen, der Einspeicherung in elektronische Systeme sowie der Übersetzung vorbehalten.

Umschlaggestaltung: Claus Sterneck
Druck und Verarbeitung: Dardedze Holografija, Riga

ISBN 978-3-86569-197-2

Inhaltsverzeichnis

Einleitung   7

I. Orgien der Gewalt

Im Rausch des Hasses	13
Kaltblütig und heißwütig	25
Karneval der Hölle	36
Grundlose Verbrechen	48
Der Störfall – ein Normalfall	62
Talent zum Drangsalieren	80

II. Aufstand gegen Anstand

Not tut not	95
Lust macht lustig	111

III. Fröhliche Wildnis

Arbeit, Verschwendung und Tod	117
Mystische Experimente	125
Theater der Grausamkeit	139
Rituale der guten Laune	148
Gezügelte Raserei	163

Tabus, Kicks und Thrills	170
Verführerische Klänge	180
Drogen, Sex und Clubbing	189
Abenteuer Liebesspiel	204
Extreme Begierden	215
Das schmutzige Heilige	230
Anmerkungen	243
Literatur	253

Einleitung

Wie ist gute Laune möglich? Wodurch kann überschäumende Freude in einem überflüssigen Leben entstehen? Wie kann man ausgelassene Fröhlichkeit in einer gottlosen Welt bewahren? Nachdem die Seziermesser des scharfsinnigen Geistes, am Stein harter Tatsachen geschliffen, die erhabenen Sinngebilde religiöser Meister in museale Elemente zerlegt haben, scheinen überzeugende Antworten hierauf eher rar zu sein. Der Sieg der illusionslosen Bescheidenheit über religiöse Phantome und politische Fantastereien macht die Frage nach der guten Laune daher höchst brisant. Denn wo die Dinge gleichgültig und belanglos werden, wird das flüchtige Leben sinn- und zwecklos. Ohne höhere Bedeutung scheint unsere überzählige Existenz hoffnungslos verloren zu sein. Doch ist diese weitverbreitete Meinung falsch.

Angenehm vergnügte Lebensart benötigt keine besondere Rechtfertigung. Sie trägt einen Feiertag in sich, den freilich kein Mensch verdient, sich jedoch auch niemand erst verdienen muss, ja überhaupt kann. Statt eines geheimnisvollen Sinnkerns befindet sich in der Mitte unseres flüchtigen Daseins zwar einfach nichts. Trotzdem kann es in seiner ganzen Zufälligkeit mit spielerischer Heiterkeit angenommen werden. Ein beschwingtes Leben kommt ohne tiefere Wahrheiten aus. Es imponiert sich selbst. Wer sein verletzliches Dasein aus purer Lebenslust zu feiern versteht, für den erübrigt sich die Frage nach einem majestätischen Sinn des Ganzen. Das Leben muss zu nichts da sein, um an ihm Geschmack und Gefallen finden zu können. Zum Fest des Lebens bedarf es lediglich guter Laune. Sie ist eine wichtige Kraftquelle und Überlebenshilfe, die mit darüber entscheidet, ob sich das Leben für den Einzelnen lohnt oder nicht. Ungetrübte Lebensfreude wendet alles Hoheitsvolle, Schwere und Tiefe ins Heitere, Leichte und Helle. Aber wird nicht alles platt, flach und oberflächlich, wenn ernster Tiefgang fehlt? Geben sich die großen Versprechen erst einmal als bloße Versprecher zu erkennen, so zerbricht doch der Halt, der stabiles Gleichgewicht gibt und klare Perspektiven aufzeigt. Trotzdem lieber trivial als radikal; besser frei, freundlich und flexibel statt fromm, feindselig und fanatisch! Unklar ist nur, ob den Menschen dafür genug Lebenslust zu Gebote steht. Hieran darf mit Recht gezweifelt werden.

Denn es gibt sie noch: die hitzköpfigen, jähzornigen, hasserfüllten Querulanten, die sich ihre miese Laune nicht durch fröhliche Parolen verderben lassen. Sie wollen sich nicht locker machen. Die Zahl der chronischen Nörgler, die sich rasch in wilde Erregung versetzen lassen, ist sogar ziemlich hoch. Jeder ist bisweilen rüpelhaft, grob und ungezogen. Im weltweiten Netz gibt es schon lange kein Halten mehr. Die Foren strotzen vor ausfälligen Hetzbotschaften und Pöbeleien. Social Media als virtuelles Schlachtfeld für wortreiche Hasskommentare! Anonymität enthemmt. Hier können die Mäkler lästern, beleidigen und schimpfen, wie ihnen der Schnabel gewachsen ist. Die Spirale nach unten kennt keinerlei Grenzen. Keine Verbote können sie aufhalten. Im Gegenteil verstärken sich die derben Kommentare gegenseitig, die unbedachte User sogar mit ihrem Namen versehen.

Wie viele boshafte Tiraden, ordinäre Sexsprüche und stolz bekannte Gemeinheiten gibt es erst im unzensierten Privatraum. Häme, Niedertracht und Kollegenschelte sind nicht für die Öffentlichkeit bestimmt. Aber insgeheim lachen viele Menschen über das Versagen und Scheitern ihrer Mitbürger. Besonders Prominente sehen sie gerne im Strudel unseriöser Machenschaften untergehen. Hierüber dürfen die Leute ohne Verstellung lautstark blaffen. Dabei bleibt jede weitherzige Freundlichkeit auf der Strecke.

Noch am besten klappt das Meckern, Geifern und Keifen hinter dem Steuerrad. Auf der Autobahn etwa kann sich unsere Übellaunigkeit völlig ungestört entfalten. Das Auto bietet gesellschaftlich verpönten Frechheiten ein sicheres Obdach. Während der Fahrt dürfen Zorn und Verachtung hemmungslos toben. Man darf wild fluchen, ja die übelsten Verwünschungen aussprechen und sogar ganz offen Gewalt androhen, deren Grausamkeit den raffiniertesten Spielereien hartgesottener Sadisten manchmal in nichts nachsteht. Man fühlt, wie sich die Hand zur

Faust ballt, während die andere das Auto steuert. Und die Wut fühlt sich irgendwie überwältigend an. Endlich darf das Tier in uns mal aus dem Käfig. Man darf roh und ungehobelt seinen Ärger rausbrüllen, ohne sich hierfür rechtfertigen zu müssen. Weder braucht man Sanktionen zu befürchten noch freundliche Beschwichtigungen geduldig zu ertragen. Wer hat ein solches Angebot noch nicht genutzt? Freilich kann man über alles reden. Für jedes Problem gibt es eine Lösung, zumindest einen Kompromiss. Aber wer hat schon immer Lust auf vernünftige Gespräche und den Austausch kluger Argumente? So lassen sich bereits auf der Autobahn ungeheuerliche Neigungen aufspüren, die im Alltag sonst eher verborgen bleiben. Die Decke unserer Zivilisation ist dünn. Wir alle leben am Abgrund.

Dennoch drängt sich die Frage auf, warum sich Menschen immer wieder gegenseitig so viel Schreckliches antun. Weshalb verwendet jemand freiwillig so viel Kraft darauf, andere zu verabscheuen, zu hassen und zu bekämpfen? Wie schafft es die Gewalt, stärker zu bleiben als der Wunsch, in Frieden zu leben? Jede Zeit erlebt Gewalt als etwas unerhört Neues mit verstörendem Charakter. Gewalt hört niemals auf zu überraschen, was selbst überrascht, weil es sie doch schon immer und sogar in bedrückendem Ausmaße gibt. Geschichtlich betrachtet ist Gewalt eher das Normale als das Außergewöhnliche.

Doch wieso übt ungezügeltes Benehmen eine so starke Anziehungskraft auf die Menschen aus? Kommt hier die Kehrseite unserer Vernunft zum Vorschein, die genauso zu uns gehört? Ist es bloße Langeweile oder einfach nur die Lust, mal etwas anderes als die täglichen Routinen erleben zu wollen? Sind es verdrängte oder unterdrückte Impulse, die stets eine Gelegenheit suchen, um sich entfalten zu können? Wird hier ans Licht befördert, was normalerweise in den Tiefen der eigenen Existenz verschlossen liegt und der Alltagsordnung unzugänglich ist? Strahlt hier eine blinde Kraft mit zweifelhafter Sehnsucht auf? Eine schöne Seele ist der Mensch, gewiss, doch hässliche Abgründe schlummern ebenfalls in ihm. Wir tragen viele Möglichkeiten und Bedürfnisse in uns, die wir gar nicht kennen und die nur darauf warten, geweckt zu werden. Es gibt eben allerlei, was besser verborgen und geheim bleiben sollte, gelegentlich aber hervortritt. Wir alle sind anders. Ethisch betrachtet ist die menschliche Natur prekär.

Zwar erledigen zivilisierte Bürger ihre Arbeiten ebenso gewissenhaft wie geschäftsmäßig, und in ihrer Freizeit möchten sie meist nur unterhalten, sonst eher in Ruhe gelassen werden. Sie wollen möglichst ungestört ihren Betätigungen nachgehen dürfen. Aber wie schnell können noch so anständige Zeitgenossen, die eben noch unauffällig und freundlich waren, außer sich geraten. Manche weisen eine extreme Reizbarkeit auf.

Damit sich solche Anfälle nicht wie Gewitterblitze entladen, setzen viele Ordnungshüter auf pädagogische und therapeutische Schutzmaßnahmen, während andere eher von der abschreckenden Wirkung eines hohen Strafrisikos überzeugt sind. Beide Wege bieten unverzichtbare Orientierungen. Nur genügen sie nicht. Obgleich es nicht ohne soziale Regulierungen geht, steht die menschliche Begabung zur Milde, Würde und Humanität keineswegs fest. Darum empfiehlt sich ein dritter Weg, auf dem das dunkle Begehren sozialverträglich und lustvoll ausgelebt werden kann.

Im *ersten Teil* des Buches wird den Gewaltexzessen nachgespürt. Was ist Gewalt? Welche Facetten der Gewalt gibt es? Wo liegen die Ursachen von Gewalt? Der vorherrschende Trend unserer Zeit stützt sich auf situative, individual- und sozialpsychologische, ökonomische, politische, religiöse und weltanschauliche Erklärungen. Doch reichen sie alle nicht an die letzten Wurzelgründe der Gewalt heran, so wenig sich ihre Relevanz auch bestreiten lässt. Am Rätsel grundloser Verbrechen wird ihr Ungenügen deutlich. Der Fels, an dem der Spaten bricht, ist die biologisch entschlüsselte Natur des Menschen.

Der *zweite Teil*, ein kurzes Zwischenspiel, befasst sich mit den geläufigen Vorkehrungen gegen Gewalt, die sich nur partiell zurückdrängen und von der sich die Menschheit schon deshalb niemals heilen lässt, weil sie keine Krankheit ist. Wo immer der Schutzanstrich der Zivilisation, quasi der Firnis der Kultur, abplatzt, dort steigt die Wahrscheinlichkeit, dass das wilde Tier in uns wie eine gewaltige Elementarkraft durchbricht.

Im *dritten Teil* geht es daher um die Frage, wie sich unsere gewaltbezogenen Bedürfnisse so verwalten lassen, dass sie weder uns noch unseren Mitmenschen oder der Gesellschaft zum Schaden gereichen.

Zur Verringerung sozialunverträglicher, grausamer Gewaltorgien sind rauschartige Lustexzesse unverzichtbar, bei denen die Menschen auf sozialverträgliche Weise ihren Dampf ablassen können. Wer feiert, feuert nicht! Wer tanzt, tötet nicht! Ungebändigte Kräfte benötigen nicht bloß eine restriktive Ordnung, sondern auch Gelegenheiten zum Austoben.

Darum werden im Folgenden zeitgemäße Orte aufgesucht, an denen wir fast ohne jede Einschränkung vor Leben brennen und unsere überschüssigen Energien in den Dienst sinnlicher Selbsterfüllung stellen dürfen. In aufwühlenden Reizbefriedigungen, rauschender Erotik und maßlosen Exzessen zelebriert sich das Leben selbst. Solche ekstatischen Erhitzungen intensivieren und bereichern das Dasein. Hierzu bieten Sport, Spiel, Sex, Musik und Abenteuer der unterschiedlichsten Art vielfältig Gelegenheit. In diesen hedonistischen Festen ungezügelter Sorglosigkeit vollzieht sich eine Art existenzieller Wertschöpfung, bei der ein Mehrwert in Form eines gesteigerten Lustgewinns erzielt wird.

„Ja, das Leben ist schwer zu tragen", schreibt Friedrich Nietzsche unter der Überschrift „Geist der Schwere" in *Also sprach Zarathustra*.[1] Denn menschliches Leben ist mühsam, sorgenvoll und des Gelingens niemals sicher. Niemand hat es leicht. Alle Leichtigkeit muss einer ursprünglichen Beschwerlichkeit abgerungen werden. Etwas zustoßen kann einem jederzeit. *Hamlet* spricht von „tausend Stößen, die unseres Fleisches Erbteil".[2] Zu deren Abfederung bedarf es wirksamer „Stoßdämpfer" wie Glaube, Liebe, Hoffnung. Gerade alltägliche Beschwernisse verführen zu naiver Leichtgläubigkeit. In Anspielung auf Schopenhauer, der so Höflichkeit definierte, darf Religion mit einem Luftkissen verglichen werden, in dem zwar nichts ist, das aber die Stöße dämpft. Dabei genügte es schon, das Leben nicht so schwer zu nehmen, um sich seine gute Laune zu bewahren. „Heiterkeit ist der heimliche Vorgenuss des Todes – sie enthebt uns der großen Bürde unserer Aufgaben", notiert Nietzsche.[3]

Drum also: „Take it easy!" Doch das sagt sich so leicht. Um das Leben leichter tragen zu können, muss man zuvor gelernt haben, sich selbst leichter zu nehmen. Man muss ein Vogel werden, „der da leichter als alles irdisch Lastende sich in die Lüfte hebt", meint Sören Kierkegaard.[4] Ohne Leichtsinn gelingt das nicht. Allerdings steht der Suche nach unbeschwerter Leichtigkeit die ganze Daseinslast entgegen. Ein jedes Leben hat seine Plagen, die das Herz beschweren und zuweilen schwermütig stimmen. Hierin stimmt die Schwermut mit der Schwerkraft überein: Beides zieht herab. Aber es ist notwendig, aufrecht zu stehen und zu gehen, wenn man tanzen lernen möchte. Nur wer sich wie ein Vogel in die Lüfte zu schwingen vermag, wird ausgelassen feiern, singen und lachen können. „Vielleicht weiß ich am besten, warum der Mensch allein lacht: er allein leidet so tief, dass er das Lachen erfinden musste. Das unglückliche und melancholische Tier ist, wie billig, das heiterste", vermerkt Nietzsche.[5]

Menschen gönnen sich regelmäßig Auszeiten, um Urlaub von den täglichen Sorgen zu nehmen. Jedoch sind für ihr Dasein nicht bloß Nöte, Konflikte und Mängel charakteristisch, die ausgeglichen werden müssen, sondern ebenso beglückender Überfluss, Fülle und Begehren, die ausgekostet werden möchten. Diesbezüglich zieht Friedrich Nietzsche in *Also sprach Zarathustra* am gleichen Strang wie André Gide in *Uns nährt die Erde*: Beide empfehlen dem Einzelnen, sein Leben abenteuerlicher zu gestalten. Doch wie schwer tun sich die Menschen damit, am Leben Geschmack zu finden, selbst nachdem sie hieran bereits Gefallen gefunden haben. Sie sollten mehr lustvolle Exzesse entfesseln, um das pralle Leben schmecken zu können, finden Nietzsche und Gide. Beide raten, die Fülle des Daseins in vollen Zügen zu genießen und nach allem zu lechzen, was man landläufig Sünde nennt: „Eine wohlschmeckende Frucht, der sich begierige Lippen nähern, das ist für mich das Bild des Lebens", vermerkt Gide.[6] Das klingt schön unanständig, angenehm verdorben und ist es auch! Und genau darum geht es: dem Begehren mehr die Zügel schießen zu lassen, als es sonst vielleicht üblich ist. Nur für die Müden, die schon das bloße Existieren erschöpft, ist Ruhe bereits das Glück, nicht aber für die Enthusiasten, die der Durst nach Abenteuer verzehrt, weil sie den starken Pulsschlag des Lebens spüren. „Man muss noch Chaos in sich haben, um einen tanzenden Stern gebären zu können", schwärmt Nietzsche.[7] Dann ergibt sich das Gefühl: „Es sternt mich an", jubelt Gottfried Benn.[8] Die Wahrheit allen sinnlichen Verlangens ist der abenteuerliche Exzess. Wer hierauf verzichtet, verpasst das Fest des Lebens.

I. Orgien der Gewalt

Im Rausch des Hasses

Gewaltlosigkeit versteht sich nicht von selbst. Wir Menschen neigen zu Ehrgeiz, Neid und Eifersucht, die Rivalität und Missgunst entfesseln. Aggressive Feindseligkeit, hasserfüllte Ressentiments und das quälende Begehren nach dem, was andere haben, darstellen und sind, lassen selbst Durchschnittsbürger manchmal weder vor der Verbreitung böser Gerüchte noch vor grausamem Raub oder Mord zurückschrecken.

Infektiöse Raserei

Irgendwann fliegt die erste Flasche, und ein anderer schmeißt seine Flasche zurück. Ist der erste Stein geworfen, folgen sogleich der zweite und dritte. Geringfügige Anlässe können Kettenreaktionen auslösen. Im Nu ist keine Schranke mehr da. Die erste Flasche brachte den Stein der Gewalt ins Rollen. Sie tat den ersten wichtigen Schritt über die Grenze hinweg. Dieser ist zum Vorbild geworden, das zur Nachahmung reizt. Gewalt ist so infektiös wie eine Krankheit. Wie rhythmische Bewegungen, Leidenschaft, Lachen oder Weinen ist Gewalt imstande, unbeteiligte Beobachter in ähnliche Schwingungen zu versetzen. So überträgt sich die Gewaltbereitschaft von den Akteuren auf die Zuschauer. Der Aspekt der Infektion ist ein Schlüsselmoment der Gewalt. Deren Ansteckungsgefahr ist hoch. Dabei bewirkt der Prozess der wechselseitigen Erregung häufig sogar eine Intensivierung der Brutalität. Jede Aktion ruft eine stärkere, unkontrolliertere Gegenreaktion hervor. Die Konflikte vervielfältigen sich. Immer mehr Personen geraten aneinander. Es entsteht ein Chaos mit zahlreichen Polarisierungen, Oppositionsbildungen und Krisen. Der Religionsphilosoph René Girard spricht von „Furor"[9], was Aufgebrachtheit, Tobsucht oder Raserei bedeutet. Diese führt, mit Thomas Hobbes gesprochen, zum „Kampf aller gegen alle". Irgendwann hat sich eine ganze Gemeinschaft von dieser Aufwallung anstecken und in wilde Gewalt stürzen lassen.

Auf diese Weise kommt es regelmäßig zu einem Kreislauf von Verbrechen und Racheakten, in dem immer wieder neue Vergeltungsmaßnahmen ergriffen werden. Gewalt ruft fast immer Gegengewalt hervor. Blitzschnell schaukeln sich Konflikte auf. Leicht erregbare Feindseligkeit wechselt rasch in den Hass-Modus. Wo es Sippen oder Clans gibt, dort herrscht geradezu eine Pflicht zur Blutrache oder Fehde. Es kommt ein endloser Prozess in Gange, eine Kettenreaktion von Racheakten, die den Bestand der Gesellschaft gefährden können. Nichts scheint diesen Teufelskreis durchbrechen zu können. Jeder gerät in diesen Sog. Erst einmal entfesselt, lässt sich die Gewaltspirale kaum stoppen. Der Rachedurst ist fast nicht mehr zu stillen. Gewalt ist wie salziges Wasser: Je mehr man davon trinkt, umso durstiger wird man! Der Konflikt eskaliert immer weiter. Am Ende genügt schon die Anzahl der eigenen Opfer, die ihr Leben für eine gute Sache gaben, um weiterzumachen. Denn hier wie dort sind offene Rechnungen zu begleichen. Ehre und Rache beherrschen diesen Irrsinn, dem eine Tendenz zur Verselbständigung innewohnt. Erst Vergeltung schafft Befriedigung, denn das Bedürfnis nach körperlicher Rache ist groß. Der erlittene Schmerz soll mit noch größerer Schmerzzufügung beantwortet, Gleiches mit Ungleichem vergolten werden. Würde der Täter einfach nur vor Gericht gestellt, fühlte man sich nur halb so befriedigt. Zusätzliche Schubkraft erhalten solche entgrenzten Prozesse durch die Herabsetzung der Feinde als Untermenschen, Barbaren, Ungläubige, womöglich als Schädlinge und Ungeziefer, das dringend ausgerottet werden muss.

Wie Wolfgang Sofsky zeigt, besitzen Gewaltprozesse eine Eigendynamik. Sie halten sich selbst in Gange und tendieren zur Eskalation beim Kampf oder Massaker. Tortur, Raserei und Hetzjagd werden umso unerbittlicher, je länger sie andauern. Beseelt vom Gefühl der Gemeinschaft, wollen wild entschlossene Jäger ihrer Beute habhaft werden. Sie möchten die aufgestaute Spannung bei der Verfolgung endlich im

Triumph der Gefangennahme oder Vernichtung explodieren lassen. Unter den überwältigten Opfern bricht hingegen wilde Panik, Tumult und Chaos aus. Ängstlich und hilflos stürmen alle durcheinander. Nun fehlt beiden Seiten der nötige Abstand zu den eigenen Gefühlen. Der obsessiv getriebene Jäger kennt kein Halten mehr. Die Gejagten sind wie von Sinnen, schlagen kopflos um sich und trampeln sich gegenseitig nieder. Solche Exzesse absoluter Gewalt, die sich spiralförmig hinaufschrauben, gehören zur Eigenart leidenschaftlich geführter Kämpfe. Die Gewalt ist jetzt selbst Autor der endlosen Eskalationen geworden. Sie bedient sich der Beteiligten wie Marionetten, von denen sie Besitz ergriffen hat.[10] Manchmal weiß niemand mehr, wie der Konflikt begann. Doch sind die Streitigkeiten erst einmal im Gange, lassen sie sich nicht mehr ohne weiteres beenden.

Sündenböcke

Nach und nach verwandelt sich die „verheerende Gewalt aller gegen alle in die heilende Gewalt aller gegen einen", so René Girard.[11] Gewalt ist keineswegs immer das Anzeichen für gesellschaftlichen Zerfall. Wie die Geschichte beweist, trennt sie nicht nur, sondern verbindet auch. Gewalt besitzt eine Gemeinschaft stiftende Kraft. Sie wirkt nicht bloß destruktiv, sondern im Gegenteil sogar produktiv. Sie bringt Zusammenhalt unter Soldaten und Hooligans hervor, aber auch in Jugendbanden oder Nationen, wo Feindeshass die Vaterlandsliebe zu steigern vermag. Georges Sorel stellt Gewalt als Gemeinschafserlebnis dar, das quasi familiäre Bindungen zwischen den Angehörigen einer Kampfeinheit schafft, die füreinander da sind und miteinander gegen eine Sache, ein Kollektiv oder Individuum kämpfen.[12] Nicht selten tun sich Neider und Rivalen zu wachsenden Gruppen zusammen, bis am Ende nur noch ein Individuum oder Kollektiv als Gegner bleibt, auf das sich dann die vereinte Meute stürzt.

Aber woher kommt der einmütige Gewaltausbruch der Masse gegen einzelne Opfer, welche die Menge zur Gemeinschaft zusammenschweißt? Hierzu braucht es nicht viel. Schon der geringste Verdacht oder das kleinste Indiz genügt, um eine Person oder Gruppe für die gesamte Misere in der Gesellschaft verantwortlich zu machen. Häufig sind böse Gerüchte die Zünder, mit denen die Lauffeuer entfacht werden, die dann wie Steppenbrände mit rasanter Geschwindigkeit um sich greifen. Nur zu gerne werden voreilig gefasste Vorurteile, die Angst, Hass und Gewaltbereitschaft schüren, für evidente Wahrheiten gehalten. Denn insgeheim suchen fast alle nach Verantwortlichen für das gesellschaftliche Chaos. Da die gewünschten Opfer, auf die sich der Hass, die Missgunst oder das Gefühl der Rivalität bezieht, aber oftmals unerreichbar bleiben, begnügt man sich gerne mit Ersatzopfern, die sich in Reichweite befinden. Dieser Mechanismus funktioniert bis heute. Ein Angestellter etwa, der von seinem Vorgesetzten schikaniert wird, reagiert sich an seiner Familie ab oder drangsaliert seine Untergebenen.[13] Solche Stellvertreteropfer werden Sündenböcke genannt. Sie müssen für eigenes Versagen oder einen anderen Menschen herhalten, an den man nicht herankommt.

Genauso sucht eine Gesellschaft, die von Frustrationen und Krisen beherrscht wird, Sündenböcke, auf die sie ihre vielfältigen Wutregungen übertragen kann. Besonders hilfreich ist hierbei die üble Nachrede. Sie fällt stets auf fruchtbaren Nährboden. So zieht ein Sündenbock in kürzester Zeit alle Verdächtigungen auf sich, die zu Angst und Schrecken führen. Entwickeln sich die Ängste zu blinder Raserei, ist die Meute schnell zum kollektiven Mord bereit. Wer bis dahin noch Sympathie mit dem Sündenbock empfand, wird schon bald aus Angst vor der aufgebrachten Menge oder anderen Motiven zum Mitläufer. Dieser kann kaum anders, als die Feindseligkeit seiner Umgebung zu übernehmen.

Geradezu blindlings fällt die entfesselte Menge über ihre Sündenböcke her, wie etwa bei Pogromen und Lynchmorden. Hier berauscht sich der Mob daran, einzelne Personen oder Minderheiten für aktuelle Missstände zur Rechenschaft zu ziehen. Schon deren bloße Gegenwart vergifte das gesellschaftliche Klima, heißt es, weshalb sie unbedingt beseitigt oder ausgestoßen werden müssten. Auf ihnen lädt die Menge ihre Feindseligkeit ab. An ihnen lebt sie ihre Gewaltgelüste aus. So kommt es zu qualvollen Massakern oder schmachvollen Vertreibungen.

Verblüffenderweise fühlen sich danach alle Täter besser. Mit einem Male ist die Harmonie in der Gemeinschaft hergestellt und der soziale Zusammenhalt gestärkt, die Streitigkeiten untereinander sind verflogen. Offenbar funktioniert der Sündenbock als Blitzableiter. Er bietet der Menge ein kathartisches Ventil, das sie dringend benötigt, um Versöhnung zu finden. An die Stelle der angestauten Gewalt tritt nun gelassene Ruhe. Es kehrt Frieden ein; der Hass aufeinander ist zum Stillstand gebracht. „Dem Opfer verdankt die Masse ihre Ruhe", so Girard.[14]

Auf diese Weise wird aus dem Sündenbock schließlich ein versöhnendes Opfer, durch dessen Tötung die Gemeinschaft beruhigt und besänftigt wurde. Der geopferte Sündenbock hat die einstige Gewalt gleichsam mit in den Tod genommen. Die angestaute Feindseligkeit wurde mit der Opferung des Sündenbocks aus der Gemeinschaft ausgeschieden und hierdurch gesellschaftliche Einheit gestiftet. Die Gewaltspirale wurde durchbrochen. Wie es scheint, wäre der Teufelskreis der Gewalt ohne das versöhnende Opfer niemals beendet worden.

In Notzeiten ist fast jede Gesellschaft von dem Wahn besessen, Sündenböcke ausfindig zu machen, auf die sich ihr Hass richten kann – seien es Juden, Andersgläubige, Homosexuelle, Flüchtlinge, Behinderte oder Obdachlose. Diese werden mit Anschuldigungen überhäuft und für etwas zur Rechenschaft gezogen, das sie mitnichten zu verantworten haben. In Diktaturen oder Anarchien ist fast niemand davor gefeit, zum Sündenbock abgestempelt und in einer Art Hexenjagd verfolgt oder ausgestoßen zu werden. Anonyme Anzeigen können bereits genügen, um ahnungslose Bürger ins Verderben zu stürzen.

Im alttestamentarischen Buch *Leviticus* bezeichnet der Ausdruck Sündenbock ein rituelles Opfer, bei dem der Hohepriester die Sünden des Volkes Israel durch Handauflegen symbolisch auf einen Ziegenbock überträgt, der anschließend in die Wüste vertrieben wird. Hierdurch würden die Sünden innerhalb der Gemeinschaft vorübergehend mitverjagt. Der Sündenbock hat Stellvertreterfunktion.[15] Wie der Religionsethnologe James George Frazer ausführt, wurden in zahlreichen archaischen Gesellschaften die Sünden und das Missgeschick eines Stammes auf Tiere abgewälzt. In religiösen Zeremonien wurde alljährlich ein ausgewähltes Tier, mit den bösen Geistern der Gemeinschaft bepackt, aus dem Dorf getrieben.[16]

Brutale Menschenopfer

Nach dem Opferritual fühlt sich die Gemeinschaft vorübergehend von Hass, Neid und Eifersucht befreit. Die Ansteckungsgefahr ist einstweilen gebannt. Für diesen unerwarteten Frieden macht sie das Menschenopfer verantwortlich, betont Girard. Anscheinend säte der Sündenbock unbeabsichtigt Gewalt, um Frieden zu ernten.

Menschenopfer gab es in zahlreichen religiösen Kulten, die sich im Ansatz alle gleichen. Sie wurden praktiziert in archaischen Religionen Indiens, Chinas, Ägyptens ebenso wie bei den Azteken und Mayas.[17] Allerdings fanden Menschenopferungen nicht bloß auf fernen Kontinenten wie in Mexiko oder im prähistorischen Europa statt. Es gab sie auch in Britannien, Gallien, ja selbst bei den alten Griechen und Römern. Shakespeare verweist hierauf in seiner blutigen Tragödie *Titus Andronicus*. In Rom wurde das Menschenopfer erst 97 v. Chr. verboten.

Die in den Ritualen dargebrachten Opfer waren bevorzugt Personen am Rande der Gesellschaft: Arme, Kastenlose, Sklaven, Kriegsgefangene, Verbrecher. So häufig diese als Sündenböcke herhalten mussten, nicht selten dienten rituelle Opfermorde auch der Besänftigung oder Beschwichtigung der Götter. Sie sollten persönliches Unheil abwenden, Plagen, Hungersnöte und andere Katastrophen beenden, eine üppige Ernte, ein gesundes Kind oder einen großen Sieg in einer brutalen Schlacht schenken.[18] Gelegentlich wurden die den Göttern geopferten Menschen bei einem anschließenden Festmahl verzehrt. Ritualisierten Kannibalismus soll es selbst bei den alten Römern gegeben haben. Sallust und Plutarch berichten hiervon, und Shakespeare zeichnet hiermit übereinstimmend in der erwähnten Tragödie das antike Rom als eine Welt, in der rituelle Opfermorde ebenso wie Kannibalismus vorkamen.[19] Nach Lévi-Strauss diente der Kannibalismus in archaischen Kulturen vor allem der Neutralisierung furchterregender Kräfte. Indem man die Personen, vor denen man Angst hatte, sich einverleibte, ließ man sie gleichsam aus der Welt verschwinden.[20]

Brutale Opferrituale haben nur vordergründig sakralen Charakter. Als ebenso überzogene wie überflüssige Gewalthandlungen neutralisieren und kontrollieren sie Aggressionen innerhalb der Gesellschaft. Sie bannen die Bereitschaft der Menschen zu anarchischer Zügellosigkeit, indem sie ihr Gewaltpotenzial in religiöse Praktiken kanalisieren. So verstanden lenken religiöse Opferspektakel chaotische Energien in geordnete Bahnen. Eingespielte Kulthandlungen lassen diese destruktiven Impulse in begrenztem Maße frei, um wie Sicherheitsventile aggressive Willkür zu verhindern.

Dionysos und der Gekreuzigte

Zwischen dem skizzierten Archaischen und dem Jüdisch-Christlichen gibt es mehrere Parallelen. Die archaischen Religionen fasst Nietzsche mit dem Namen des Gottes Dionysos zusammen.

Im engeren Sinne gilt Dionysos, lateinisch Bacchus, als Gott des Weines und des Rausches. Jupiters Frau Juno soll auf den unehelichen Sohn ihres Mannes eifersüchtig gewesen sein. Deshalb habe sie, als Jupiter außer Landes war, die Titanen angestiftet, Dionysos in Stücke zu zerreißen und roh zu verschlingen. Im Mythos wird Dionysos meist als vor Kraft strotzender Stier verherrlicht. Bei den orgiastischen Kulten zu seinen Ehren wurde ein lebendiger Stier in bacchantischer Raserei mit Zähnen in Stücke gerissen, Teile seines Fleisches roh gegessen, andere Teile zur Befruchtung der Erde in den Feldern vergraben. Als Bacchanten, Bakchen oder Mänaden, was soviel wie die Rasenden bedeutet, werden die Verehrer von Dionysos bezeichnet.[21] Gelegentlich arteten diese heiligen Feste, die Dionysien, sogar zu kannibalistischen Exzessen aus, bei denen auch Menschen geopfert und verspeist wurden. Hier wie dort glaubten die Akteure, Dionysos selbst getötet und sein Fleisch verzehrt zu haben, den Jupiter nach seinem gewaltsamen Tod wieder zum Leben erweckte.[22] Mit alledem verfolgten die Dionysosfeste den Zweck, die Fruchtbarkeit und das Wachstum von Boden, Tier und Mensch zu fördern. Im alljährlichen Blühen und Gedeihen der Saat sahen die Anhänger von Dionysos sowohl einen Beweis für dessen Auferstehung als auch für die Wirksamkeit ihrer heiligen Riten.

Unter der Überschrift „Dionysos *und* der Gekreuzigte"[23] hebt Nietzsche ähnlich wie der Religionsphilosoph Girard hervor, dass die Menschen der biblischen Welt genauso brutal waren wie die Anhänger archaischer Religionen. Die mythische Kollektivgewalt gegen Sündenböcke oder Gottesopfer und die christliche Passion gehören zum selben Typus. „Es ist nicht eine Differenz hinsichtlich des Martyriums",[24] betonen Nietzsche und Girard übereinstimmend. Außerdem hätte sich hier wie dort eine Menschenmenge zusammengerottet, um kollektiv gegen eines ihrer Mitglieder brutal vorzugehen. Jesus war auch ein Sündenbock. Bis zu diesem Punkt konvergiere die christliche Passionsgeschichte mit den archaischen Mythen. Die Kreuzigung Jesu sei ein Martyrium kollektiver Gewalt, wie es in der alten Welt regelmäßig stattfand. Die kollektive Opferung Jesu wurde durchgeführt, um den von Pilatus befürchteten Aufruhr zu verhindern, und das heißt: die menschliche Gemeinschaft zu besänftigen. „Jesu Tod hat auf das Volk dieselbe Wirkung wie alle kollektiven oder kollektiv inspirierten Mordtaten, nämlich eine Art Entspannung", schreibt Girard.[25]

Vergebung statt Vergeltung

Trotz aller Übereinstimmungen gibt es auch Differenzen zwischen den archaischen Mythen und dem Christentum. Unter der Überschrift „Dionysos *gegen* den Gekreuzigten"[26] verweist Nietzsche darauf, dass zwar große Ähnlichkeiten hinsichtlich des Martyriums festgestellt werden könnten, dass dieses hier aber „einen anderen Sinn"[27] als dort habe: Die dem Fruchtbarkeitsgott Dionysos geweihten Opferrituale, ein „Hexentrank aus Wollust und Grausamkeit"[28], sind im Gegensatz zu christlichen Gottesdiensten viel brutaler. Sie gleichen wilden Orgien, bei denen sich die Teilnehmer, von aufwühlender Musik und Wein erregt, mit gellendem Jauchzen und frivolen Tänzen in rauschartige Ekstasen versetzen, um in diesem heiligen Wahnsinn lebendige Opfertiere, ja sogar Menschen in Stücke zu zerreißen, deren rohes Fleisch zu verschlingen und ihr Blut zu trinken. „Aus der höchsten Freude tönt der Schrei des Entsetzens."[29] Trotz aller Brutalität gelten solche zu Ehren von Dionysos abgehaltenen Opferrituale, die bevorzugt im Frühling stattfanden, als Jubelfeiern der Natur. Nach Nietzsche steht Dionysos für die uneingeschränkte Bejahung des Lebens samt aller tragischen, leidvollen und grausamen Seiten des menschlichen Daseins. Dionysos sei mehr als ein sinnenfroher Trunkenbold oder Weingott. Er repräsentiere das pralle Leben. Hingegen verkörpere Christus die Verneinung der diesseitigen Welt. Sein Leid sei ein Einwand gegen irdische Genüsse, die Abwertung allen Erdenglücks als Verblendung, Irrtum und Sünde sowie die

Aufforderung zu lebensfeindlicher Frömmigkeit. Zur Ehre Gottes feiere hier eine bußfertige Jenseitssehnsucht fragwürdige Triumphe über unbekümmerte Diesseitsfreude.

Nach Girard sind die wesentlichen Unterschiede ganz andere: In den archaischen Mythen wird die Tötung der Opfer fast immer für gerechtfertigt gehalten, selbst wenn sie Götter sind. Die Verfolger und Mörder haben dort beinahe immer recht. In der *Bibel* hingegen werden die Opfer zumeist ohne erkennbaren Grund verfolgt und verstoßen. Völlig grundlos wird Gewalt gegen sie ausgeübt. Auffälligerweise trifft dies nicht nur auf Jesus, sondern auf zahlreiche Figuren des *Alten Testaments* gleichfalls zu: Joseph, der von seinen Brüdern ausgestoßen wurde, Hiob, den Psalmisten und die meisten Propheten. Sie alle könnten mit den schlichten Psalmworten klagen: „Sie hassen mich ohne Ursache."[30]

Jedoch liegt das eigentlich Sensationelle der biblischen Geschichte nach Girard weniger in dieser Umkehrung von Schuld und Unschuld als vielmehr in der Idee der Vergebung. Die christliche Botschaft durchbricht den Gewaltzirkel, indem sie Christus, das gekreuzigte Opfer, seinen Mördern vergeben lässt. Dies ist das wahre Neue: der Verzicht auf Gewalt und Rache. Vergebung tritt an die Stelle von Vergeltung. Jesus identifiziert sich mit Opfern und Tätern gleichermaßen. Dabei unterbricht er die Gewaltspirale mit Ermahnungen wie der folgenden: „Wer unter euch ohne Sünde ist, der werfe den ersten Stein",[31] überzeugt davon, dass, wenn der erste liegen bleibt, alle übrigen Steine ebenfalls nicht aufgegriffen werden. Darüber hinaus predigt Jesus sogar Feindesliebe, Barmherzigkeit, tätiges Mitgefühl und uneigennützige Nächstenliebe, wie bereits Joseph sie seinen Brüdern entgegenbrachte.

Religiöses Versagen

Wie kann das Licht barmherziger Solidarität das Feuer fanatischer Leidenschaft eindämmen? In der Geschichte haben sich alle Weltreligionen als unfähig erwiesen, dauerhaften Frieden zu stiften. Selbst im Namen des Buddhismus und Hinduismus wurde und wird Gewalt ausgeübt, ob in Sri Lanka, Myanmar oder Bhutan. Genauso hat die christliche Botschaft bis heute ihr Ziel verfehlt. Da drängt sich zwangsläufig die

Frage auf, ob die Verkündung der Menschenliebe, Barmherzigkeit und Versöhnung überhaupt ihr Ziel erreichen kann. Möglicherweise ist Dionysos doch der größere Realist, der sinnenbetörende Exzesse nicht als sündiges Teufelswerk verurteilt, sondern als aufreizende Lustbarkeiten verherrlicht. Natürlich sollten solche lebenslustigen Orgien nur in abgemilderter Hemmungslosigkeit zur Blüte gebracht werden. Dionysische Exzesse, bei denen niemand ernsthaft zu Schaden käme, machten vielleicht die beschworene Vergebung geradezu überflüssig, weil sie jene brutalen Kräfte, die im menschlichen Untergrund gären, nur in gewaltige, nicht jedoch in gewalttätige Bahnen lenken würden. Bleiben aber Gräueltaten, Fehltritte und Kränkungen von vornherein aus, dann brauchen auch nicht mehr Hassspiralen und Rachekreisläufe durch Vergebung beendet werden. Jedenfalls vermochte der religiöse Aufruf zur Vergebung bislang nur teilweise Weltfrieden zu stiften. Im Gegenteil haben Christen und Vertreter anderer Weltreligionen sogar regelmäßig das Gegenteil praktiziert. Dabei darf religiös motivierte Gewalt nicht als zufällige Entgleisung verharmlost werden. Dogmatische Wahrheitsgebäude mit Missionsbefehl besitzen von vornherein ein hohes Gewaltpotenzial.

Selbstverständlich hat das Christentum die bekannten europäischen Katastrophen vergangener Jahrhunderte mitzuverantworten. Allein der Missionsauftrag, Heiden zu bekehren, brachte unendlich viel Leid über die Menschheit. Diese Gräueltaten sind hinlänglich bekannt und feiern derzeit Urständ in der islamischen Welt. In der Menschheitsgeschichte wurden schon viele „heilige und gerechte Kriege" geführt, in denen die Ansprüche der jeweiligen Gegenseite moralisch und rechtlich diskreditiert wurden.

Seit dem 11. September 2001 ist die Diskussion über das Verhältnis von Religion und Gewalt nicht mehr verstummt. Heute ist sie vor allem durch die Gräueltaten der Islamisten in den Mittelpunkt der öffentlichen Aufmerksamkeit gerückt. Ähnlich wie einst linke Terroristen und kommunistische Diktatoren die klassenlose Gesellschaft erstreben die sunnitischen Dschihadisten des Islamischen Staats das utopische Ziel eines mächtigen muslimischen Reiches, das Kalifat der Abbasiden von 749 bis 1258 als Vorbild vor Augen. Natürlich unterscheidet sich diese Vision von der sozialistischen Utopie in fast jeder Beziehung.

Dennoch versuchen die zu allem entschlossenen IS-Dschihadisten und opferbereiten Al-Kaida-Milizen wie scheinbar einst politische Terroristen durch schockierende Gewaltanschläge ins Rampenlicht der Öffentlichkeit zu gelangen. Zudem haben wir es hier wie dort mit totalitären Strukturen zu tun, in denen jede Opposition als Verrat entlarvt wird. Darum verhehlt der Verunsicherte besser seine Angst, weil sie ihn verdächtig macht. In totalitären Systemen bleibt jeder nur solange unschuldig, wie polizeiliche Nachlässigkeit oder diktatorische Großmut ihm die Gunst gewährt, nicht eine verbrecherische Schuld oder verschwörerische Komplizenschaft bekennen zu müssen. So schreiten unter den erloschenen Augen von Hingerichteten religiöse und politische Revolutionäre über gekrümmte Rücken zur Macht auf. Einmal an der Macht, möchten sie diese meist mit niemandem mehr teilen.

Wenn sunnitische Killerbrigaden gnadenlos Köpfe abschlagen und ganze Landstriche verwüsten, dann nährt dieses grausame Blutvergießen natürlich den Verdacht, dass Religionen zum Inventar der Hölle auf Erden gehören. Sie bergen große Gefahren- und Gewaltpotenziale in sich.

Trotzdem ist es zweifelhaft, ob es ohne Religion friedlicher in der Welt zugegangen wäre und zugehen würde. Das Ende der Religion bedeutet nicht automatisch Frieden auf Erden. Eine säkulare Hoffnung, die aufgeheizte Gewaltspirale zu durchbrechen, ist das Strafsystem. Während Gewalt immer mehr Gewalt hervorbringt, kann eine wirksame faire Rechtsprechung diesen Kreislauf stoppen, indem sie das weitere Anschwellen von Rachegelüsten verhindert. In der *Orestie* des Aischylos aus dem 5. vorchristlichen Jahrhundert geht es bereits um die Besänftigung der Rachegeister, Erinnyen, durch die Einführung geordneter Gerichtsverfahren, damit nicht unaufhörlich Blut mit Blut gesühnt werde.[32] Allerdings verspricht kein noch so zivilisiertes Recht ein Ende der Gewalt, sondern lediglich deren entschlossene Eindämmung und bestenfalls faire Gerichtsprozesse. Die Erwartung, dass die Justiz das Gewaltproblem beseitigen könne, ist genauso unbegründet wie die Zuversicht, dass die Religionen es jemals lösen werden. Die Hoffnung von Gläubigen und Religionsgegnern auf ein inner- und zwischenstaatliches Zusammenleben in Ruhe und Sicherheit ist ebenso naiv wie illusionär, lebenspraktisch aber unverzichtbar. Beide Seiten verbindet die

Überzeugung, dass wir Menschen zu dauerhaftem Frieden fähig seien. Diese Annahme ist ganz offenkundig falsch, und die lakonische Frage heißt schlicht und ergreifend: Warum?

Kaltblütig und heißwütig

Gewalt hat viele Gesichter. Bis heute steht nicht einmal fest, worauf sich das Wort Gewalt bezieht. Prügelstrafe in der Schule oder erzwungener Sex in der Ehe wurde früher nicht als Gewalt eingestuft. Erstere galt als berechtigte Erziehungsmaßnahme, letzterer als gerechtfertigtes Herrenrecht. Ein und dieselbe Misshandlung kann verschiedene Bedeutungen besitzen. Sie kann Ausdruck berechtigter Strafe, grausamer Rache, unbeherrschter Leidenschaft, strategischer Unterdrückung oder bloßen Hasses sein. Gewalt gibt es in Familien, unter Rivalen, gegen Ausländer.

Alle Kriege führen zu Gewalt – nicht bloß Angriffskriege, sondern auch Befreiungskriege, ethnische oder religiöse Separations-, Guerilla- und Partisanenkämpfe, bei denen bewaffnete Gruppen aus dem Hinterhalt gegen feindliche Eindringlinge operieren. Gleichfalls richten Präventionskriege furchtbare Blutbäder an, obwohl sie doch nur bevorstehenden Angriffen zuvorkommen möchten. Das Gleiche gilt für Präemptionskriege, welche potenzielle Kriegsgegner aufzuhalten versuchen, bevor diese das Land mit Waffen, die sie erst noch zu entwickeln beabsichtigen, mutmaßlich bedrohen oder angreifen werden. Ähnliches gilt für humanitäre militärische Interventionen und Pazifizierungskriege zur Verteidigung der Menschenrechte oder zur Etablierung von Frieden und Freiheit. Freilich gibt es seit Clausewitz eine Reihe von Regeln zur Zivilisierung des Krieges. Jedoch werden diese keineswegs immer eingehalten. Vielleicht ist ja schon der Begriff zivilisierter Krieg ein Widerspruch in sich, weil Krieg immer Blutvergießen, Not und Leid bedeutet.

Facetten der Gewalt

Im Unterschied zu körperlicher Gewalt bleiben üble Beschimpfungen, Lästereien und Grimassen auf die Mitwirkung ihrer Opfer angewiesen. Diese müssen sich nämlich belästigt, verspottet und beleidigt fühlen, wenn solche Angriffe wirken sollen. Dagegen trifft körperliche Gewalt immer ihre Opfer.

Im Folgenden wird Gewalt primär als bewusste körperliche Schadenszufügung verstanden. Unseren zerbrechlichen Körper können wir niemals ausschalten. Aufgrund seiner Verletzlichkeit ist er immer gefährdet, und seiner Sichtbarkeit wegen steht er ständig in der Schusslinie. Gesehen werden zu können heißt, angreifbar zu sein. Jeder ist in der Lage, seinen Mitmenschen das Leben zu nehmen. Dieses kann man jederzeit verlieren. Gewalt ist eine Möglichkeit, die stets wirklich zu werden droht. Menschen haben gute Gründe, sich voreinander zu fürchten und zu schützen.[33] Denn sie blicken sich ja nicht nur freundlich an, sondern rempeln sich auch feindlich an. Sie raufen, prügeln, schlagen, geraten in ein Handgemenge, zücken und stoßen das Messer, schwingen das Beil. Ein aggressiver Täter fügt seinem Opfer absichtlich Schmerzen zu, die nicht von allen gleich empfunden werden. Das Maß des Erträglichen variiert kulturell wie individuell. Ziel ist der Körper, der selbst eine Waffe darstellt, die jedem zur Verfügung steht. Denn Ohrfeigen, Fußtritte und Faustschläge, die den Gegner zu Boden strecken, kann jedermann verteilen. Solchen Übergriffen kann man nur durch schnelle Flucht, geschickte Deckung oder präventive Gegenschläge entgehen. Die menschliche Fantasie ist bei der Erfindung immer effektiverer und grausamerer Gewaltmittel fast grenzenlos. Der technische Einfallsreichtum hat das Destruktionspotenzial nahezu ins Unermessliche gesteigert.

Gewalt hat ihre Wärme- und Kältegrade. Heiße Gewalt ist impulsiv, affektiv, daher oftmals ungezügelt, hemmungslos, ja verbohrt, als hätten die Beteiligten keine Macht mehr über sich. Im Blutrausch fiebert der Jäger seiner Beute regelrecht entgegen, bis er sie endlich erlegen kann. Wutausbrüche verwandeln sich schnell in wilde Raserei. Meist vermag erst körperliche Erschöpfung die aufgepeitschte Woge des Zorns zu glätten. Erhitzte Gemüter mit niedriger Reizschwelle neigen zu heißer Gewalt. Ganze Kulturen stehen im Verdacht, blindwütig gewesen zu sein. So sollen sich die Azteken durch unstillbare Blutgier ausgezeichnet haben.[34]

Im Unterschied zu trunkener Wut geht kalte Gewalt überlegt vor. Sie wird gewissen- und mitleidlos, eben kaltblütig ausgeübt. Hier fehlen alle inneren Skrupel, die den Täter daran hindern könnten, sich an seinen Opfern brutal zu vergehen. Zeichen aufgepeitschter Erregung sind nicht zu erkennen. Im Extremfall fehlt jeder Hass, Groll, Neid, das Gefühl der Rache und Rivalität. Stattdessen herrschen Indifferenz und Desinteresse am Leid der Opfer. Hierfür steht der gekaufte Mörder, der gedungene Profikiller wie etwa der kolumbianische „Sicario", aber auch der eiskalte Attentäter, der seinen Anschlag sorgfältig plant, um ihn anschließend ohne jede Gefühlsregung auszuführen. Wie ein Bombenabwurf erfordert seine Schreckenstat ein kühles, zweckrationales, präzises Vorgehen.

Wüten ohne Wut

Der Vernichtungspolitik totalitärer Regime sind orgiastische Gewaltexzesse scheinbar fremd. Alle Prozesse von der Verhaftung der Menschen über deren Transport und ihrer Verwahrung in Lagern bis zu ihrer Tötung werden von den Apparaten der Macht rationell organisiert, bürokratisch und technisch verwaltet. Von den Mitarbeitern wird eine routinemäßige Befolgung aller Anweisungen und Befehle gefordert. Auch diese Form kalter Gewalt ist nicht von Hass und Verachtung geprägt, sondern von einer erschreckenden Gleichgültigkeit, die taub gegenüber den Schreien der Gemarterten bleibt.

Nach Hannah Arendt war Adolf Eichmann, Organisator der Deportation von Millionen Menschen in die nationalsozialistischen Vernichtungslager, weder perverser Sadist noch monströses Ungeheuer, das aus niederen Beweggründen handelte. Eichmann sei erschreckend normal gewesen, der gemäß seinem Amtseid handelte. Seine Verbrechen waren nicht genial, sondern banal:[35] „Da ist keine Tiefe – das ist nicht dämonisch! Das ist einfach der Unwille, sich je vorzustellen, was eigentlich mit dem anderen ist."[36] Eichmann hat lediglich Befehle ausgeführt und sich selbst als funktionierendes Rädchen im Getriebe gesehen. Seine strikte Befolgung von Befehlen und unterwürfige Haltung seinen Vorgesetzten gegenüber waren in der straff organisierten Hierarchie selbstverständlich. Im Gegensatz zu Arendts Einschätzung vermuten aber einige Historiker, dass Eichmann doch fanatischer Nationalsozialist gewesen sei, der, als er in Israel zur Rechenschaft gezogen wurde, den gewissenhaften Technokraten und gedankenlosen Bürokraten lediglich vortäuschte. Immerhin hatte er die Mordfabriken mit eigenen Augen gesehen, in die er die Opfer deportieren ließ.

Unabhängig von der Frage, ob Eichmann ein Nationalsozialist ohne fanatische und sadistische Leidenschaften war, ist sicherlich richtig: Nicht hinter jedem grausamen Verbrechen steckt ein sadistisches Ungeheuer, sondern manchmal nur ein gedankenloser Mitläufer, der einfach bloß dazugehören möchte, ein ehrgeiziger Streber, der gelobt und befördert werden will, oder ein autoritätshöriger Durchschnittsbürger, der macht, was man ihm aufträgt.

Stanley Milgram belegte in einer klassischen Studie die Bereitschaft der Menschen zu blindem Gehorsam.[37] In seinem Experiment 1961 sollten „Lehrer", normale Versuchspersonen, ihren „Schülern", die Schauspieler waren (was die Lehrer nicht wussten), immer dann einen Stromschlag versetzen, wenn sie falsche Antworten gaben. Lehrer und Schüler blieben räumlich getrennt, so dass sie sich zwar nicht sehen, dafür aber hören und miteinander sprechen konnten. Zunächst hatten die Schüler eine Serie von Wortpaaren zu lernen. Sagte der Lehrer anschießend ein Wort, so sollte der Schüler das dazugehörige zweite nennen. Nach jedem Fehler wurde der Stromstoß um 15 Volt erhöht. Offiziell wurde dieses Experiment als Studie zur Verbesserung des Gedächtnisses angekündigt. Selbst als die Schüler über Schmerzen zu klagen begannen, machten die Lehrer größtenteils weiter, nachdem die Versuchsleiter sie hierzu ermuntert hatten und ihnen versicherten, die volle Verantwortung für das Experiment zu übernehmen. In Wahrheit jedoch verabreichten die Lehrer den Schülern gar keine elektrischen Schläge. Das Stöhnen und Klagen der Schüler wurde lediglich simuliert. Milgram wollte mit dem Experiment zeigen, wie leicht Menschen von Autoritäten dazu gebracht werden können, unterwürfig und folgsam grausame Befehle zu befolgen. Seiner Auffassung nach liegt in der großen Gehorsamsbereitschaft des Durchschnittsbürgers eine Erklärung für zahlreiche Kriegsverbrechen.

Hinzu kommt, dass Menschen eher respektiert, akzeptiert und gemocht werden, wenn sie sich integrieren und mit anderen übereinstimmen, anstatt anderer Meinung zu sein. Da ihr Bedürfnis nach Anerkennung und Dazugehörigkeit stark ausgeprägt ist, lassen sie sich schnell zu übermäßiger Konformität verführen. Sie übernehmen die Sichtweise ihrer Mitmenschen und erfüllen deren Erwartungen, mögen diese auch noch so töricht und sonderbar sein. Gruppendruck führt dazu, dass Menschen sich gehorsam unterordnen, ja sogar Feindbilder teilen. Unter sozialem Druck kann man leicht jedes Mitgefühl verlieren.

Im Dickicht der Ursachen

Eines sind die verschiedenen Formen der Gewalt, ein anderes deren Auslöser und Ursachen. Manchmal vermag schon zu große Nähe gewalttätige Unruhen auszulösen, wenn Menschen zu dicht auf engem Raum leben. Das Gleiche kann bei zu großer Distanz geschehen, wenn Menschen sich ausgeschlossen und ignoriert fühlen. Je nachdem können Nähe und Distanz aber auch Konflikte und Spannungen in Grenzen halten.

Auslöser kriegerischer Auseinandersetzungen waren in der Vergangenheit bereits ein Fenstersturz, eine Ohrfeige, ein Attentat oder Flugzeugabsturz wie 1994 in Ruanda. An Bord der Maschine befand sich damals Ruandas Präsident, ein Hutu. Tutsi-Rebellen wurden beschuldigt, die Maschine abgeschossen zu haben. Bis heute ist diese Frage ungeklärt. Jedoch genügte dieses einzelne Ereignis bereits, damit sich der lange geschürte Hass gegen die Tutsis brutal entladen konnte. Innerhalb weniger Monate wurden Hunderttausende Tutsis von Hutus erschossen, verbrannt, erwürgt, enthauptet oder erschlagen. Rund 800.000 Menschen starben. Der Flugzeugabsturz war Auslöser eines furchtbaren Genozids, nicht aber dessen Ursache, die in älteren politischen Konflikten zwischen beiden Bevölkerungsgruppen liegen.

Es gibt ganz verschiedenartige Ursachen von Gewalt, von denen hier lediglich einige Beispiele in loser Aneinanderreihung aufgezählt, aber nicht abschließend analysiert und in ein angemessenes Verhältnis zueinander gebracht werden sollen. Die meisten Ursachen liegen tiefer und sind umfassender als deren Auslöser. „Die Tat, die wir Verbrechen nennen, am Ende ist sie nichts anderes als eine blutige Klage, die das Leben selbst erhebt. Gegen die Hoffnung auf den Feierabend, Hoffnung auf das Wochenende, all diese lebenslängliche Hoffnung auf Ersatz, gegen den Aufschub", schreibt Max Frisch.[38] Häufig gründen Gewaltakte auf personalen, sozialen und globalen Defiziten. Gerne werden die weltweit ungebändigte Konkurrenz bei der Verteilung von Gütern, Marktanteilen, Gewinnen und Ressourcen genannt: Oftmals geht es um Bodenschätze, um fossile Energieträger oder um geostrategische Ziele. Natürlich spielen bei der Entstehung von Gewalt auch wirtschaftliche Unterprivilegierung, Armut, Arbeitslosigkeit, Statusfrustration, Ausgrenzung, Schulversagen und Erziehungsmängel eine wesentliche Rolle. Gewalt ist ein Ventil für starke Frustrationen und für gelangweilte Dekadenz. Manche Menschen sind gewalttätig, nur um sich selbst besser spüren zu können, so abgestumpft sind sie. Nichts scheint das Delinquenzrisiko eines Jugendlichen stärker zu beeinflussen als häusliche Gewalt, ein schlechtes Familienklima, gravierende Entwicklungsstörungen, fehlende Bindung oder ein mangelndes Selbstwertgefühl. In ökonomisch und sozial schwachen Wohngegenden blühen leicht prekäre Milieus auf, welche die Gewaltbereitschaft beträchtlich steigern. Hierzu passt, dass das Gewaltrisiko an Hauptschulen in Großstädten deutlich höher liegt als an kleinstädtischen Gymnasien.

Anscheinend gibt es keine Gewalt, die nicht provoziert worden wäre. Wo körperliche Unversehrtheit und soziale Anerkennung durch Ausgrenzung, Spott oder Gleichgültigkeit gefährdet werden, dort reagieren die Menschen aggressiv bis gewalttätig. Solche Äußerungen müssen als Hilferufe an das soziale Umfeld verstanden werden. Sie sind hauptsächlich reaktive Verhaltensformen, die Situationen bewältigen sollen, welche das gewohnte Leben bedrohen. Häufig möchten sie nur Aufmerksamkeit und Mitgefühl wecken.[39] Körperliche Gewalt scheint bisweilen noch das einzig verbliebene Mittel zu sein, mit dem ausgeschlossene Menschen auf sich und ihre Ansprüche auf Dazugehörigkeit hinweisen können. Mit Gewalt können Verlierer oder Opfer sozialer Benachteiligung, denen der Zugang zu Durchschnittspositionen und Standardkarrieren verwehrt bleibt, gesellschaftliche Beachtung erzwingen. Denn Gewalt spricht eine klare Sprache, die sich nur schwer ignorieren lässt. So demonstrieren die scheinbar Überflüssigen in Armenvierteln weltweit durch Gewalttaten, dass auch sie existieren und eine Chance zu sozialer Teilhabe bekommen möchten.

Einseitig wird zuweilen einer vermeintlich guten wilden Natur die zerstörerische grausame Kultur entgegengesetzt, welche die Hirne vergifte, indem sie religiösen, politischen oder technokratischen Fanatismus hervorbringe. Allerdings lässt sich Gewalt nicht allein auf kulturelle Kräfte zurückführen.

Mit der genauen Aufdeckung der Gewaltursachen geht für gewöhnlich die Hoffnung einher, dass sich hiergegen standfeste Barrieren errichten ließen. Die praxisorientierte Gewaltforschung leitet aus der Erkenntnis der Gewaltursprünge genaue Handlungsempfehlungen zu deren Behebung ab. Sobald man weiß, woher die Gewalt kommt, glaubt man zu wissen, wo man ansetzen muss, um sie erfolgreich bekämpfen zu können. Eine klare Diagnostik scheint ausreichend für eine heilsame Therapie zu sein. Ganz so einfach liegen die Dinge jedoch nicht.

Gewalt wird zwar häufig zielorientiert eingesetzt. Doch unter der Oberfläche religiöser, weltanschaulicher und machtpolitischer Ziele pulsieren nicht selten ökonomische Kräfte. Oft hält materielles Profitstreben die Gewalt in Bürgerkriegen in Gang. Gewaltmärkte werden von Bereicherungsabsichten beherrscht, die sich nicht nur durch Tausch, sondern auch durch Raub, Schutzgeldforderungen und Erpressungen verwirklichen lassen. Diese Methoden erinnern an die traditionellen Dienstleistungen der Mafia, die Schutz vor Bedrohungen bietet, welche sie selbst darstellt. Allerdings gehören zu den herkömmlichen Aufgaben der Mafia ebenso, illegale Geschäfte ihrer Auftraggeber abzuwickeln. Sie garantiert die Einhaltung illegaler Verträge. Hierbei bevorzugt die Mafia eine diskrete Vorgehensweise. Meistens verschafft sie sich schon dadurch Respekt, dass sie ihre Gewaltbereitschaft bloß signalisiert. Gewaltandrohung genügt schon, um die Einhaltung vereinbarter Abmachungen zu gewährleisten. Gewalt soll sogar weitgehend vermieden werden, weil sie teuer ist. Willkürliche Brutalität und sadistische Mordlust sind für echte Mafiosi nicht charakteristisch, die, nur wenn es darauf ankommt, zu allem bereit sind, schon weil es ihr guter Ruf und ihre Ehre gebieten.

Wie oft stehen Gewaltaktionen im Zusammenhang mit der Sicherung von Einkommen und Vermehrung von Wohlstand. Damit verbunden geht es häufig um knappe Ressourcen, Naturreichtümer wie Öl und schon bald um Trinkwasser sowie um Zugang zu Verkehrswegen und Landgewinn. Dann geht es natürlich noch um Macht: Etablierung und Aufrechterhaltung von Herrschaft. Hier ist das Ziel der Gewalt die Überwältigung, die zur Aufgabe zwingt. Außerdem geht es um Prestige: Ehre, Rang, Status, Anerkennung, um die eigene Glaubwürdigkeit. Hiermit zusammenhängend erwächst Gewalt häufig aus einem imperativen Drang nach Rache für Demütigungen. Nicht zuletzt entspringt Gewalt der Furcht vor dem Erstarken der Konkurrenz, vor Unterdrückung und Ähnlichem mehr.

Selbstverständlich sind politische Ideologien auch Ursachen grausamer Gewalt, die als unvermeidliche Begleiterscheinung sozialer Umwälzungen hingenommen wird. In der Geschichte verübten die Menschen nicht selten Gewalt aus hehren Motiven oder im Namen einer wohlmeinenden Weltanschauung. Wo es um die Errichtung einer neuen Ordnung geht, dort scheint revolutionäre Gewalt gerechtfertigt zu sein; wo hingegen die Wiederherstellung einer beschädigten Ordnung erstrebt wird, dort scheint restaurative Gewalt legitimiert zu sein.

Ähnlich waren und sind Religionen wichtige Ursachen von Gewalt, wie die Geschichte bis heute beweist. Noch immer befolgen zahlreiche Menschen weltweit gerne die Befehle charismatischer Autoritäten, denen sie freiwillig gehorchen und auf deren Anordnung sie andere quälen, foltern und vernichten. Sie ordnen sich ihnen aus freien Stücken unter, weil sie zu ihnen bewundernd emporblicken und deren Überlegenheit anerkennen. Wer freiwillig folgt, tut es entweder aus blindem Gehorsam oder aus bewusster Überzeugung bis hin zur fanatischen Selbstaufgabe. Nicht selten fügen sich die Menschen aber auch aus Furcht vor Körperstrafen und anderen Schädigungen.

Radikale Fanatiker sind deshalb so gefährlich, weil sie sich so unerbittlich an ihre bizarren Ideen klammern und dafür bereit sind, zu töten oder zu sterben – als Attentäter, die sich mit in die Luft sprengen, oder als Märtyrer. Solche Extremisten lassen jede Gegenmacht ins Leere laufen, indem sie ihren religiösen Glauben oder ihre politische Überzeugung höher bewerten als ihren Lebenswillen und ihre Todesangst. Auf dem Weg zur Erreichung ihrer Ziele halten sie es für legitim, sowohl fremde Menschen zu töten als auch das eigene Leben aufs Spiel zu setzen.

Wie viele Millionen Menschen wurden nicht nur getötet im Rahmen der sozialistischen Weltrevolution oder für die völkische Idee, sondern auch im Namen Gottes zur Verbreitung und Rettung des rechten Glaubens.

Macht der Situation

Gewalthandlungen betreffen niemals nur Opfer und Täter. Dazu gehören auch Zuschauer, eine Öffentlichkeit, Vorschriften und Regeln, Wertvorstellungen und Organisationen, die sie unterstützen oder verurteilen, begünstigen oder verhindern. Gewalt ereignet sich immer innerhalb eines kulturellen, politischen oder religiösen Kontextes. Sie wird an bestimmten Orten, an denen man sich gerade aufhält, ausgeübt und erlitten. Je nachdem steigt oder sinkt die Gewaltwahrscheinlichkeit. So sind Gefängnisse und Fußballstadien anfälliger für Gewaltausbrüche als Einkaufszentren und Hochschulen; Mexico-Stadt und Palermo gefährlicher als Passau und Innsbruck.

Im Jahre 1971 führte der Psychologe Philipp Zimbardo das berühmte Stanford-Prison-Experiment durch, bei dem eine kleine Anzahl normaler Studenten nach dem Zufallsprinzip in Wärter und Häftlinge eingeteilt wurde, die über zwei Wochen miteinander Gefängnis spielen sollten.[40] Jedoch geriet das Experiment schon nach wenigen Tagen außer Kontrolle, so dass es bereits vor Ende der ersten Woche abgebrochen werden musste. Die Wärter hatten sich zu sehr mit ihrer Rolle identifiziert und infolge dessen ihre Machtstellung schamlos ausgenutzt. Sie schikanierten die Häftlinge mit endlosen Nachtappellen, ließen sie immer wieder Liegestütze und Kniebeugen machen. Sie legten ihnen willkürlich Handschellen an, beraubten sie ihrer Privatsphäre, steckten sie über längere Zeiträume in Einzelhaft, ketteten sie aneinander, ließen sie nackt den Korridor auf und ab marschieren, brüllten sie brutal an und beschimpften sie mit obszönen Worten. Bei alldem erteilten sie häufig nicht nur aggressiv unsinnige Kommandos, sondern ließen überdies die Häftlinge sich gegenseitig beleidigen, auch simulativ sexuell bespringen, mit bloßen Händen Toiletten putzen und Ähnliches mehr. Das Stanford-Prison-Experiment war Schauplatz körperlich-seelischer Demütigungen geworden.

Bei alldem ersetzten die Wärter die Namen der Häftlinge durch bloße Nummern. Außerdem stülpten sie ihnen öfter Papiertüten über den Kopf. Wer vergisst, dass die Kämpfer der Gegenseite auch Menschen sind, dem fällt es leichter, seine moralische Hemmschwelle zu senken, die normalerweise Misshandlungen verhindert. Immer wieder in der Geschichte entwerteten Menschen andere Personen und Gruppen zu bloßen Sachen, Kakerlaken oder Ratten. Der erste Schritt zu solchen Entmenschlichungen liegt in der Namensberaubung und Kopfverhüllung.

Im Jahre 2003 wiederholte sich die Situation in Stanford im Irak. Wie Zimbardo betont, sind die Bilder von 1971 fast austauschbar mit den Bildern von Abu Ghraib, wo durchschnittliche US-Soldaten auf ähnlich beklemmende Weise irakische Gefangene drangsalierten und demütigten. Sie zwangen nackte Personen mit einer Haube über dem Kopf, sich zu Pyramiden aufeinander zu stapeln, ließen Männer weibliche Unterwäsche, Büstenhalter und Damentangas tragen, zerrten sie mit einer Leine um den Hals wie Hunde umher. Darüber hinaus erzeugten sie Stress durch Waterboarding, übergossen die Gefangenen mit eiskaltem Wasser, ließen sie auf sich urinieren, bombardierten sie mit Licht und Lärm, terrorisierten sie mit aggressiven Kampfhunden.

Zimbardo zufolge sind nicht die Peiniger selbst und deren Dispositionen für solche moralischen und sozialen Entgleisungen verantwortlich, sondern die jeweiligen Situationen, in denen sie sich befinden. Gewalttätiges Handeln gründe vornehmlich auf situativen Variablen wie soziale Rolle, Uniform, Machtstellung. Für gewöhnlich werde die Bedeutung situativer Einflüsse unterschätzt, während individuelle Eigenschaften überschätzt würden. Die Fokussierung auf die Täter verkenne allzu oft die vergifteten Umstände, welche sie steuerten.

Zweifellos ist weder eine schlechte Veranlagung noch eine ausgeprägte Persönlichkeitskeitsstörung erforderlich, um Gräueltaten zu begehen. Trotzdem lässt sich grausames Fehlverhalten nicht allein auf das soziale Milieu zurückführen. Hiergegen spricht schon die Geschwindigkeit und Leichtigkeit, mit der Gewalt begünstigende Situationen Menschen dazu bringen können, grausame Taten auszuführen. Dies bereits nährt den Verdacht, dass nicht situative Zwänge allein die Menschen in Gewalttäter verwandeln, wie Zimbardo annimmt, sondern dass die Umstände vielmehr gewaltbereite Neigungen der Menschen zum Vorschein kommen lassen. So gesehen konnten die Wärter im Stanford-Prison-Versuch deshalb so leicht und schnell die Rollen brutaler Charaktere annehmen, weil das Experiment ihren verborgenen sadistischen, obszönen oder machthungrigen Neigungen eine Chance bot, sich hinter der Fassade eines bloßen Schauspiels auszuleben. Schon Fjodor Dostojewskij schrieb: „Das Milieu ist schuld! Das ist ihre Lieblingsphrase! (...) Die menschliche Natur wird von ihnen überhaupt nicht genug in Betracht gezogen, die wird hinausgejagt, die wird ignoriert."⁴¹

Eine stärkere Berücksichtigung der menschlichen Natur legt zudem die Tatsache nahe, dass die lernwilligen Studenten und freundlichen US-Soldaten erst in dem Augenblick brutal wurden, als sie ungestraft Gewalt über Dritte ausüben durften, die zuvor von höherer Stelle zu Wesen zweiter Klasse herabgestuft worden waren. Wo immer Menschen anonym bleiben und sich unbeobachtet fühlen, steigt die Wahrscheinlichkeit von illegalen und gewalttätigen Handlungen. Tarnungen ihrer normalen Identität und Erscheinung, also Maskierungen, verringern Selbstbeherrschung und das Gefühl für persönliche Verantwortung. Stattdessen erhöhen sie die Bereitschaft, Tabus zu brechen. Unter solchen Umständen fällt es vorrangig jüngeren Männern leichter, aggressive Impulse auszuleben. Nun können sie aus bloßem Spaß oder Übermut gewalttätig werden. Oft ist der Einzelne schon mit verdunkelter Sonnenbrille auf der Nase, welche die Augen verbirgt, nicht mehr derselbe wie im gewöhnlichen Alltag – erst recht aber in einer Uniform und als Teil einer Gruppe. Spezielle Accessoirs, Kostüme und Kollektive können wie Gesichtsbemalungen oder Masken wirken, die dem anonymisierten Einzelnen eher gestatten, seine dunklen Impulse freizusetzen. Dabei lassen nicht erst solche außeralltäglichen Rollen oder Maskierungen bis dahin freundliche Zeitgenossen mit einem Male rabiat werden, als ob ihre angeborene Anständigkeit plötzlich hinter ihre anonymen Rollen zurücktreten würde. Die Beobachtung, dass die Wärter und Soldaten ihre willkürlichen Befehle und demütigenden Rituale genossen, unterstützt vielmehr die Vermutung, dass die Situation ihren unterschwelligen Neigungen eine günstige Gelegenheit bot, sich hemmungsloser als sonst zu entfalten. Offenbar warten unsere dunklen Begierden nur auf passende Anlässe, um aus den verborgenen Kellern unseres Daseins emporkriechen zu können. Wenn das stimmt, dann würden wir uns in der Gewalt nicht abhandenkommen, wie es manchmal heißt, sondern vielmehr umgekehrt auf etwas zurückgeworfen, das wir auch sind.

Karneval der Hölle

Ohne Geständnis kein Urteil! Ist der Angeklagte nicht geständig, so darf Folter angedroht werden. Zeigt die Androhung keine Wirkung, dürfen schon einmal die Instrumente herausgeholt werden. Bringt auch deren Vorführung nichts, ist der Beschuldigte zu entkleiden. Gibt er anschließend immer noch nicht seinen Widerstand auf, soll der Scharfrichter ihm Bein- und Daumenstöcke anlegen, um sie anschließend langsam enger zu drehen. Die peinliche Befragung hat begonnen. Der Körper wird allmählich empor- und auseinandergezogen, bis sich die Arme ausrenken. Dann wird der mutmaßliche Delinquent ausgepeitscht, seine Brustwarzen mit glühenden Zangen drangsaliert, winzige Späne unter die Haut getrieben, die Arme in kochendes Wasser getaucht, ätzende Flüssigkeit in offene Wunden gegossen. Die Einbildungskraft der Richter und Scharfrichter war in früheren Jahrhunderten uferlos.

Folter soll die Widerstände eines Angeklagten gegen die Wahrheit brechen, dessen Verstockung auflösen und die Seele aus den Banden des Bösen befreien. Natürlich gestehen die meisten schon nach der ersten Schmerzzufügung fast alles, nur um weiteren Peinigungen zu entgehen. Viele machen Falschaussagen. Darum sollen die Angeklagten nach der Tortur ihr erpresstes Geständnis noch einmal „frei" wiederholen. Dies tun die meisten auch, selbst wenn sie unschuldig sind, weil, inzwischen zermürbt und erschöpft, sie sich davor ängstigen, dass die streng geregelten Prozeduren von neuem beginnen könnten.

Bestreiten sie weiterhin die ihnen zur Last gelegten Taten, weil sie genug Standfestigkeit besitzen oder die Anschuldigungen einfach falsch sind, so kann es ihnen passieren, dass sie für teufelsbesessen erklärt werden. Nun werden sie sowieso getötet. Erst seit Mitte des 18. Jahrhunderts wurde die Folter in Westeuropa schrittweise abgeschafft.

Der gequälte Körper

In der Vormoderne standen nicht bloß Diebe und Mörder vor Gericht, sondern auch Ketzer und Hexen. Für deren Vergehen gab es Kirchen-, Ehren-, Körper- und Todesstrafen, die bei uns heute nicht mehr existieren. Gleichfalls haben viele Verbrechen aufgehört, noch welche zu sein. Allerdings sind an deren Stelle neue getreten, die es früher nicht gab wie etwa Betriebsspionage.

Bis ins 18. Jahrhundert wurden zum Tode verurteilte Gefangene öffentlich hingerichtet. Sie wurden auf erhöhten Richtstätten am Stadtrand erhängt oder auf Marktplätzen mit einem Schwert, später mit einer Guillotine enthauptet. Wie Michel Foucault in *Überwachen und Strafen* schreibt, wurden manche bei lebendigem Leib geviertailt, verbrannt, gerädert, gepfählt, ertränkt oder begraben.[42] Arme und Beine wurden mitunter in brennenden Schwefel getaucht, Fleischstücke mit glühenden Zangen aus dem Körper gerissen, Wunden mit geschmolzenem Blei, kochendem Öl, Wachs und Harz ausgegossen. Die Extremitäten wurden durchbohrt, zerschlagen oder vom Rumpf abgetrennt. Besonders grausam war die Vierteilung, bei welcher Pferde den Todgeweihten auseinanderrissen, was oftmals nur gelang, wenn zuvor die Gelenke zerhackt und die Sehnen durchgeschnitten wurden. Mindestens genauso bestialisch war die schrittweise Zerlegung des Verurteilten oder das Aufschlitzen des Oberkörpers, um das schlagende Herz oder die Nieren und andere Eingeweide herauszuschneiden. Insbesondere Königsmörder wurden Stück für Stück zerlegt.

Von solchen grausigen Hinrichtungen müssen bloße Körperstrafen unterschieden werden: das Ausstäupen mit Ruten, das Abschneiden von Ohren, Hoden und Nase oder das Abhacken von Finger, Hand und Fuß. Solche Strafen sollten die begangenen Verbrechen anschaulich machen. So wurde bei Diebstahl die Hand abgeschlagen und bei Meineid die Zunge abgeschnitten. Beim Ersinnen gräulicher Strafen und chirurgischer Folterinstrumente kennt die menschliche Fantasie bis heute keine Grenzen.

Als Ehrenstrafe galt der Landesverweis, nachdem sich ein Delinquent durch sein abweichendes Verhalten selbst aus der Gemeinschaft herausmanövriert und somit den Gesellschaftsvertrag aufgekündigt hatte. Daraufhin wurde er aus der Stadt gejagt. Eine andere Ehrenstrafe war die öffentliche Zurschaustellung eines Verurteilten am Pranger auf dem Markt- oder Kirchplatz, nachdem der Sünder oder Verbrecher zuvor in Ketten gelegt und schmachvoll durch die Straßen geführt worden war. Dies war schon schlimm genug. Trotzdem wurde dem Volk zusätzlich erlaubt, den Übeltäter öffentlich zu schmähen, demütigen oder verspotten. Man durfte ihn mit Kot und anderem Schmutz bewerfen. Nicht selten bekamen die Gefangenen die Haare abgeschnitten, worauf der bis heute geläufige Ausdruck Ehrabschneiderei zurückgeht. Strafaktionen waren keine spontanen Ereignisse, sondern Rituale, die ordnungsgemäß vorbereitet und zeremoniell durchgeführt wurden.

Wiederherstellung der verletzten Ordnung

Natürlich sollte die öffentliche Strafpraxis der Abschreckung dienen. Die Strafe wurde am Körper des Verurteilten wahrnehmbar inszeniert, damit die Zuschauer vor Ausübung ähnlicher Verbrechen und die Gepeinigten von einer Wiederholung ihrer Missetaten abgehalten wurden. Diese Ziele glaubte man am ehesten dadurch zu erreichen, dass man alle Beteiligten in furchtbaren Schrecken versetzte. Die Bestrafung sollte sich im Gedächtnis des Delinquenten wie der Bevölkerung einprägen. Deshalb musste sie ebenso krass wie sichtbar sein. Die Erinnerung an die martialische Tortur sollte niemals verlöschen. Aus diesem Grunde sollte die Strafe, die den Verurteilten der Schande aussetzte, seinem Körper auch dauerhafte Zeichen, Narben, eingraben. Nach Nietzsche wurden früher die Strafen den Menschen in Körper und Gedächtnis buchstäblich eingebrannt. Man versuchte sie unauslöschlich, soll heißen unvergesslich zu machen. „Nur was nicht aufhört wehzutun, bleibt im Gedächtnis."[43] Darum ging es nicht ohne öffentliches Steinigen, Rädern und Vierteilen.

Durch solche Einschüchterungen des Verbrechers und Volkes konnte die Obrigkeit ihre Machtstellung festigen. Die öffentlichen Strafschauspiele waren immer Machtdemonstrationen, in denen der Souverän oder die Justiz über Unrecht, Widerstand und Regelverstoß triumphierte. Das Vorrecht des Souveräns gipfelte in der Macht über Leben und Tod.

Zugleich sollte die grausame Misshandlung des Angeklagten die Verabscheuungswürdigkeit seiner Verbrechen drastisch vor Augen führen. Diese sollte in ihm selbst wie auch der Bevölkerung Abscheu hervorrufen. Die barbarische Strafe sollte die barbarische Tat widerspiegeln. Deshalb musste sie mindestens genauso furchtbar sein wie das Verbrechen.

Hauptsächlich aber sollte die in Szene gesetzte Strafe die Souveränität des Herrschers wieder herstellen, die durch den Rechtsbruch verletzt worden war. Dies war nur durch Wiedergutmachung möglich. Im absolutistischen Rechtsverständnis bedeutete Wiedergutmachung mehr als nur die Wiederherstellung eines Gleichgewichts. Denn damals ging es vorrangig um Macht und weniger um Gerechtigkeit. Zwischen ohnmächtigem Untertan und übermächtigem Souverän bestand von vornherein ein Ungleichgewicht, eine asymmetrische Beziehung. Das Verbrechen galt infolgedessen nicht bloß als Gesetzesverstoß, sondern vor allem als Angriff auf die Macht des Herrschers. Es wurde als Revolte gegen dessen Souveränität verstanden, deren Überlegenheit sich im Strafritual spiegeln musste. Darum hielt man eine maßvolle Strafe als Wiedergutmachung für unangemessen. Sie entsprach nicht der höheren Machtstellung des Souveräns. Nur eine übermäßige Bestrafung konnte die Beleidigung seiner Majestät angemessen ausgleichen.

Dies änderte sich in der frühbürgerlichen Gesellschaft, als Strafe mit Wiederherstellung der Rechtsordnung gleichgesetzt wurde. Nun verlor sie ihre Willkürlichkeit. Sie hing nicht mehr vom Gutdünken des Souveräns ab. Die Strafe sollte die verletzten Regeln wieder in Kraft setzen, den Schaden ausgleichen, den der Angeklagte der Gesellschaftsordnung zugefügt hatte. Auch dies konnte nur durch Wiedergutmachung geschehen. Hierzu durften die Strafen aber nur genauso drastisch ausfallen wie die Vergehen. Gemäß dem Schweregrad des Verbrechens fielen die Strafen ganz unterschiedlich aus. Je schlimmer das Verbrechen, umso höher das Strafmaß!

Gleichviel, ob Wiederherstellung von Souveränität oder Rechtsordnung, fast immer wurden die Strafen am Körper vollstreckt, der grässlichen Torturen ausgesetzt wurde.

Ging ein gefesselter Delinquent, der zur Strafe ins Wasser geworfen wurde, nicht unter, weil er sich erfolgreich ans Ufer retten konnte, deutete man das als übernatürliches Zeichen und begnadigte den Verurteilten. Das Gleiche geschah, wenn ein Scharfrichter sein Ziel verfehlte. Solche Entscheidungen wurden Gottesurteil, auch Ordal genannt. Außer solchen zufälligen Gottesurteilen gab es bewusst herbeigeführte

Ordale, wenn eindeutige Rechtsprechung unmöglich war. Dann ließ man beispielsweise Zweikämpfe zwischen den Gegnern austragen. Der Sieger bekam Recht zugesprochen, weil sein Sieg als göttliches Zeichen gewertet wurde. Ein anderes Ordal war die Kaltwasserprobe, bei der man einen Angeklagten in Weihwasser warf. Ging er unter, galt er als unschuldig; blieb er oben, wurde er schuldig gesprochen, weil Weihwasser angeblich verbrecherische Sünder wie Schmutz abstößt.

Allerdings wurde Gnade nicht nur im Zusammenhang mit Gottesurteilen, sondern auch zur Machtdemonstration gewährt. Gelegentlich wollte die Obrigkeit ihren Untertanen zeigen, dass sie auch gütig und milde sein kann. Jedoch wurde hierbei lediglich das Strafmaß herabgesetzt, nicht aber die Strafe erlassen. Beispielsweise gewährte man einem Delinquenten die Gunst, nicht bei lebendigem Leibe verbrannt, geviertelt oder begraben, sondern stattdessen erdrosselt oder mit dem Schwert enthauptet zu werden. Nicht selten wurden die Erhängten oder Gevierteilten wilden Tieren zum Fraß überlassen. In diesen Fällen galt es als besonderes Geschenk, wenn der tote Körper nicht für längere Zeit am Galgen hängen bleiben musste, sondern sofort verscharrt werden durfte.

Im Unterschied zum modernen Strafrecht maß die vormoderne Justiz der Lebensgeschichte des Angeklagten, dessen Charakter oder seinen Straftatmotiven kaum Bedeutung zu. Vorrangig zählte das Verbrechen, das zur Wiederherstellung der verletzten Ordnung auszugleichen war. Unter Umständen forderte dieser Ausgleich selbst die Hinrichtung von Leichen, etwa von Selbstmördern oder zum Tode Verurteilter, die vor Urteilsvollstreckung verstarben. In Ausnahmefällen wurden sogar die verweslichen Überreste von bereits getöteten Verbrechern misshandelt, gefoltert oder verstümmelt. Solche portmortalen Körperstrafen waren nicht nur schaurige Machtdemonstrationen. Sie wurden auch durchgeführt, wenn Souverän und Obrigkeit zu dem Ergebnis gekommen waren, dass die zu Lebzeiten zugefügte Pein nicht ausreiche, um das Verbrechen angemessen auszugleichen.

Dabei wurde die Wiederherstellung der intakten Ordnung meist als Akt der Reinigung verstanden. Drakonische Strafrituale sollten den beschmutzten Volkskörper säubern. Keine Spur des verbrecherischen Morasts sollte auf der Erdoberfläche verbleiben. Im Extremfall konnte dies die restlose Vernichtung und Auslöschung eines Missetäters bedeuten. Indem der Verbrecher ertränkt, verbrannt oder lebendig begraben wurde, verschwand er spurlos von der Erde. Die Gesellschaft hatte sich von diesem Unrat befreit.

Brutale Strafrituale

Warum nicht die sekundenschnelle, schmerzfreie Todesstrafe? Weshalb fürchterliche Torturen und die teilweise mehrtägige Zerlegung eines geschundenen Körpers?

Über Jahrhunderte fanden die Metzeleien im Beisein eines größeren Publikums statt, das die langsame, qualvolle Abschlachtung einer geräuschlosen Tötung auf der Stelle vorzog. Hinrichtungen waren öffentliche Spektakel, „Theater des Schreckens"[44], welche die Menschen von nah und fern heranlockten. Schon in archaischen Gesellschaften wohnten zahlreiche Frauen und Männer religiösen Menschenopferungen bei, denen häufig „mehrere Tage wilder Ausgelassenheit und grober Ausschweifungen"[45] vorausgingen. In der Neuzeit sollte das Volk durch seine Anwesenheit bezeugen, dass Urteil und Strafe rechtsgültig sind. Außerdem sollte es kontrollieren, dass die Strafe ordnungsgemäß vollstreckt wird. Die zu den öffentlichen Strafinszenierungen eingeladenen Untertanen erteilten so ihr Einverständnis hierzu. Allerdings war die Zustimmung des einfachen Volkes zum verhängten Urteil keineswegs sicher, weshalb die Ordnungskräfte – Richter, Geistliche und Henker – die Verurteilten zur reuigen und demütigen Übernahme ihrer Strafe zu bewegen suchten. Deren Aufbegehren gegen die Urteilsvollstreckung konnte die Menge leicht gegen Richter, Henker und Geistliche aufbringen. Die Stimmung konnte schnell kippen, Billigung in Missbilligung umschlagen, der Delinquent die Sympathie des versammelten Volkes gewinnen, wenn es sich ihm nahe oder ihn ungerecht behandelt fühlte Dieser solidarische Zorn der Menge gefährdete natürlich das festliche Spektakel. Es konnte zu Aufruhr, ja regelrechten Tumulten kommen. Öffentliche Strafschauspiele waren für die Ordnungsmacht höchst riskante, störanfällige Unternehmungen. Allerdings liefen die meisten Zeremonien ohne nennenswerte Zwischenfälle ab.

Oft arteten öffentliche Hinrichtungen sogar zu einer Art Karneval aus. Sie waren nicht nur pompöse Inszenierungen der Macht, sondern dienten auch zur kurzweiligen Unterhaltung der Massen. Nicht selten bekamen sie Volksfestcharakter. Bewusst inszenierte die Obrigkeit öffentliche Hinrichtungen als derbe Volksfeste, bei denen gleichsam religiöse Opferrituale vollzogen wurden. Die Theatralisierung der Strafaktionen zu jahrmarktähnlichen Feierlichkeiten mit „Armesünderwürstel" und „Galgenbier" zogen nicht nur viele Menschen an, sondern reduzierte selbstverständlich auch die Gefahr unberechenbarer Aufstände gegen die Urteilsvollstreckung. Stattdessen bot das düstere Schlachtfest dem Publikum ein aufwühlendes Gruseltheater. Dicht drängten sich die Menschen um die Richtstätte. Alle wollten dem „Theater des Grauens"[46] möglichst nahe beiwohnen. Wie Nietzsche vermerkt, können Menschen eine ausgesprochen bestialische Wollust beim Zerhacken eines Körpers und dem Zerstückeln seines Fleisches empfinden: „Ohne Grausamkeit kein Fest – so lehrt es die älteste und längste Geschichte der Menschheit."[47] Über Jahrtausende wurden lebendige Körper öffentlich aufgeschnitten, Verurteilte gepfählt und ausgeweidet. „Am Tun des Grausamen erquickt sich die Gemeinde und wirft einmal die Düsterheit der beständigen Angst und Vorsicht von sich. Die Grausamkeit gehört zur ältesten Festfreude der Menschheit."[48] Gelegentlich fanden sogar öffentliche Hinrichtungen bei fürstlichen Geburtstagen und Hochzeiten zur allgemeinen Belustigung statt. Solche makabren Schauspiele boten den Zuschauern starke, ungewöhnliche Sinneseindrücke, die ihre dunkle Neugierde und schaurige Lust befriedigten. An der Rechtsgültigkeit solcher öffentlichen Aufführungen zweifelte in dieser Stimmung fast niemand mehr. Im Gegenteil ergriffen viele Menschen genauso die Gelegenheit, solche abscheulichen Prozeduren verfolgen zu können, wie sie die Chance nutzten, an den Pranger gestellte Mitbürger zu verspotten, zu beschimpfen und mit Dreck zu bewerfen.

Aufs große Ganze der Geschichte betrachtet knüpfen öffentliche Hinrichtungen an die Tradition römischer Gladiatorenkämpfe und Tierhetzen an. Sie sprechen einmal mehr für die Richtigkeit der Vermutung, dass grausame Impulse nicht bloß von sie begünstigenden Situationen abhängen, sondern von Natur aus bestehen.

Disziplin, Dressur und Drill

In der Vormoderne waren Gefängnisse noch keine Anstalten, in denen Delinquenten gedrillt wurden oder ihre Freiheitsstrafe verbüßten. Gefängnisse waren vor allem Stätten, in denen die Verhafteten oder Verurteilten bis zur Urteilsverkündung oder Urteilsvollstreckung verwahrt oder buchstäblich auf die Folter gespannt wurden. Dies sollte sich im 19. Jahrhundert ändern, in dem immer stärker auf öffentliche Verstümmelungen, Brandmarkungen und Hinrichtungen verzichtet wurde. Die blutige Marter verschwand von der Bühne des Strafsystems. Jedoch wurden zu dieser Zeit nicht bloß Freiheit, Parlamentarismus und Menschenrechte erfunden. Das Zeitalter der Aufklärung hatte auch seine Schattenseiten. An die Stelle von Marter und Folter traten jetzt Disziplinierungen, die totale Macht über die Häftlinge ausübten. Konsequente Dressurmaßnahmen und Überwachungen formten die Delinquenten zu angepassten Bürgern. Richten bedeutete nun soviel wie Abrichten, betont Michel Foucault.[49] Durch streng geregelte Tagesabläufe sollte der pausenlos observierte Gefängnisinsasse zu einem nützlichen, fleißigen und gesetzestreuen Teil des Staates erzogen werden. Ähnliche Strategien der Disziplinierung verfolgten Schulen, Manufakturen, Industriebetriebe, Kasernen und Hospitäler, in denen gleichfalls ein strenger Zeitplan alles regulierte und reglementierte.

In den vormodernen Straftheorien spielten die Motive der Täter und die Frage nach ihrer Besserung keine wichtige Rolle. Im Zentrum stand die körperliche Züchtigung. Heute gilt es dagegen als zivilisiert, wenn im Strafprozess nach Motiven des Verbrechers gefragt, bei der Urteilsvollstreckung auf körperliche Pein verzichtet und mit der Strafe eine moralische Besserung, Erziehung oder Heilung des Täters angestrebt wird. Der Straftäter soll wieder vollwertiges Mitglied der Bürgergesellschaft werden, polizeilich unauffällig bleiben und sich ökonomisch nützlich machen. Überhaupt kennt das moderne Strafsystem nur noch zwei Strafarten: Freiheits- und Geldstrafen – typisch für eine Gesellschaft, in der Freiheit und Geld höchste Güter darstellen.

Das moderne Strafrecht versucht ähnliche Verbrechen durch Abschreckung und Besserung der Täter zu verhüten. Diese seien mit Disziplinarmaßnahmen so zu formen, dass sie künftig keine Gewaltverbrechen mehr begingen. Das humane Strafrecht möchte zudem das moralische Gefühl oder Gewissen im Verurteilten durch Belehrung und Unterweisung wecken. Beides sterbe im Menschen niemals gänzlich ab, so dass jeder Täter die Unrechtmäßigkeit seines Handelns erkennen und aus der Betrachtung seines Fehlverhaltens für die Zukunft lernen könne. Deshalb sollen die Strafen zum einen maßvoll, mild und menschlich bleiben. Immerhin sei ein Verbrecher ja „Mensch". Zum anderen sollen humane Strafmaßnahmen der Verrohung des Durchschnittsbürgers entgegenwirken, der durch Gewöhnung an grausame Bestrafungen leicht abstumpfe.

Dabei richtet sich die Strafe nur scheinbar weniger auf den Körper als auf Seele und Verstand. Zwar soll der Gefangene lernen, das Gesetz zu achten sowie den Körper vernünftig und sozialverträglich zu lenken. Außerdem treten Gefängnisstrafen und Geldbußen an die Stelle körperlicher Torturen. Wie Foucault darlegt, zielen aber Einsperrung, Belehrung und Besserung eines Verurteilten auch auf dessen Körper, bedeuten sie doch körperliche Einschränkung, Dressur und Drill.

Mit der Ersetzung schmerzhafter Körpertorturen durch Freiheitsberaubung verschwand der Sträfling aus der Öffentlichkeit, gewissermaßen von der Bildfläche. Die Zugbrücken zur Außenwelt wurden vorübergehend hochgezogen. Selbst wo noch Hinrichtungen in der westlichen Welt stattfinden, werden diese zumeist nicht nur im Verborgenen hinter geschlossenen Mauern nachts oder frühmorgens vollzogen, sondern auch im Nu möglichst schmerzfrei statt in langen Prozeduren. Auf dem Weg zu mehr Menschlichkeit bedeutete schon die Guillotine einen Fortschritt. Ähnlich wie der elektrische Stuhl arbeitete auch sie nicht nur schnell, sondern berührte zudem den Körper kaum. Das Urteil soll mit einem Schlag ohne größeres Leid vollstreckt werden, weshalb für gewöhnlich den Todgeweihten zuvor starke Beruhigungsmittel verabreicht werden.

Zivilisierte Bürger glauben, für langsame, qualvolle Torturen unempfänglich zu sein. Jedoch würden sicherlich auch heute Massen zu grausamen Schauspielen wie Gladiatorenkämpfen und Hinrichtungen strömen. Bei schweren Straftaten erachten es viele für gerecht, wenn ein Verurteilter große Qualen erleiden müsste. Oft sind die Menschen über das verhängte Strafmaß empört, weil es aus ihrer Sicht zu gering ausfiel. Genugtuung empfänden sie erst, wenn es deutlich höher läge.

Hier treten bereits im Schattenriss archaische Bedürfnisse hervor, die sonst verborgen bleiben. Obwohl aber fast alle solche Bedürfnisse verspüren, gleichen sie gut gehüteten offenen Geheimnissen, die nur selten jemand ausspricht. Es gibt eine Reihe dunkler Begierden, über die der zivilisierte Bürger möglichst wenig redet, obgleich sie zu ihm gehören wie Bäume zum Wald. Trotzdem bleiben die meisten diskret, wenn es sie selbst betrifft. Sie brechen erst das Schweigen, wenn es um die Schlampereien anderer geht, um sich an ihrer Empörung heimlich zu ergötzen. Genauer betrachtet hat selbst das moderne Strafrecht seine Wurzeln in solchen dunklen Begierden.

Recht auf Grausamkeit

Friedrich Nietzsche erbringt in der *Genealogie der Moral* einen verblüffenden Beweis für das menschliche Verlangen nach Gewalt und Grausamkeit. Sowohl das alte Strafrecht als auch das moderne Strafbedürfnis gründen auf hässlichen Gelüsten. Denn hinter den ethischen und strafrechtlichen Masken der Gerechtigkeit lauert ein blinder Racheinstinkt, der selbst den heutigen Menschen als wildes Raubtier entlarvt. Es stellt sich nämlich die Frage, wie einstmals körperliche Torturen und heutiger Freiheitsentzug überhaupt ein „Äquivalent" für erlittenes Unrecht, ungehaltene Versprechen und unbezahlte Schulden sein können. Wie gelingt es schmerzhafter Folter oder leidvollen Freiheitsstrafen, einen Ausgleich von Verbrechen zu schaffen und eine Entschädigung für die damit verbundenen Unannehmlichkeiten zu liefern? Vormoderne Strafrituale wie Steinigen, Rädern, Vierteilen oder moderner Freiheitsentzug und Geldstrafen lassen sich doch nicht mit Königsbeleidigung, Diebstahl und Mord vergleichen. Wie kann eine Freiheitsstrafe ein brutales Verbrechen kompensieren und für Gerechtigkeit sorgen? Wie kann die Hinrichtung eines Täters den Schaden seines Opfers ausgleichen oder vergelten? Die Schwere der Strafe muss doch die Schwere der Tat widerspiegeln, wenn sie das Unrecht vergelten können soll. Doch ist bis heute die Frage nach dem gerechtfertigten Strafmaß für ein Verbrechen ungelöst. Was ist der Maßstab, mit dessen Hilfe sich das Verbrechen mit der Strafe messen lässt?

Zweifellos wären die meisten Bürger hierzulande bei grausamen Tötungsdelikten mit einer Strafe von drei Jahren auf Bewährung nicht einverstanden. Ein solches Strafmaß fände die allgemeine Öffentlichkeit empörend, weil ungerecht. Bekäme der Delinquent hingegen eine Strafe von zwanzig Jahren ohne Bewährung auferlegt, fänden viele die Höhe des Strafmaßes schon eher für angemessen, weil gerechter. Das Urteil stellte sie tendenziell zufrieden. Im ersten Falle protestierten die Menschen, weil sie das geringe Strafmaß für ungerecht halten; im zweiten Falle stimmten sie zu und wären beruhigt, weil sie es für gerecht hielten. Nur was entscheidet über Gerechtigkeit und Ungerechtigkeit?

Nietzsches stupende Antwort hierauf lautet: In Wahrheit empört das niedrige Strafmaß nicht, weil es ungerecht ist, sondern umgekehrt wird es als ungerecht empfunden, weil es die Opfer und die Öffentlichkeit entsetzt. Dementsprechend erleichtert das höhere Strafmaß die Menschen nicht, weil es gerecht wäre, sondern es wird deshalb als gerecht eingestuft, weil es den Opfern und der Bevölkerung eine Genugtuung verschafft. Aber worin besteht diese Genugtuung? Sie liegt in einem Wohlgefühl, das die höhere Bestrafung eines Täters beim Opfer und in der Öffentlichkeit hervorruft. Die erlittene Unlust durch das Verbrechen kann durch den Genuss des Leids, das dem Verbrecher durch die Strafe zugefügt wird, wettgemacht werden. Hauptsächlich dieser Annehmlichkeit wegen wird von den meisten die höhere Bestrafung als Rückzahlung der Schuld anerkannt, auch wenn diese Zusammenhänge den meisten sicherlich nicht klar sind. Die höhere Strafe befriedigt die Opfer und die Öffentlichkeit, und erst diese Befriedigung schafft Gerechtigkeit. Aber was befriedigt sie so sehr an der höheren Strafe? Die Antwort ist ebenso simpel wie erschreckend: Es befriedigt, den Täter leiden zu sehen.

Damit ist es heraus: „Der Ausgleich besteht also in einem Anweis und Anrecht auf Grausamkeit", wie Nietzsche vermerkt.[50] Hiernach gelüsten selbst gute, anständige Menschen ganz tief im Inneren hin und wieder nach grausamen Handlungen, obwohl ihnen ein solches Verlangen aufgrund ihrer kulturellen Prägung und Erziehung vordergründig widerstrebt. Tatsache aber ist, dass das Antun und Anschauen von Leid nur dann als angemessenes Äquivalent für erlittenes Unrecht akzeptiert werden kann, wenn das Verursachen von Schmerz als lustvoller

Genuss empfunden wird, das Leid eines anderen Menschen also das eigene Wohlgefühl intensiviert. Nur unter dieser Voraussetzung vermag das Zufügen von Leid als Genugtuung empfunden zu werden. Nun verschafft das Leid eines Schwerverbrechers den Leuten auf der Straße tatsächlich eine innere Befriedigung. Es vermittelt ihnen ein besseres Gefühl, betäubt gewissermaßen ihren Racheinstinkt und lässt sie befriedigt oder getröstet zurück. Je höher der Verbrecher steht, umso mehr ergötzt sich das einfache Volk an der Möglichkeit, auch einmal verachten zu dürfen.

In dem Maße aber, wie harte oder grausame Bestrafungen von Tätern die Menschen erleichtern, ja ihnen guttun, stellen diese sich selbst als grausame Raubtiere bloß, die bei aller Zivilisierung weiter von barbarischen Temperamenten bewegt werden. So bietet die Bestrafung eines Verbrechers den braven Bürgern eine schwer durchschaubare willkommene Gelegenheit, ihre eigenen wilden Bedürfnisse unter dem Deckmantel eines zivilisierten Gerechtigkeitssinns ausleben zu können. Sie gibt selbst Humanisten eine Möglichkeit zur Grausamkeit in tugendhafter Verkleidung. Genau genommen besteht nur ein gradueller Unterschied zwischen dem Ergötzen der alten Römer an blutigen Gladiatorenkämpfen und der frühneuzeitlichen Untertanen an brutalen Hinrichtungen auf der einen Seite und der Genugtuung der heutigen Menschen bei der Ahndung eines Straftäters mit Freiheitsentzug auf der anderen.

Nun hat die Aufdeckung der barbarischen Grundlagen unseres Strafbedürfnisses hier aber nicht die Funktion, unsere Strafgesetzgebung oder unser Strafverlangen in Frage zu stellen, mögen sich hieraus auch eine Reihe kritischer Fragen ergeben. Stattdessen soll ein weiterer Teil des wilden Tiers in uns sichtbar werden, das sich sogar hinter unserem Sinn für gerechte Strafen und das heißt in der inneren Befriedigung aufspüren lässt, die wir bei der Bestrafung von Verbrechern empfinden.

Grundlose Verbrechen

Manchmal wissen wir nicht, was wir tun. Dies ist beunruhigend. Noch beunruhigender aber ist, wenn wir nicht wissen, warum wir es tun. Grenzgänger kommen leicht ins Stottern, wenn sie nach ihren persönlichen Motiven zur freiwilligen Wahl lebensgefährlicher Strapazen gefragt werden. Sich selbst zum Rätsel geworden, stammelte Frederick A. Cook: „Weshalb verlangte ich so brennend, den Nordpol zu erreichen? Was hoffte ich zu gewinnen? Was konnte ich im Falle des Erfolges erwarten, als Ertrag meiner Hoffnungsträume zu ernten? [...] Jeder von uns stellte sich oft die Frage: War der Preis den verzweifelten Kampf gegen Hunger und Kälte wert?"[51]

Sich selbst unverständlich geworden, quälte auch Salomon A. Andrée die Frage, als er mit seinen beiden Gefährten im Ballon über dem Polarmeer schwebte: „Werden uns die Menschen für verrückt halten?"[52] Ehrlich gestand Tonino Pagrelli seine Unwissenheit, als er darüber nachdachte, warum er in hohem Alter noch Berge besteige: „Weiß ich, warum mir Gemüsesuppe schmeckt und der Rauch von Zigarren kein bisschen? Weiß ich, warum ich das Gebirge liebe und nach dem Meer kein Verlangen habe? Ich weiß es nicht."[53] Dieses Missverhältnis zwischen der freiwilligen Wahl einer entbehrungsreichen Zeit, leidvollen Strapazen und tödlichen Risiken auf der einen Seite und der Undurchsichtigkeit der Motive hierzu auf der anderen ist überaus bemerkenswert.

Die meisten Grenzgänger setzen sich über diese Verlegenheit mit seltsamen Scheinantworten hinweg. Geradezu unbeholfen klingt das geflügelte Wort George Mallorys, der wie viele andere bei einem Versuch umkam, den höchsten Berg der Welt zu besteigen: „Ich will den Everest bezwingen, einfach, weil es ihn gibt."[54] Genauso hilflos wirkt die Antwort Neil Armstrongs, des Kommandanten der Besatzung von Apollo 11: „Ich bin der Auffassung, dass wir deswegen zum Mond fliegen, weil es in der menschlichen Natur liegt, sich von schwierigen Aufgaben herausgefordert zu fühlen." Um diesem Argument noch größeres Gewicht zu verleihen, bemühte Armstrong einen merkwürdigen Vergleich: Der Mensch werde von seiner Natur so getrieben, die gefährlichsten Herausforderungen zu suchen, „wie der Lachs zur Laichzeit die Flüsse hinaufziehen müsse".[55] Armstrongs Bezug auf die menschliche Natur ist zwar einleuchtend, erklärt aber nur wenig und ist verhältnismäßig nichtssagend. Er verdeckt mehr das Nichtwissen hinsichtlich der eigenen Motive, als dass er diese aufdeckt.

Wohl zu den nachdenklichsten Kletterern des 20. Jahrhunderts gehört Reinhard Karl, der sich angesichts der Strapazen und Entbehrungen bei seinen Bergtouren immer wieder die Frage stellte: „Warum machen wir das denn überhaupt, wenn es solch ein Scheißjob ist? [...] Ja, warum macht man das, wenn ich es nur wüsste?"[56] „Ich kann nicht begreifen, warum jemand Geld ausgibt, um schwere Rucksäcke, die halb so schwer sind wie er selbst, auf einen Berg zu tragen. Niemand begreift, warum sie das machen."[57] „Was man da oben sucht, ich weiß es nicht."[58] „Du weißt doch, wie ein Big Wall ist, warum machst du wieder einen? Du bist doch frei, niemand zwingt dich dazu! Du sagst, du willst die Natur erleben – was ist denn das, die Natur? [...] Reicht es nicht, wenn du hinaufschaust? Musst Du denn das alles anfassen? Dann fass es doch unten an, das ist der gleiche Fels wie oben. Was kann dir denn der Fels geben [...]? Nichts! Du sagst, du willst dich erleben, willst dich finden. [...] Nichts wirst du finden, gar nichts! [...] Und was wirst du auf dem Gipfel in den Händen halten? Ich kann es dir jetzt schon sagen: gar nichts!"[59] „Da ist man allein mit noch ein paar Verrückten, die selbst grübeln, warum sie da sind. Ich habe keine richtige Antwort, meine Antwort lautet: Weil ich jetzt da bin, jetzt hier in dieser gottverlassenen Einöde."[60] Mit den Worten Reinhold Messners nach Durchquerung der Antarktis: „Der erste Deutsche, den ich traf, fragte: Warum? – und ich wusste keine Antwort."[61]

Wie Grenzgänger erfolglos nach überzeugenden Antworten für ihre scheinbar sinnlosen Abenteuer suchen, genauso halten wir manchmal vergeblich Ausschau nach plausiblen Gründen für schwere Gewaltverbrechen.

Mord einfach so

In André Gides Roman *Die Verliese des Vatikans* stößt der Dandy Lacfadio ganz bewusst, aber ohne ersichtliches Motiv einen Fremden aus dem fahrenden Zug. Er verübt ein „Verbrechen ohne Motiv".[62] Ähnlich erschlägt in Dostojewskijs *Schuld und Sühne* Rodin Raskolnikow eine alte Wucherin und deren Schwester mit einem Beil. Auch wenn er sie anschließend bestiehlt, geht es ihm doch nicht um die Beute: „Ich habe einfach getötet", sagt er, und man darf hinzufügen: willkürlich, ohne besonderen Grund und Zweck.[63] Gleichfalls ermordet in *Der Fremde* von Albert Camus, die Hauptfigur Mersault, einen Araber mit fünf Schüssen, ohne genau angeben zu können, warum er es tat. Er drückt auf den Abzug des Revolvers, weil die Sonne ihn blendet.[64] Außerdem erschlägt in Samuel Becketts *Molloy* die gleichnamige Person einen Köhler ohne irgendein Motiv.[65] Nicht zuletzt steht in Max Frischs *Graf Öderland* ein gewissenhafter Bankangestellter vor Gericht, der gleichfalls aus scheinbar unerfindlichen Gründen einen Hausmeister mit der Axt erschlägt. Auch er beging einen „Mord einfach so".[66] Er hatte „kein Motiv".[67] Grundlose Verbrechen, die ohne Bezug zu den Opfern bleiben, werden *actes gratuits* genannt.

So befremdlich diese literarischen Beispiele klingen, ganz so abwegig sind sie nicht, wenn man bedenkt, wie die Aufzeichnungen realer Gewaltakte in Dokumentarfilmen über den Vietnamkrieg, die Bilder vom Abu Ghraib-Folterskandal, die Berichte über Guantanamo oder den Kannibalen von Rotenburg die Fantasien der Durchschnittsbürger beflügeln und morbide Gelüste stimulieren können. Unverständliche Gewalt- und Tötungsdelikte gibt es nicht nur in der Literatur, sondern auch in der Realität. Bereits der Kirchenvater Augustinus fragt in den *Confessiones* mit Bezug auf Catilina: „Sollte er ohne Grund gemordet haben, bloß aus Freude am Mord?"[68]

Diese Frage legt auch eine der rätselhaftesten Figuren des Spätmittelalters nahe: Gilles de Rais, 1404 geboren. Georges Bataille und Joris-Karl Huysman erforschten dieses finstere Scheusal.[69] Gilles war ein ungewöhnlich reicher wie schöner Mann, tapferer Soldat und guter Christ mit gebildetem Kunstverstand. Im Jahre 1432 fing er mit ein paar Kumpanen plötzlich an, Kinder und Jugendliche zu rauben, zu schänden und auf furchtbare Weise hinzumetzeln. Gemeinsam mit seinen Helfershelfern schnitt er Hunderten Mädchen und Knaben die Kehle durch, schlitzte deren Bäuche auf, riss ihre Augen aus, zerstückelte ihre Körper. Nach seiner Gefangennahme zeigte dieser einst tapfere, fromme und feinsinnige Marschall größte Reue. Tränenüberströmt soll der

Schlächter seine höllischen Regungen, wilden Morde und schonungslosen Vergewaltigungen gestanden sowie um Vergebung und Strafe gefleht haben. Im Jahre 1440 wurde der grausame Teufelsbeschwörer erhängt und teilweise verbrannt. Das plötzliche Auftreten seiner Gräueltaten, seine vorherige Tapferkeit, Frömmigkeit und Feinsinnigkeit sowie die Verwandlung des satanischen Massenmörders in einen sühnebereiten, reuigen Sünder machen seine Vebrechen unerklärlich. Wie konnte aus einem frommen und sanftmütigen Gelehrten „ohne Grund"[70] ein grausamer Satanist werden, der Kinder erbarmungslos abschlachtet?

Ein ähnlicher Fall trug sich in einer französischen Provinzstadt im Jahre 1933 zu. Hier führten die beiden Schwestern Papin den Haushalt einer Mutter mit Tochter. Jahrelang arbeiteten sie vorbildlich. Nie kam es zu Vorfällen. Doch als eines Abends das Licht ausfiel, nahm das Unheil seinen Lauf. Mit ganzer Wucht trat das Verborgene aus dem Dunkel hervor: Jede der Schwestern fiel über eine der Frauen her. Sie rissen ihnen die Augen aus und massakrierten sie mit Küchenmesser, Hammer und anderen Gegenständen, die in Reichweite lagen. Sie zerschnitten ihnen das Gesicht, legten die Geschlechtsorgane der beiden Herrinnen frei und besudelten deren Gesäße mit Blut. Wie nach einem Opferritual reinigten sie anschließend die Instrumente sowie sich selbst. Möglicherweise hassten sie ihre Untertanenrolle. Jedoch vermag bloße Unzufriedenheit mit ihrer Anstellung nicht die bestialische Blutorgie hinreichend zu erklären. Nach dem Psychoanalytiker Jacques Lacan töteten die beiden ihre Herrinnen stellvertretend für die jeweilige Schwester. Diese seien so eng miteinander verklammert gewesen, dass sie nicht voneinander loskamen. Darum hätten sie sich am spiegelbildlich entgegenstehenden Paar austoben müssen. Ja, es dürfe sogar noch ein Schritt weitergegangen werden: Da beide sich in der jeweiligen Schwester wiedererkannten, seien die Mordtaten verschobene Akte grausamer Selbstverstümmelung gewesen. Vielleicht war es so, vielleicht aber auch nicht. Jedenfalls ist es eine merkwürdige Geschichte, deren Brutalität selbst Lacans Deutung nicht zu erklären vermag.

Michel Foucault beschreibt in *Die Anormalen* mehrere solcher Fälle, in denen Menschen auf grausame Weise grundlos morden.[71] Bis heute werden hin und wieder ganze Familien ohne erkennbaren Grund ausgelöscht. Wie in der Dichtung so können in der Realität die Täter manchmal weder Motiv noch Zweck für ihre Verbrechen angeben. Sie können sich selbst nicht erklären, wie es dazu kommen konnte.

Während die einen hierbei eher kaltblütig und überlegt vorgehen, handeln andere heißwütig und impulsiv. Doch ob blinder Drang, spontaner Entschluss oder fixe Idee, hier wie dort scheint das unerklärliche Verbrechen eine unwiderstehliche Macht über die Täter zu gewinnen. Es übt eine ungeheure Anziehung auf sie aus.

Dabei kann ihr Verhalten durchaus ihrer sonstigen Lebenseinstellung widersprechen. Solche Dissonanzen vermeiden die Menschen gewöhnlich dadurch, dass sie ihre persönlichen Ansichten ihrem öffentlichen Auftreten anpassen oder umgekehrt. Doch fehlt es ihnen selten an Erklärungen, warum sie Dinge tun, die im Gegensatz zu ihren Wertvorstellungen stehen. Meistens seien die anderen daran schuld. Jedoch verdecken solche Rationalisierungen manchmal die wahren Hintergründe, die nicht immer mit der sozialen Situation zusammenhängen.

Verborgene Motive

Obgleich bestialische Wut, exzessive Metzelei und das satanische Kichern der Meuchelmörder rätselhaft sind, steht nicht fest, dass deren scheinbar unerklärliche Gewalttaten tatsächlich aus dem Nichts kommen. Manche Menschen können zwar eine unerbittliche Zerstörungslust entwickeln, obwohl ihnen das Leben viele Chancen und Vorteile zuspielte, sie genug Einkommen, Rückhalt in Familie und Freundeskreis haben. Dann aber liegt die Vermutung nahe, dass die Straftat auf Motiven beruht, die bisher nur noch nicht in Erscheinung traten, sich jedoch grundsätzlich aufspüren lassen. Vielleicht geschah das Verbrechen aus versteckter Habgier, aus Machtlust, Rache, Eifersucht, Frustration, aus fehlender Anpassungsfähigkeit oder mangelndem Selbstwertgefühl. Unter Umständen muss das soziale Milieu doch stärker berücksichtigt werden, als bisher geschehen. Möglicherweise rebelliert das scheinbar grundlose Verbrechen auch gegen soziale Missstände. Dann wäre der angeblich zweckfreie Normbruch schließlich doch zweckgebunden. Aus existenzieller Unzufriedenheit entsprungen, wäre der *Acte gratuit* ein anarchisches Aufbegehren, eine politische Revolte, in der die Akteure der gesellschaftlichen Ordnung ihren Gehorsam verweigern.

Für Sozialwissenschaftler, Psychologen und Psychiater ist ein Verbrechen ohne jedes Motiv unvorstellbar. Regelmäßig werden sie zu dessen Ergründung herangezogen, insbesondere wenn Zweifel an der Zurechnungsfähigkeit eines Delinquenten bestehen. Sie sollen die Ursachen der straffälligen Normabweichungen aufdecken, welche die öffentliche Ordnung störten und die allgemeine Sicherheit gefährdeten. Besondere Aufmerksamkeit gilt Amokläufern, die plötzlich motivlos randalieren und töten. Häufig rächen sie sich an ihrem Umfeld, das ihnen fast jede Anerkennung verweigert. Sie fühlen sich gedemütigt, weil sie weder die erwünschte Liebe erfahren noch die von ihnen erwartete Leistung erbringen oder den Status in der Gruppe nicht erreichen, den sie gerne besitzen möchten. Oftmals haben sie erhebliche Selbstwertprobleme. Nicht selten leben sie ohne tragfähige Beziehungen.

Im Stanford-Prison-Experiment und in Abu Ghraib vertrieben sich die Aufseher bloß die Zeit mit ihren Schikanen und Martern, bei denen sie die Häftlinge aus purem Spaß wie Spielzeuge benutzten. Wie oft schon belästigten Soldaten oder Wärter ihnen anvertraute Gefangene aus bloßem Übermut, indem sie diese sich nackt ausziehen und sexuelle Handlungen mit kopulierenden Bewegungen simulieren ließen. Selbst spielerische Neugierde ist ein Motiv. Offenbar stürzen Gewaltaktionen doch nicht wie Blitz und Donner aus heiterem Himmel auf die Erde herab.

Auftragskiller verüben ihre Morde in der Regel teilnahmslos, eben kaltblütig. Sie hegen weder Groll noch Neid oder Rache und Rivalität gegen ihre Opfer, die sie gar nicht kennen. Doch grundlos handeln sie nicht. Sie töten für Geld. Mord ist ihr Job, den sie professionell, also ohne moralische Skrupel und Empathie erledigen.

Häufig liegen die Gewaltursachen weit zurück. Allerdings hinterlassen sie Erinnerungsspuren. Das individuelle oder kollektive Gedächtnis bewahrt sie auf, bevor sich dann die Bereitschaft für aggressive Reaktionen in einem Prozess, der sich unter der Oberfläche abspielt, allmählich entwickelt.[72] Wenn sich die schon seit längerem schwelende Wut mit erheblicher Zeitverzögerung auf einmal entlädt, entsteht leicht der Eindruck, die Gewalttat geschehe grundlos. Ein geringfügiger, zufälliger Zwischenfall kann sie auslösen. Doch die eigentliche Ursache liegt woanders. Unerwartete Gewalttaten oder plötzlich entflammte Kämpfe sind nicht selten verspätete Antworten auf im Gedächtnis gespeicherte Kränkungen, Zurückweisungen oder Verletzungen von Einzelpersonen bis hin zu nationalen Minderheiten. Man denke bloß an den Nordirlandkonflikt 1970 oder den Balkankrieg gegen Ende des 20. Jahrhunderts. Wo sich Volksgruppen angefeindet fühlen, der Wert ihrer Religion und Geschichte in den Schmutz gezogen wird, ihr Anspruch auf Respekt, Besserstellung oder Eigenständigkeit unerfüllt bleibt, dort wachsen ethnische Gruppen zu geduldigen Opfergemeinschaften zusammen. Deren Gewaltbereitschaft bedarf nurmehr kleiner Vorfälle, um brutale Vergeltungsschläge zu entfesseln. Natürlich stehen hierbei die Anlässe der ausgebrochenen Feindseligkeiten in keinem Verhältnis zur Wirkung. Sie sind nicht die wahren strittigen Punkte, sondern eben nur Nebenkriegsschauplätze schon bestehender Feindschaften, gleichsam die Statthalter langjähriger Erniedrigungen und Benachteiligungen.

Ähnlich grundlos scheinen brutale Handlungen zu sein, die sich gegen Personen richten, welche keinerlei Veranlassung hierzu gaben. In diesem Falle kann eine sogenannte Objektverschiebung vorliegen, bei der die Gewalttat nicht die Person trifft, die sie ursprünglich provozierte, sondern einen Fremden, der den eigentlichen Gewaltauslöser gar nicht kannte.[73]

Wenn solche nicht durchschauten Objekt- und Zeitverschiebungen geschehen, dann erscheint eine Gewalttat leicht als unverständlich und unbegründet. In Wahrheit aber macht sie lediglich einen latenten Konflikt manifest. Die Zeit zum Losschlagen scheint gekommen zu sein.

Das Rätsel bleibt

Dennoch gibt es Gewalttaten, die ohne jedes erkennbare Motiv mit beflissener Verbohrtheit, gedankenloser Langeweile oder übermütiger Freude ausgeführt werden. Für die Justiz sind solche Verbrechen, deren Ausmaß weit über ihre Veranlassung hinauswächst und deren Ursachen unauffindbar bleiben, ein echtes Problem. Grundlose Gewalttaten bringen das Strafsystem in große Verlegenheit. Denn motivlose Gesetzesverstöße dürfen eigentlich nicht bestraft werden. Der Beweggrund des

Täters ist wesentlich für das Gerichtsurteil. Wer ohne Grund mordet, dem wird üblicherweise seine Zurechnungs- und somit Schuldfähigkeit abgesprochen.

Der Delinquent entlarvt sich als Patient, für den eher Ärzte als Richter zuständig sind. In der Vergangenheit wurden Straftäter schon häufig für wahnsinnig erklärt. Es wurde von einer Geistesverwirrung ausgegangen, die den freien Willen des Täters außer Kraft gesetzt habe. Wahnsinnige, Kriminelle und Despoten stimmen darin überein, sich nicht an geltende Regeln zu halten, die sie bei Bedarf und nach Belieben brechen.[74] Sie stehen außerhalb der Gesellschaftsordnung.

Nun lassen sich die Täter, um die es hier geht, aber nicht so leicht als wahnsinnig einstufen. Denn bis zum *Acte gratuit* benahmen sie sich völlig unauffällig, normal und durchschnittlich. Deshalb können sie nicht ohne weiteres für geisteskrank oder verrückt erklärt werden. Nicht einmal zum Zeitpunkt ihres Delikts oder Deliriums lässt sich ihnen eine Geistesverwirrung, Blödheit oder Bösartigkeit nachweisen. Das Verbrechen bricht auf einmal, ganz unvorhergesehen in die Gesellschaft herein. Darum stoßen auch die Experten bei der Suche nach erklärenden Tatmotiven in diesen Fällen lediglich auf nichts. Nicht einmal an Zuwendung, Anerkennung und Erfolg mangelte es den Tätern. Bisweilen können die Experten nur ein willkürliches Aufbegehren gegen die herrschenden Konventionen auffinden, eine Nonkonformität, die sich geltenden Regeln verweigert. Die fragliche Person scheint außerstande zu sein, sich anpassen zu können.

Theologen erklären solche Dramen fehlgeleiteter Impulse mit der Erbsünde oder dem Teufel. Das *Alte Testament* erzählt von Mord, Raub, Vergewaltigung, Missbrauch, Eifersucht und Neid. Trotz Kenntnis des Guten denkt und handelt der Mensch böse. Der Kirchenvater Aurelius Augustinus führt alle Verbrechen und Unzulänglichkeiten der Menschen auf eine grund- und zweckfreie Bosheit, auf Trägheit, Lust an der Gesetzesübertretung und Übermut zurück. Diese unergründlichen Impulse entstammen nach christlicher Lehre der Erbsünde. Hieraus seien alle menschlichen Laster, die zügellose Wollust ebenso wie Hochmut, Zorn, Neid und Habgier erwachsen. Darum bedarf der Mensch auch strenger Regeln, die sein Leben stabilisieren und limitieren. Seine anarchische Impulsivität und Lasterhaftigkeit markieren die faule Stelle seiner schwachen Natur, die den Geist blendet und ihn den prickelnden Reizen des erregten Fleisches verfallen lässt. Gibt der Körper als Sitz vielfältiger Intensitäten den sinnlichen Verlockungen unbekümmert nach, so benimmt sich der Sünder sogar wie von teuflischen Mächten besessen. Im Extremfall wird er der Hexerei und Ketzerei verdächtigt. Außerhalb jeder gemäßigten Ordnung schlägt die zuckende und spuckende Hexe zornig und laut fluchend um sich. Hinzu kommt manchmal noch eine makabre Lust an grausamen Gewaltorgien bis hin zum Kannibalismus, um einige extreme Gelüste zu nennen. Solche anormalen Aktivitäten können einen wohligen Kitzel, ja ein sinnliches Ergötzen im Sünder entfachen und Momente maximaler Intensität hervorrufen. In Gestalten wie Gilles de Rais, der zu seiner Zeit als ein Erwählter des Satans galt, zeigen die entfesselte Teufelsbesessenheit und Erbsünde ihre finsterste Fratze.

Solche Verirrungen codiert die moderne Medizin allen Bedenken zum Trotz als Geistesstörung oder Wahnsinn, wie Michel Foucault hervorhebt. Psychiatrie und Psychotherapie treten im 19. Jahrhundert an die Stelle von Beichtstuhl und Seelsorge. Anarchische Impulse, Hexerei, Besessenheit, Sodomie und andere deviante Verhaltensweisen werden zu psychopathologischen Phänomenen erklärt. Die Sünde wird zur Krankheit, die als Bruch mit der Gesellschaftsordnung zugleich in den Rang einer Straftat erhoben wird.

An solchen Fällen interessiert die Justiz vor allem die Frage, ob der Kriminelle auch künftig für die Allgemeinheit gefährlich ist, den Psychologen, ob der Kranke heilbar, und den Theologen, ob der Sünder zu aufrichtiger Reue zu bewegen ist. Dementsprechend verordnen Richter abschreckende und bessernde Strafen, Psychoanalytiker wirksame Therapien und Priester geständige Beichten und aufrichtige Bußen. Alle drei hoffen, dass der Verbrecher auf die Hilfsmaßnahmen anspricht. Ziel ihrer Bemühungen ist die Normalisierung des Abweichlers, der sich nach diesen Dressurakten wieder regelkonform verhalten soll.

Der Urheber ist die Ursache

Aus Sicht traditioneller Theologen ist ein Verbrecher grundlos verübter Taten, bei dem keinerlei Anzeichen von Wahnsinn, Boshaftigkeit und Unzurechnungsfähigkeit festgestellt werden konnte, ein schutzloses Opfer seiner Erbsünde oder Teufelsbesessenheit. In vormodernen Zeiten wurden solche Delinquenten gerne für Monster gehalten.[75] Als solche galten Menschen mit kuriosen Missbildungen, die gleich zweifach mit der Normalität brachen: Einesteils verstießen diese buckligen Launen des Lebens gegen die Regeln der Natur. Andernteils wurde ihnen nachgesagt, unberechenbar zu sein, ja Moral und Sitte zu missachten. Menschen, die im Vollbesitz ihrer geistigen Kräfte motivlos Gewaltverbrechen begehen, scheinen solchen widernatürlichen Individuen mit sittenwidrigen Neigungen zu gleichen. Ähnlich wie die Erbsünde kann deren Monstrosität ihre Taten erklären, ohne damit deren Grundlosigkeit zu beseitigen. Die Täter üben grundlos Gewalt aus, weil sie verkappte Monster sind, die sich durch keine zivilisierten Sitten im Zaum halten lassen.

Wird nun aber die grundlose Gewalt ihrer religiösen und kuriosen Einkleidungen beraubt, so ergibt sich als Schlussfolgerung: Wenn es für ein Verbrechen keinen Grund gibt, der Täter also bei klarem Verstand ist, ja sogar ein intaktes Moral- oder Rechtsbewusstsein besitzt, dann gehört die Tat so zu ihrem Urheber wie das Wasser zum Fluss. Sich grundlos zu ereignen bedeutet nicht, einfach aus dem Nichts hervorzukommen, sondern vielmehr aus einer verborgenen Kraft im Inneren. Einem grundlosen Verbrechen muss also ein heißwütiger Hang oder eine kaltblütige Neigung, kurz die Natur des Delinquenten zugrunde liegen. Da die Tat mit ihrem Urheber gleichsam verwandt ist, erscheint sie als grundlos. Mit Bataille und Foucault gesprochen, muss eine solche Person vor Ausführung des Verbrechens diesem bereits ähnlich gewesen sein oder durch einen Wandel seiner Persönlichkeit irgendwann ähnlich geworden sein.[76] Hiernach ist die Ursache des Verbrechens ihr Urheber selbst, der eine gefährliche Person darstellt. Darum bedürfen diese grausamen Tendenzen, um wirklich werden zu können, keineswegs immer greifbarer Ursachen oder Motive, ja manchmal nicht einmal konkreter Auslöser. Mit unwiderstehlicher Macht können sie den

Verbrecher zu grausamen Überlegungen, abscheulichen Planungen und furchtbaren Bluttaten hinreißen.

Genauer betrachtet ergibt sich der irritierende Anschein ihrer Grundlosigkeit daraus, dass die Betroffenen sich von ihren Neigungen und Tendenzen nicht ohnmächtig beherrscht fühlen, sondern mit diesen sozialunverträglichen Impulsen einfach identisch sind. Ihre Missetaten sind gleichsam mit ihrem Charakter versöhnt. So gesehen erscheinen ihre abweichenden Verhaltensweisen deshalb als grundlos, weil die Täter selbst deren Grund sind. Der Delinquent ist die Abweichung. Seine Tat war nicht nur zuvor bereits auf diffuse Weise in ihm gegenwärtig, sondern schon der realen Möglichkeit nach er selbst gewesen. Solange ein Tatverdächtiger konform lebt, bleibt seine wahre Natur – früher Monstrosität und Erbsünde – verdeckt, überformt oder unterdrückt.

Der dunkle Fleck

Ein *Acte gratuit* kann leicht als Ausdruck absoluter Freiheit missverstanden werden, ersetzt doch der Akteur mit seiner skrupellosen Willkür das Zweckmäßige und Nützliche durch seltsame Abenteuer. Er löst bestehende Bindungen auf, schüttelt verkrustete Konventionen und Traditionen ab, um, von spontanen Impulsen getrieben, absonderlichen Wünschen freien Lauf zu lassen. Von allen Beschränkungen befreit, verwirklicht er nur sich selbst ohne Rücksicht auf Gesetz und Moral oder die Folgen seines Tuns. Mit Max Stirner gesprochen, geht ihm in diesen Momenten nichts über sich selbst. Hierbei verspürt der motivlose Täter seine Überlegenheit über alles und jeden, was ihm tatsächlich ein Gefühl absoluter Freiheit verleihen kann. Die von jeder Moral entkoppelte Machtausübung bedeutet formal, nach eigenem Gutdünken zu leben und zu handeln. Inhaltlich aber feiert sie sich als kindliche Zerstörungslust oder als entfesselten Vernichtungstrieb, den Marquis de Sade und Georges Bataille mit dem Erotischen verbinden.[77]

Der Täter verspürt seine Verfügungsgewalt, die er als anarchisches Fest des Missbrauchs oder als sinnlose Vernichtung fremder Körper zelebriert. Das Opfer wird brutal verschwendet, damit der Täter seine ultimative Freiheit oder größtmögliche Souveränität erleben kann. Freiheit bedeutet hier soviel wie absolute Macht über Leben und Tod,

Lust an der Dominanz, bei der auf die Interessen und Empfindungen der wehrlosen Opfer keinerlei Rücksicht genommen wird. Dieser Triumph des amoralischen Souveräns über den versklavten Körper feiert sich als höchste Befriedigung.

Trotzdem ist es fast unmöglich, den *Acte gratuit* frei zu nennen. Denn Willkürhandlungen entstehen nicht aus dem Nichts. Wie dargelegt, sind sie abhängig vom Körper des Akteurs, von dessen Charakter, seiner Lebensgeschichte, seinen Erinnerungen, Gedanken, Fantasien und Empfindungen. Im grundlosen Verbrechen offenbart sich eine wichtige Seite des Individuums, die unter den üblicherweise befolgten Anstandsregeln wie begraben liegt. Die Willkürtat wurde aus bloßer Laune, teuflischem Spaß, dämonischem Vergnügen oder aus risikobereiter Neugierde, schwindelerregender Abenteuerlust und dumpfer Sonntagslangeweile verübt. Darum nannte André Gide die Täter grundloser Straftaten lieber Abenteurer als Verbrecher. Im Grunde genommen sind sie Hasardeure, die lediglich ihren widersprüchlichen Antrieben, spontanen Neigungen und wechselnden Stimmungen nachgeben. Sie lassen sich gehen wie Surrealisten bei der Écriture automatique oder die abstrakten Expressionisten beim Action painting.

In dieser Beziehung gleichen sie zwanghaften Menschen, die gegen ihren Willen und ihre Überzeugung abscheuliche Taten begehen. Vergeblich kämpfen diese gegen einen Wahn an, der sie am Ende doch besiegen wird, so dass – statt Vernunft – ein grausames Drängen über sie die Oberhand behält. Im Unterschied zu solchen Zwangstaten stimmen aber beim *Acte gratuit*, der ohne jede Geistestrübung ausgeführt wird, Wille und Verstand mit der Tat überein.

Solche aus zufälliger Laune begangenen Verbrechen bringen versteckte Impulse des menschlichen Begehrens an den Tag, die im Widerspruch zu den vorherrschenden Normen stehen. Auffälligerweise wird der *Acte gratuit* hauptsächlich in kriminologischen Zusammenhängen diskutiert. Er steht für eine unerklärliche Gewalttat, welche geltende Gesetze übertritt und geläufige Regeln sprengt. Ein Durchschnittsbürger verübt keine Verbrechen, schon gar nicht ohne jedes Motiv. Als der Beruhigung bedürftiges Lebewesen möchte der Einzelne von sich glauben dürfen, dass er nicht sozialunverträglich handeln würde, selbst wenn er die Gelegenheit hierzu hätte. In seinem Inneren gibt es keine spontanen Impulse in diese Richtung. Da nun aber der *Acte gratuit* gerade nicht von wahnsinnigen oder bösartigen Menschen, sondern von normalen Personen ausgeführt wird, kommt hier etwas zum Vorschein, das vermutlich doch in uns allen steckt: ein dunkles Begehren, das am ehesten zutage tritt, wenn wir alle Konventionen abstreifen und gleichgültig unseren Handlungsfolgen gegenüber werden.

Dem Durchschnittsmenschen erscheint eine Person, die den *acte gratuit* begeht, als krank, anormal, wahnsinnig. Sie disqualifiziere sich als zivilisierter Bürger und trete als wildes Ungeheuer in Erscheinung. Aber wie viel Monströses birgt jeder von uns in sich? Welch verborgener Irrsinn schlummert im eigenen Inneren? Welche furchtbaren Verbrechen wäre man fähig zu begehen, wenn sie die Umstände erlaubten?

Als Gilles de Rais, von Reue geplagt, zum Galgen geführt wurde, begleitete ihn eine aufgewühlte Menge, über die der Massenmörder furchtbares Leid gebracht hatte. Doch statt Genugtuung zu empfinden, sanken die Menschen nieder, selbst Eltern seiner Opfer, um aus Mitgefühl für sein Seelenheil zu beten und zu weinen, so sehr rührte sie seine Zerknirschung. Diese Sympathie des Volkes für den bestialischen Mörder lässt sich kaum erklären. Da bei Gilles fast keinerlei Anzeichen von Verrücktheit festgestellt werden konnten, er dazu noch gebildet war, schien er trotz seiner sadistischen Neigungen verhältnismäßig normal zu sein. Darum vermutet Georges Bataille: „Was uns an der Persönlichkeit des Gilles de Rais interessiert, ist ganz allgemein unsere eigene Bindung an das Monströse, das dem Menschen wie ein Alb von früher Kindheit an innewohnt."[78]

Der *Acte gratuit*, auch die Schandtaten von Gilles de Rais, offenbart das anarchische Moment der menschlichen Existenz, die hin und wieder dem „Irrenhaus der Ordnung"[79], das uns Bürgern ein hohes Maß an Überwindung und Verzicht abverlangt, entfliehen möchte. Jeder ist ein Sicherheitsrisiko, eine Gefahr für die Gesellschaft, ein potenzieller Amokläufer, der die Kontrolle über sein Leben verlieren könnte. Wir alle sind verurteilt, der zu sein, der man ist. Nichts und niemand kann dies verhindern. Nicht einmal man selbst. Wir alle bleiben uns fremd. „Das Fremde ist in mir, also sind wir alle Fremde", schreibt Julia Kristeva.[80] Mit E.T.A. Hoffmann gesprochen: „Dem im irdischen Leben befangenen Menschen ist es nicht vergönnt, die Tiefe seiner eigenen Natur zu ergründen."[81] Je mehr individuelles Temperament und Begehren den herrschenden Konventionen, Traditionen und Institutionen widersprechen, umso mehr steigt die Gefahr, dass der nonkonforme Drang ausbricht.

Die vermeintliche Grundlosigkeit alles Regellosen, Kaltblütigen und Wildwütigen lässt einen dunklen Fleck der menschlichen Natur hervortreten, dessen Monstrosität, jenen Wahnsinn, der früher Erbsünde oder Teufelsbesessenheit genannt wurde. Diese archaischen Impulse schlummern in allen Menschen, auch den sogenannten Normalen und Gesunden. Hin und wieder steht das Monster, das jeder in sich trägt, gegen die Ordnung auf, die den Einzelnen vor sich selbst schützen soll. Stefan Zweig beschreibt den dunklen Fleck am Beispiel einer Seitenspringerin mit den Worten, „dass eine Frau unschuldig in ein plötzliches Abenteuer geworfen werden kann, dass es Handlungen gibt, die eine solche Frau eine Stunde vorher selbst für unmöglich gehalten hätte."[82] Mit einem Male überschreitet man die Grenzen der Moral und stellt die Regeln auf den Kopf. Man verweigert den Gehorsam. Wo die übergeordneten Instanzen ihre Prägekraft und Kontrollmacht verlieren, dort fallen die gewohnten Hemmungen sogar erschreckend schnell. Sind aber erst einmal die Fesseln gesprengt, so kommt es schon bald zu überschießenden Exzessen ganz unterschiedlicher Art: rauschhaften Delirien und Festen ebenso wie brutalen Obsessionen und Gewaltverbrechen. Der moralische Sinn erweist sich in solchen Situationen häufig nicht als stark genug, um dem grundlosen Begehren widerstehen zu können.

Der Störfall – ein Normalfall

Die Mittäterschaft religiöser oder politischer Überzeugungen an Gräueltaten ist offensichtlich. Quer durch die Geschichte waren politische und religiöse Anschauungen für Kriege und Grausamkeiten aller Art verantwortlich. Seit jeher trennen politische Ideologien und Religionen nicht nur Menschen, Völker und Kulturen voneinander, sondern provozieren auch Kriege gegeneinander. Bis heute sprudeln diese Quellen der Feindschaft, die eine solche Macht über die Menschen gewinnen kann, dass es ihnen am Ende mehr wert ist, dem Gegner zu schaden, als selbst am Leben zu bleiben. Obwohl auf Selbsterhaltung ausgerichtet, gilt das individuelle Überleben nicht immer als unumstrittener Höchstwert. Menschen beenden ihr Leben, wenn es ihnen nicht mehr als lebenswert erscheint, sei es aus Liebeskummer, in Siechtum oder wegen Bankrott. Sie sind aber auch bereit, sich für ihre Ehre zu duellieren, für ihren Glauben in die Luft zu sprengen oder für ihr Vaterland zu sterben – gemäß Friedrich Schillers *Braut von Messina*: „Das Leben ist der Güter höchstes nicht."[83]

Verführung und Verblendung

Unter dem Einfluss abstrakter Ideen verlieren Menschen leicht ihr humanes Antlitz. Wenn es um die Durchsetzung von Überzeugungen und die Verfolgung von Andersdenkenden geht, war die Ordnungsmacht noch nie zimperlich. Abscheuliche Massaker ließ sie in heroischem Glanz erstrahlen. Wie häufig schon wurde der blutige Kriegsalltag geschönt und kämpferischer Mut glorifiziert. Bei einer Niederlage wurden die Soldaten als Märtyrer verherrlicht, die ihr Leben für eine gute Sache gaben, im Falle eines Sieges als Helden gefeiert, welche die Ehre ihrer Nation oder Religion verteidigten, wenn nicht sogar einer göttlichen Sendung folgten. Mit solcher Rhetorik lassen sich Gräueltaten ohne Mühe überblenden. Geschickte Propaganda kann die Schrecken des Krieges genauso herunterspielen und heroisieren wie die gegnerische Seite verängstigen und irritieren. Freilich machen die Medien auf humanitäre Kriegskatastrophen aufmerksam. Ihre Bilder können empörte Aufschreie in der Öffentlichkeit hervorrufen, welche die Regierenden wachrütteln.[84] Doch sind Bilder manipulierbar und als Teil der Kriegsmaschinerie missbrauchbar. Bilder lügen, wenn sie aus dem Zusammenhang herausgerissen, retuschiert oder mit falschen Informationen versehen werden.

Nicht selten liegt dem Gewaltbedürfnis der hasserfüllte Wunsch zugrunde, sich von bedrängenden Ängsten und bedrohlichen Mächten zu befreien. Durst nach Gewalt entsteht dort, wo die Menschen unter der Willkür brutaler Peiniger leiden. Irgendwann schlägt ergebene Duldsamkeit in kompromissloses Aufbegehren um. Mit ungeheurer Schnelligkeit steigert sich dann die Gewaltbereitschaft. Gewinnt sie erst an Fahrt, bekommt sie oft einen unbeherrschbaren Elan. Aufgepeitschte Entschlossenheit schwingt mit dem Gefühl, nichts mehr verlieren zu können, zu höchster Kampfesstärke und Widerstandskraft empor. Nun bleiben die Rebellen mitleidlos gegenüber den Peinigern, weil sie mit sich selbst keinerlei Mitleid mehr haben. Sie sind nur noch daran interessiert, es den Gegnern auf grausame Weise heimzuzahlen, und der Zeitpunkt hierfür scheint jetzt günstig zu sein.

Ähnlich verhält es sich mit den scheinbar unverständlichen Gräueltaten von Soldaten an Zivilisten etwa im Zweiten Weltkrieg, Vietnam- und Jugoslawienkrieg oder mit den demütigenden Trophäenfotos im Abu Ghraib-Gefängnis, welche sich die Aufseher gegenseitig zuspielten. Warum schauen sich Menschen solche Grausamkeiten und Entwürdigungen gerne an? Zum Teil wurden diese Fotos aus bloßem Übermut oder aus Langeweile geschossen. Hauptsächlich aber sollten sie Machtüberlegenheit den Opfern gegenüber demonstrieren, die selbst oder deren Landsleute eigene Kameraden verletzt und getötet hatten. Dies weckte Wut und Rachegelüste. Wenn noch chronischer Stress und Erschöpfung hinzukommen, dann wächst die Gefahr, dass sich die extremen Belastungen in einem Furor grausamer Massaker entladen. Manche Gewaltorgien im Vietnamkrieg und anderswo auf der Erde lassen sich hierdurch zumindest teilweise erklären.

Aber wie Gewalt nicht nur auf Bedrängnisse reagiert, genausowenig beruht sie allein auf abstrakten Bekenntnissen. Diese spielen häufig sogar bloß eine vordergründige Rolle bei der Verübung solcher Taten. Der große Zweck des Krieges – Allah und andere Ziele – bildet oft nur eine Hintergrundkulisse. Die Fokussierung auf ideologische Motive, welche die Gewalttäter zu willenlosen Agenten irregeleiteter Demagogen machen, verkennt allzu leicht, dass auch die geschickteste Propaganda nur wirken kann, wenn sie auf bereits vorhandene Begierden und Fantasien trifft. Häufig müssen politische Ideologien und religiöse Bekenntnisse als Rechtfertigung für Gewaltverbrechen herhalten, damit die Menschen ihr Verlangen nach sozialunverträglichen Delirien und Potenzdemonstrationen möglichst ungehindert ausleben können. Hiervon handelt die Romantrilogie *Dein Gesicht morgen* von Javier Marias: Vielen Spaniern lieferte der Bürgerkrieg eine Legitimation für ihre Gewalttaten, die sie intensiv genossen. Bis heute missbrauchen militante Religionsführer und politische Machthaber die Gewaltbereitschaft der Menschen für ihre Zwecke.

Weltweit gibt es zahlreiche militante Männermilieus, in denen Gewalt das alltägliche Denken, Fühlen und Handeln ihrer Mitglieder bestimmt. Viele Anhänger extremer Auffassungen wollen gar nicht ihre politische Meinung oder eine religiöse Idee auf die Straße bringen, sondern sich wie Rocker und Hooligans einfach nur prügeln. Dabei sind sie keineswegs immer verbohrt brutal, sondern oft nur gedankenlos kampfeslustig. In solchen Fällen dient die Gewalt weniger irgendeinem Ziel als vielmehr umgekehrt.

Kampfeslust der Fans

Religiöse Fanatiker, politische Demonstranten und junge Sportfans haben öfter mal Lust auf Zoff. Die Aussicht auf eine Schlägerei zieht sie an, weil sie ihnen eine Gelegenheit zum Austoben gibt. Mit einem Male liegt etwas Bedrohliches in der Luft. Die Schlachtenbummler haben sich nicht mehr unter Kontrolle. Sie wirken erregt, brüllen, hüpfen auf und nieder, schlagen um sich, fallen mit schweißbedecken nackten Oberkörpern übereinander her. Wenn Menschen in Raserei geraten, sind sie zu allem fähig. Gewalt bereitet einen besonderen Kitzel. Sie ruft starke Empfindungen hervor. Deren Intensität lässt sich am besten in der Gemeinschaft steigern, an deren Stärke man partizipieren möchte. Viele verschwinden gerne für einige Stunden in der Menge, um nicht alleine sein zu müssen. Sie finden es schön, mit der Masse zu verschmelzen. Diese gibt ihnen ein Gefühl der Dazugehörigkeit. Anfangs noch zahm wie eine Herde Kühe kann sich die Menge aber blitzschnell in ein Rudel wilder Stiere verwandeln. Erst einmal losgelassen, entzündet sich in ihrer Mitte schnell ein Feuer, das schon oft außer Kontrolle geriet und alles niederbrannte, das sich ihm in den Weg stellte – wie etwa beim Sturm auf die Bastille, vor dem Winterpalast oder in den Straßen von Wien. Seit jeher steckt in der Masse eine rohe Energie, die, erst entladen, sich kaum noch steuern lässt. Wie ein Wirbel stumpfsinniger Lust überkommt sie die Menschen, für die es jetzt kein Halten mehr gibt. Die Menge gerät in einen Gewaltrausch, und die Berauschten lieben es, Grenzen zu überschreiten und geregelte Tagesabläufe zu durchbrechen, um sich gehenlassen zu können. Nun setzt sich die übersteigerte Erregung leichtfüßig über alle Schwellen hinweg. Hierbei ist den Regelbrechern und Draufgängern weniger angstvoller Schrecken ins Gesicht geschrieben als vielmehr überschwängliche Freude. Ist die Linie überschritten, genießen sie es, außerhalb des geordneten Alltags mal aufdrehen zu dürfen.

Solche animalischen Ausdünstungen trifft man häufig auf größeren Sportveranstaltungen, insbesondere bei Fußballspielen.[85] Im Gegensatz zum „normalen" Fußball lebt im American Football sogar das Faustrecht früherer Pioniere auf dem Spielfeld fort. Es kommt zu echten Schlachtszenen, die jedoch nach festen Regeln ablaufen. Solche Formen ritualisierter Gewalt erregen Spieler und Zuschauer gleichermaßen. Doch genauso verzückt der „normale" Fußball die Massen, die, ihrer Alltagswelt entrückt, gleichfalls in Euphorie schwelgen.

Für viele hat Fußball eine Wichtigkeit, die schon religiös anmutet. Natürlich suchen Fans im Stadion das Erlebnis der Gemeinschaft. Die gefühlsselige Identifikation mit dem Verein, die gemeinsam gebrüllten Parolen und durchlebten Emotionen erzeugen ein gesteigertes Wir-Erlebnis. Das Individuum geht gleichsam in der Fan-Gemeinde auf. Hauptsächlich aber geht es um die Befriedigung expressiver Bedürfnisse. Schon die Ankunft der grölenden Schlachtenbummler lässt die Bahnhofswände erbeben. Anschließend wälzen sich die wild stampfenden Horden johlend zum Stadion, wo die gefüllten Zuschauerränge den Fans ein besonderes Herdenerlebnis bieten. Überdies eröffnet die Fankurve dem Einzelnen einen Freiraum, in dem er die „Sau rauslassen" darf. Nach dem Anpfiff steigt die Spannung, und das aufmerksame Verfolgen des Spiels entwickelt sich zu einer Anstrengung, die den ganzen Körper beansprucht. Teilweise wächst die Anspannung sogar ins Unerträgliche. Die Nerven liegen blank. Doch das ersehnte Tor steht nach wie vor aus. So wird weiter gebrüllt, angefeuert und geflucht. Wann endlich platzt der Knoten? Es bilden sich Sprechchöre. Die Fans taumeln und singen. In brenzligen Situationen greifen sie nach dem Nachbarn, der genauso ein Tor herbeisehnt. Endlich ist es soweit. Tor! Tor! Die geballte Energie explodiert. Es entsteht ein ohrenbetäubender Lärm. Fremde fallen sich vor Begeisterung um den Hals, andere sind enttäuscht. Erleichterung empfinden aber alle, bevor sich nach diesem Aufruhr erneut eine Spannung aufbaut, die sich bald wieder explosionsartig entladen wird. Fußballspiele rufen häufig emotionale Ausnahmezustände hervor. Als Mixtur aus Regel und Exzess können sie leicht ihre spielerische Note verlieren. Dann endet der sportliche Spaß in Krawallen.

Ist das Spiel zu Ende, löst sich die Masse zwar auf, Euphorie und Frustration ebben aber nicht sofort ab. Abseits des Spielfeldes wächst die Gefahr der Ausschreitungen. Im Grenzfall wird dann alles, was sich den Schlachtenbummlern in den Weg stellt, demoliert. Bahnabteile werden mutwillig auseinander genommen, Fahrzeuge umgekippt, Mülltonnen in Brand gesetzt. Hin und wieder kommt es zu schlimmen Tumulten, als hätten die Fans beschlossen, sich an keine Regeln mehr zu halten. Hausfassaden werden beschädigt, Straßenlampen zertrümmert, Fenster eingeschlagen. Steine und Flaschen werden geworfen, Innenstädte verwüstet; der Verkehr wird zum Erliegen gebracht. Randalieren ist ein vergnüglicher Zeitvertreib für Sieger wie für Verlierer.

Hooligans suchen bewusst eine Gelegenheit, ihre Lust auf Schlägereien in Revierkämpfen gegen Fans anderer Clubs auszuleben. Dafür verabreden sich die rivalisierenden Gruppen an zuvor vereinbarten Orten. Sie wollen sich nach dem Spiel wüste Schlachten liefern, bei denen es vorrangig um Übermut, Kräftemessen, Lust am Balgen geht. Eingereiht und vereint, spüren sie die geballte Energie der Masse. Die Euphorie steigt. Alle genießen, dass gleich etwas passieren wird. Dies beschwingt die Gruppe. Der Laufschritt der dicht geschlossenen Reihen gewinnt an Tempo, bevor die beiden Fanclubs mit Gebrüll aufeinander losgehen und sich in einen Kampf stürzen. Wie in der religiösen

Ekstase und beim sexuellen Exzess erhoffen sich alle Beteiligten vom kampfeslustigen Spektakel intensive Augenblicke. Trotz aller Randale herrschen aber ungeschriebene Spielregeln, die imaginäre Trennlinien ziehen. Es gibt ein Einverständnis darüber, dass nicht mit den Füßen in den Leib oder gegen den Kopf eines Gegners getreten werden darf. Allerdings können im Rausch der Gefühle die Grenzen des Erlaubten leicht überschritten werden.

Es wäre falsch, hinter dem Bedürfnis nach Schlägereien ausschließlich kaputte Familien, Arbeitslosigkeit, Frustration und Langeweile ausmachen zu wollen. Abenteuerlust, das Verlangen nach prallen Momenten, die Möglichkeit zu viriler Selbstinszenierung und Gewaltfaszination spielen mindestens eine genauso große Rolle.

Festfreude der Bestie

Nicht wenige Islamisten lassen sich für den Dschihad gewinnen, weil sie hier ihren Drang nach viriler Bedeutsamkeit bis hin zur chauvinistischen Allmachtsfantasie befriedigen können. Freiwillig unterwerfen sie sich den Zwängen eines primitiven Kollektivismus und den damit verbundenen Gewaltritualen. Die Zahl der Männer ist hoch, die auf diese Weise ihre Minderwertigkeitsgefühle, ihr schulisches Versagen und ihre berufliche Unzulänglichkeit zu kompensieren suchen, erleben sie sich doch in der Androhung und Ausübung von Gewalt als stark. Sie möchten sich Respekt und Achtung in einer Welt verschaffen, die ihnen nicht genug Positionen in Aussicht stellt, um auf friedlichem Wege soziale Anerkennung zu erlangen. Natürlich erwächst politischer und religiöser Terror auch kollektiver Demütigung, die man nicht mehr stillschweigend ertragen möchte. Das Bedürfnis nach gesellschaftlicher Wertschätzung ist bei uns Menschen groß, weil es damit leichter fällt, sich selbst zu achten und zu akzeptieren. Zur Erreichung dieser Ziele ist für all jene, die in heroischer Tapferkeit bis hin zur Opferbereitschaft erzogen wurden, fast jedes Mittel recht, mag es auch noch so grausam sein.

Zugleich aber bestätigen viele Kriegsberichterstatter und Historiker, was die Geschichte bis heute beweist: Es gibt eine Mordlust, andere Menschen niederzumetzeln, sie nicht nur zu töten, sondern auch tot zu quälen, und eine Lust, sich an solchen Schauspielen als Zuschauer zu ergötzen, weil sie einen hohen Unterhaltungswert besitzen, erst recht wenn sie pornografische Qualitäten haben und in sadomasochistische Keller einladen. Hierfür stehen der Völkermord an den Armeniern, der größten christlichen Minderheit im Osmanischen Reich, der Hereros in Namibia, die unfassbaren Massenmorde unter Hitler, Stalin, Pol Pot, Idi Amin, der Hutus gegen die Tutsis in Ruanda, die grausame Abschlachtung bosnischer Muslime durch christliche Serben in Srebrenica, die brutalen Bürgerkriege in Somalia, Kongo, Afghanistan, Burundi, Nigeria, Sudan, Irak, Syrien und anderen Teilen der Erde.

Wie häufig lässt man es nicht bei einfachen Gewalttaten bewenden, sondern geht früher oder später zu sadistischen Praktiken über, die schon deshalb gerechtfertigt zu sein scheinen, weil sie sich gegen den Feind richten, den man hassen darf. Wie vielen schlägt ihr Herz zum Springen, wenn sie ungehindert gewalttätig sein dürfen. Dabei richtet sich ihr Hass gegen niemanden, der ihnen persönlich etwas angetan hätte. Es ist erschreckend, zu welchen Unmenschlichkeiten der Mensch im Krieg nicht nur fähig ist, sondern sich sogar freudig bereit zeigt.

Michel de Montaigne schreibt *Über Grausamkeit*: „Ich hätte, bevor ich es selbst erlebte, kaum geglaubt, dass es so blutrünstige Seelen geben könnte, die aus reiner Mordlust andere hinmetzeln, indem sie ihnen die Glieder ausreißen oder abhacken, und die sich den Kopf zerbrechen, um neue Foltern und Todesarten zu ersinnen, keineswegs aus Hass oder um ihres Vorteils willen, sondern zu dem einzigen Zweck, sich an dem für sie genussreichen Schauspiel der jämmerlichen Bewegungen und Zuckungen, des erbarmungswürdigen Stöhnens und Schreiens eines qualvoll sterbenden Menschen zu ergötzen. Es ist der Gipfel der Grausamkeit, wenn der Mensch den Menschen nicht aus Wut und nicht aus Furcht tötet, sondern um der Augenweide willen."[86]

Alles Erschreckende fasziniert: „Welcher Genuss ist für Menschen im Kriegszustande (...) der höchste? (...) Der Genuss der Grausamkeit (...), in der Grausamkeit erfinderisch und unersättlich zu sein", schreibt Nietzsche.[87]

In Voltaires *Candide* ist die Rede von aufgeschlitzten Leibern, abgeschlagenen Armen, Hirnen, welche den Boden bedecken und Kriegern, welche Frauen in Stücke hieben. Solche blutigen Gewalttaten verfolgen nicht immer politische Zwecke. Sie geschehen auch nicht unbedingt in einem Anfall von Zorn, sondern manchmal aus bloßem Vergnügen, verbunden mit Schadenfreude, Hass-, Macht- und Triumphlust. Da man nicht weiß, wie es sich anfühlt, gequält zu werden, bleiben die Folterer oft erschreckend gleichgültig dem Leid der Gepeinigten gegenüber. Sie machen sich einen Spaß daraus, Menschen durch Hunger, Durst, Prügel und qualvolle Strapazen auszuzehren und zu demoralisieren. Man drischt einfach auf sie ein oder erschießt sie aus reinem Übermut. Solche Gewalttaten wollen nichts erreichen. Losgelöst von allen höheren Zielen lassen sich die Peiniger von diffusen Körperimpulsen zu Untaten hinreißen, die um ihrer selbst willen vollstreckt und genossen werden. Bei solchen Aktionen tun sich seit jeher Menschen hervor, die der Mitte der Bürgergesellschaft entstammen. Ein Gewaltregime hatte noch nie Mühe, willige Gehilfen beim Quälen und Töten zu finden. Mit Philipp Zimbardo und Wolfgang Sofsky gesprochen, lassen sich normale Menschen leicht in Peiniger verwandeln. Gewalt lernt man im Prozess der Gewalt, der überhaupt erst die Neigungen hervorzubringen scheint, die er anschließend befriedigt.[88] Dabei spielt die Erfahrung der Solidarität beim Drangsalieren eine wichtige Rolle. Wie man sich gegenseitig anfeuert, weiter und immer härter weiter zu machen, befreit man sich auch gegenseitig von moralischen Bedenken. Man möchte krass sein.

So hat Gewalt ihren Sinn nicht nur in dem Zweck, den sie verfolgt, sondern oft auch im Vollzug selbst. Dann wird sie ihrer selbst wegen ausgeübt, der Körper des Opfers aus bloßer Lust ohne Rücksicht auf dessen Schmerzen gequält, die Zerstörungslust durch seinen Widerstand sogar noch gesteigert und das damit verbundene Machtgefühl glorifiziert.[89] „Was ist das Schönste, das Götter den Sterblichen schenken? Siegreich die Faust auf des Feindes Nacken zu drücken! Und was schön ist, bringt Freude", schreibt Euripides.[90]

Solche katastrophalen Entfesselungen des dunklen Begehrens geschehen vorrangig in Kriegen. Auf dem Gemälde *Die Schrecken des Krieges* bannt Francesco de Goya bestialische Orgien menschlicher Gewalt. Hier bekommt der Betrachter ermordete Kinder, vergewaltigte Frauen, Erwürgte und Erstochene zu Gesicht. Im Krieg ist die Bereitschaft groß, fundamentale moralische Grenzen zu durchbrechen. Solide Bildung und gute Tischmanieren verhindern nicht automatisch Gewaltausbrüche. Das Ungezähmte, Wilde, Dämonische, das unter der Oberfläche der Haut pulsiert, ist immer da. Zwar befinden sich unter den Beteiligten von Massakern stets auch schwache Persönlichkeiten, die es bitter nötig haben, auf sich aufmerksam zu machen oder ihren Frust abzuladen. Goebbels nannte in einem Augenblick der Selbsterkenntnis seinen Klumpfuß die Batterien seiner großen Schnauze! Doch lässt sich die Lust auf Gewaltexzesse nicht allein auf die Funktion der Kompensation von Schwächen zurückführen. Obwohl die friedliche Zivilisation von starker Gewaltaversion durchdrungen ist, sind ihr bis heute Gewaltorgien, auf denen geprügelt und gemetzelt wird, nicht fremd. Bereits im *Peloponnesischen Krieg* aus dem 5. vorchristlichen Jahrhundert beklagt Thukydides die zunehmende Verrohung der Menschen und Verwilderung der Sitten bald nach dem Ausbruch der Kämpfe.[91] Unter dem Lack der Zivilisation sei wilde Grausamkeit, das Ungezügelte im Menschen durchgebrochen. Ja sogar die Urahnen unserer humanistischen Zivilisation – Kain und Odysseus – richteten ein Blutbad an. Kain erschlug seinen Bruder Abel, und Odysseus schlachtete die Freier seiner Frau Penelope buchstäblich ab. Es liegt in der Logik der Gewalt, dass sie nie aufhört.

Staatszerfall als Gewaltförderung

Im Allgemeinen neigen wir dazu, deviante Gewaltexzesse als krankhaft abzutun. Der Genuss an brutaler Zerstörung, das Massaker als Volksfest, hat in einer zivilisierten Kultur, die sich des staatlichen Gewaltmonopols und der Gewaltenteilung rühmt, keinen berechtigten Ort mehr. Hierzulande muss man nicht überall und jederzeit um Leib und Leben bangen, weil unsere soziale Ordnung die Unterlassung grausamer Handlungen normalisiert hat. Der Durchschnittsbürger verspürt starke Hemmungen, Gewalt anzuwenden. Rohe Körperlichkeit ist nicht Bestandteil seines täglichen Handlungsrepertoires. In den befriedeten Räumen der zivilisierten Welt herrscht Gewaltlosigkeit. Da das Außergewöhnliche aber jederzeit in den Alltag einbrechen kann, verfügt einzig der Staat noch über eine legitime Möglichkeit zur Gewalt. Bereits die bloße Drohung der Staatsmacht genügt, um die gesellschaftliche Ordnung größtenteils aufrechtzuerhalten.

Allerdings setzen kritische Stimmen wie Walter Benjamin und Giorgio Agamben jedes Recht mit Gewalt gleich, weil dessen Einführung immer kriegerische Auseinandersetzungen vorausgingen. Darüber hinaus besitze das Recht grundsätzlich die Kraft, sich gewaltsam durchzusetzen, was die Frage aufwerfe, ob sich gerechte Ziele überhaupt durch Zwangsmittel realisieren ließen.[92] Aufgrund der engen Verflechtung des Rechts mit Gewalt wird von beiden jede Rechtsordnung in Frage gestellt, die Legitimität jeder politischen Ordnung verworfen. Stattdessen wird einer rechtsfreien Kultur des Vertrauens und Anstands das Wort geredet. Wie realitätsfremd solcher Optimismus und wie überzogen jener Pessimismus ist, belegt die Geschichte bis heute.

Weit davon entfernt grausame Gewalt zu legitimieren, ist die Rechtsordnung mit staatlichem Gewaltmonopol gerade aus Furcht vor Gewalt und einem starken Sicherheitsbedürfnis der Bürger entstanden. Die Zwangsmittel, die der Staat im Rahmen seines Gewaltmonopols nutzen darf, sollen durch die Erzwingung gesetzmäßigen Verhaltens die stets vorhandene Möglichkeit gewaltsamer Handlungen einschränken und den Schutz der Bürger vor Übergriffen gewährleisten. Dieser Zivilisationsauftrag ist als Antwort auf die Frage zu verstehen, wie gewaltfähige, verwundbare Menschen friedlich miteinander leben können. Gewaltbereitschaft lässt sich niemals eliminieren, sondern bestenfalls kontrollieren. Darum muss ihr eine überlegene Staatsgewalt entgegengesetzt werden.

Monopolisierte Gewalt wird dort legitim eingesetzt, wo das Leben der Bürger, die Ordnung und der Frieden von innen und außen bedroht werden. Dann dürfen Polizei und Militär Zwang ausüben. Aber wie viel staatliche Autorität oder Repression ist gerechtfertigt zur Gewährleistung von Freiheit und Sicherheit? Das staatliche Gewaltmonopol ist doch eine gefährliche Zentrierung der Zwangsmittel in der Hand einiger weniger Personen. Die Gefahr des Gewaltmissbrauchs durch Staatorgane ist groß, wenn man bedenkt, wie häufig Organisationen, zur Gewalteindämmung gegründet, selbst zur Mehrung von Gewalt beitrugen, wenn nicht sogar Massenmorde verursachten. Nicht zuletzt zur Ausschließung unkalkulierbarer Staatsgewalt wurden zusätzlich Gewaltenteilung, Demokratie, Parlamentarismus, Meinungsfreiheit und Grundrechte eingeführt.

Wo es an konsequenten staatlichen und gesellschaftlichen Anstrengungen fehlt, körperliche Gewalt moralisch zu ächten und strafrechtlich zu verfolgen, dort bricht sie regelmäßig in großem Maßstab durch. Die Gefahr von Bürgerkriegen, regionalen, ethnischen und konfessionellen Konflikten wächst in dem Maße, wie es einem Staat an robuster Durchsetzungskraft mangelt, die Staatsmacht versagt oder zusammenbricht. Dazu schwindet das Bürgervertrauen in die Ordnungskräfte, wenn sie brutale Gewaltexzesse bewaffneter Banden, Paramilitärs oder korrupter Polizisten dulden.

Als in jüngerer Vergangenheit absolutistische Diktaturen in bester Absicht beseitigt wurden, konnte man wie zur Zeit der Französischen Revolution zwar beobachten, dass der Sturz von Despoten machbar und Unterdrückung abwendbar ist. Zugleich aber zeigt sich in der Geschichte bis zum heutigen Tag, dass an die Macht gekommene Revolutionäre oft genauso despotisch werden wie die von ihnen vertriebenen Tyrannen. Nicht selten wechseln lediglich die Personen und die Ziele. Nachdem sich Eritrea beispielsweise von der Unterdrückung Äthiopiens befreit hatte, entstand im hinterlassenen Machtvakuum eine neue Diktatur durch die Befreier, die bis heute furchtbare Verbrechen an der Zivilbevölkerung begehen.

Alte und neue Herrscher können ihre Macht nur deshalb ungehindert ausüben, weil Menschen ängstliche, verletzliche Wesen sind. Deren Furcht vor dem Stärkeren, vor Schmerz und Tod, ermöglicht es Machthabern überhaupt erst, totalitäre Systeme zu errichten und Bürger zur Denunziation ihrer Bekannten, Nachbarn oder Kollegen anzustiften. Hiermit lässt sich erklären, warum so viele Menschen grausamen Handlungen tatenlos zuschauen. Durch ihre passive Zeugenschaft werden sie aber unbeabsichtigt Stützpfeiler der Macht, die von ihnen nur wenig zu befürchten hat.

Wenn nun eine Schreckensherrschaft nach ihrer Niederlage nicht gleich wieder neue Triumphe feiert, sich jedoch auch nicht sofort stabile Demokratien mit überlegener Staatsautorität als Friedensgarant etablieren, dann entsteht ein Machtvakuum, in dem fast automatisch Chaos ausbricht. Ethnische, religiöse und soziale Konflikte, in denen kollektive Demütigungen brutale Racheaktionen auslösen können, drohen zerbrochene Gesellschaften in Stücke, ja in den Abgrund zu reißen.

Menschen, die jahrelang friedlich Tür an Tür lebten, werden mit einem Male zu Mördern ihrer Nachbarn. Sind der Zusammenhalt eines Landes und dessen Ordnungsmacht schwach, das Gewaltmonopol erodiert und die Kontrollmechanismen pulverisiert, dann können leicht Guerillaverbände, Todesschwadronen, Volksmilizen, Terrorgruppen oder paramilitärische Einheiten wuchern und ihr Unwesen treiben. Wo die Staatsautorität zerfällt, steigt die Gefahr eines Bürgerkriegs.

Man rufe sich nur die Terrorgruppe Boko Haram ins Gedächtnis, die als Folge nigerianischen Staatsversagens Tausende von Menschen in den Sümpfen des Sambisa-Waldes gefangen hält. Ein weiteres Beispiel liefern die Huthi-Rebellen und die schwache Staatlichkeit Jemens im Würgegriff des sunnitischen Saudi-Arabien und seines schiitischen Rivalen Iran. Außerdem sei erinnert an das ehemalige Jugoslawien, an Ruanda, die Netzwerkorganisation Al-Kaida und den Aufstieg der dschihadistischen Terrormiliz Islamischer Staat in Irak und Syrien. Ferner denke man an die somalischen Al-Shabaab Milizen, an Kolumbien, Guatemala, El Salvador, Honduras oder Nicaragua, an den Kongo unter der Herrschaft lokaler Kriegsherren, an Benin als Hauptumschlagplatz für Waffenschieberei, Drogenschmuggel und Kinderhandel. Hinzugefügt sei der anhaltende Bürgerkrieg in der Zentralafrikanischen Republik zwischen dem christlichen Süden und den muslimischen Rebellengruppen im Norden. Weitere Krisenherde ließen sich benennen. Gerade in Afrika und Lateinamerika ist der schnelle Griff zur Waffe weitverbreitet, weil der Staat sein Gewaltmonopol oft nicht durchsetzt oder sich häufig mit dem organisierten Verbrechen arrangiert.

Gewalt als Lebensform

Politische Spaltungen, konfessionelle Polarisierungen und ethnische Konflikte allein geben aber noch keine hinreichende Erklärung für das weltweite Blutvergießen. Gleichfalls vermag das geopolitische Interesse einzelner Staaten an Vormachtstellung in verschiedenen Erdteilen nicht ausreichend zu erklären, warum sich bestimmte Regionen in Gewaltarenen verwandeln. Das Interesse an Vorherrschaft etwa der beiden Erzrivalen Iran und Saudi-Arabien mag einen wichtigen Hintergrund hierfür bilden, doch es erklärt nicht ausreichend, wieso der Anspruch der Menschen auf körperliche Unversehrtheit so häufig unerfüllt bleibt.

Sicherlich werden die teils künstlich entfachten Feindseligkeiten auch durch Gewaltunternehmer am Leben erhalten, die von den Konflikten wirtschaftlich profitieren und diese kommerziell ausnutzen. Diese haben ein starkes Interesse daran, ihre eigene Gefolgschaft als Opfer und die Gegenseite als Aggressor darzustellen, um so die Gewaltkreisläufe ständig anheizen zu können. Solchen fragwürdigen Kriegstreibern geht es weniger um politische oder religiöse Ziele als vielmehr um dunkle Geschäfte wie Drogen- und Waffenhandel, Raubüberfälle und Ähnliches. Sogenannte Warlords, Clanchefs oder Milizenführer, alles lokale Kriegsherren, dazu Terrororganisationen, aber auch Söldnerfirmen, Guerillakämpfer und marodierende Banden zeigen nur geringes Interesse an Frieden.[93] Im Gegenteil provozieren sie immer neue Eskalationen, weil sie vom Krieg leben und nichts anderes als Gewalt gelernt haben. Frieden bedeutete für sie das Ende ihres Einkommens, ihrer Macht und sozialen Stellung. Daher dürfen die kriegerischen Auseinandersetzungen nicht aufhören.

Wo Gewalt alltäglich ist, lässt sich eine Friedensordnung erst errichten, wenn die Bevölkerung des Blutvergießens überdrüssig wird und die Landesmedien wie die Internationale Gemeinschaft auf Waffenstillstand drängen. Doch bleibt jeder mühsam ausgehandelte Waffenstillstand brüchig, weil anfangs Skepsis und Misstrauen überwiegen. Die Konfliktparteien scheren leicht aus den Vereinbarungen aus, weil sie fast in jedem Verhalten der Gegenseite eine Provokation erblicken, auf das sie meinen antworten zu müssen. Ein Paradebeispiel hierfür ist der seit Jahrzehnten andauernde Nahostkonflikt, der durch immer neue Attentate, Aufstände, Kriege und Friedensverhandlungen geprägt ist.

Wie häufig tun die verschiedenen Seiten bei solchen Konflikten so, als würden sie die Vereinbarungen einhalten. Doch verletzen sie diese ständig. Hierbei spielen böse Gerüchte über die schlimmen Absichten der jeweiligen Gegenseite, Verschwörungstheorien, Verleumdungen und Hetzkampagnen eine große Rolle. Kleine Vorfälle werden aus ihrem Zusammenhang herausgelöst und ihre Ursachen bewusst fehlinterpretiert, damit sie als Anlass genommen werden können, die gewalttätigen Auseinandersetzungen fortzuführen. Es sind Machttaktiker und Gewaltunternehmer auf beiden Seiten, welche die jeweils andere Gruppierung als bedrohlich dämonisieren, Gefühle der Angst schüren, nur um die Kämpfe weiter in Gang halten zu können. Alle sind eifrig darum bemüht, die Verhandlungs- und Friedensinitiativen zu stören und zum Scheitern zu bringen. Besonders schwierig wird die Lage, wenn sich mit der Zeit auf beiden Seiten zusätzlich miteinander rivalisierende Parteien bilden, die sich unter Einsatz von Gewalt auch noch wechselseitig bekämpfen. So gibt es im Nahostkonflikt auf arabischer Seite neben Hamas und Fatah, in die sich die Palästinensische Autonomiebehörde spaltete, noch die Quassam-Brigaden, die Volksfront für die Befreiung Palästinas oder der Palästinensische Islamische Dschihad. Häufig wird in solchen Situationen die Lage nicht bloß unübersichtlich und unkalkulierbar. Mitunter weiß niemand mehr, mit wem überhaupt noch Friedensverhandlungen geführt werden könnten.

Bei alldem ist überaus verblüffend, mit welch hoher Geschwindigkeit es gerade in Ländern ohne Zentralgewalt zu bewaffneten Konflikten und Bürgerkriegen kommt und wie schnell sich Milizen bilden, für die sich jüngere Männer so leicht anheuern lassen. Auf der Suche nach Abenteuern können diese es kaum erwarten, sich mit gegnerischen Gruppen zu bekriegen. Bemerkenswerterweise brauchen wir Menschen fast keinerlei Einführung und Eingewöhnung, um brutale Handlungen ausführen oder anschauen zu können. *Der Schlaf der Vernunft gebiert Ungeheuer* betitelt Francisco de Goya ein Gemälde mit schrecklichen Traumbildern seiner zügellosen Fantasie. Ähnliche finden sich im „Schneetraum" in Thomas Manns *Zauberberg*, wo ein reich bebilderter Abstieg zum animalischen Chaos, Rohen und Grässlichen in uns beschrieben wird, das Form und Sitte einzudämmen suchten.[94] Anscheinend kommt das Wilde und Monströse dann gerne zum Vorschein, wenn die strengen Regeln der sittlichen Vernunft außer Kraft gesetzt werden. Heutzutage werden brutale Hinrichtungen als pathologisch und pervers eingestuft. Folterungen, Verstümmelungen, Vergewaltigungen und Kannibalismus, wie Goyas *Caprichos* sie darstellen, werden inzwischen nur noch wenigen Gewalttätern mit kranker Geistesverfassung zugetraut. Sie gelten als Ausgeburten einer zerrütteten Einbildungskraft. Wer so etwas tue, müsse verrückt sein. Ein psychisch normales Hirn sei hierzu nicht imstande, so die gängige Meinung. Aber diese Einschätzung ist falsch.

Losgelassene Raubtiere

Es ist problematisch, Gewalt ausschließlich auf die äußeren Voraussetzungen zurückzuführen, unter denen sie wahrscheinlich wird, wie es Philip Zimbardo tut.[95] Seiner Auffassung nach können die Auswirkungen des sozialen Umfeldes auf das Handeln der Menschen gar nicht überschätzt werden. Unter bestimmten Voraussetzungen triumphiere die Macht der Situation über die Autonomie des Einzelnen. Situative Kräfte seien in der Lage, gute Jungs in böse Kerle, anständige Menschen in grausame Sadisten zu verwandeln, die andere schikanieren und drangsalieren. Unter den richtigen oder besser falschen situativen Bedingungen könne jeder dazu verleitet werden, grausame Handlungen zu begehen. Besondere Brutstätten der Gewalt seien Gefängnisse und Kriege, in denen soziale Hemmungen schnell außer Kraft gesetzt würden. Darum sollte, wo immer es zu grausamen Handlungen komme, besonders auf die Situation geblickt werden, die gute, gesunde Menschen zu gewalttätigen Bösewichten werden ließe. Hierzu seien ein spezifisches soziales Klima sowie ein komplexes Netzwerk übergeordneter Erwartungen, Normen, Leitlinien notwendig, ohne die es niemals zu solchen Ausschreitungen und Übergriffen kommen könne.

So zutreffend die meisten Beobachtungen und Einschätzungen Zimbardos sind, das soziale Milieu und äußere Umfeld kommen genausowenig wie religiöser Hass, politischer Wahn und ökonomische Interessen an den Wurzelgrund der Gewalt heran. Die Fakten sind einfacher: Das Unmenschliche ist nicht nur jederzeit möglich. Wo die Chance zu sanktionsfreier Grausamkeit besteht, dort wird sie seit jeher auch genutzt – zwar nicht von allen, aber doch von einer erklecklichen Zahl an Menschen, wenn sich diesen eine günstige Gelegenheit hierzu bietet. Mit Nietzsche gesprochen: „Dieselben Menschen, die durch Sitte, Brauch, gegenseitige Bewachung, Rücksicht, Selbstbeherrschung, Zartsinn, Treue, Freundschaft sich beweisen – sie sind, wo die Fremde, das Fremde beginnt: wie losgelassene Raubtiere."[96] Sobald sich Menschen unbeobachtet fühlen, sinkt leicht ihre Moral. Mit einem Male tun sie, was sie sonst nie täten. Tabus werden seit jeher am ehesten dort gebrochen, wo niemand zur Rechenschaft gezogen werden kann. Vielen macht es einfach Spaß, und sie finden es spannend und genießen die Möglichkeit, einmal grausam sein zu dürfen, ohne mit Bestrafung rechnen zu müssen. Wenn noch die offizielle Erlaubnis zur Grausamkeit hinzukommt, dann packt einige erst recht die Lust hierzu. Jetzt darf man endlich mal ungehindert genießen, willkürlich, knallhart oder sadistisch zu sein. Gerade Kriege bieten solche Nischen zur straffreien Gewaltausübung. Plünderung, Raub und Vergewaltigung sind seit Menschengedenken hässliche Begleiterscheinungen kriegerischer Konflikte.

Teilweise sind ganze militärische Einheiten in Sexualverbrechen und Vergewaltigungen verwickelt. Gruppenvergewaltigungen mit anschließender Verstümmelung und Ermordung der missbrauchten Opfer sind in vergangenen Kriegen keine Seltenheit gewesen.[97] Im Krieg hat die Treibjagd auf die Wehrlosen manchmal sogar sportlichen Charakter. Oft werden die Gräueltaten nur scheinbar auf einen höheren Sinn und Zweck bezogen. In Wirklichkeit werden sie nicht selten bloß um ihrer selbst willen ausgeübt. Man plündert, drangsaliert und vergewaltigt aus Spaß an der grausigen Freude. Solche abscheulichen Übergriffe dürfen nicht nur als Rache der Soldaten für die Gewalttaten und Entehrungen durch ihre Gegner bewertet werden. Hier geht es nicht bloß um soziale Demütigung, sondern auch um elementare sexuelle und aggressive Impulse.

Gerade in totalitären Straflagern wurden immer wieder schwere Verbrechen an wehrlosen Häftlingen begangen, weil es für die Peiniger so leicht war und folgenlos blieb. In der Geschichte gingen Menschen nicht nur aufeinander los, weil sie es sollten, sondern auch weil sie es durften. Gewalt bot ihnen eine willkommene Chance, die Freuden des Exzesses zu genießen. Dessen Faszination beruht auf Erregungen, welche die Grenzen des Alltäglichen sprengen. Zudem wurde die Überlegenheit über die Schwächeren als extrem aufregend erlebt und deren verzweifelte Hilflosigkeit hierfür in Kauf genommen.

Als in New Orleans vor einigen Jahren die öffentliche Ordnung infolge der Überflutung nach dem Hurrican „Kathrina" zusammenbrach, verwandelte sich die Stadt sogleich in eine Wildnis, in der vorübergehend Plünderungen, Vergewaltigungen und Morde auf der Tagesordnung standen. Wird erst einmal die Rechtsordnung außer Kraft gesetzt, dann entsteht eine Atmosphäre, in welcher der nackte, verletzliche Mensch, „Homo sacer", so Agamben, vor seinesgleichen nicht mehr sicher ist. Außerhalb der Rechtsordnung kann man nämlich töten, ohne dass man hierdurch einen Mord begangen hätte.

Aber ist bei alledem wirklich von Menschen die Rede oder hauptsächlich von Männern? Und wenn Männer das Problem sein sollten, sind dann womöglich Frauen die Lösung?

Kriegstreiber sind seit jeher gewaltbereite Männer, und es sind Frauen, welche anschließend die Ruinen wieder aufbauen: Trümmerfrauen. Doch ganz so einfach ist es nicht. Wie Frauen nicht einfach nur einfühlsam und passiv so sind Männer nicht bloß kriegerisch und aktiv. Auf beiden Seiten gibt es beides. Trotzdem sind selbst hierzulande nicht einmal fünf Prozent aller Gefängnisinsassen weiblich, fast alle Soldaten männlich. Mehr als vier von fünf Tatverdächtigen wegen Körperverletzung sind männlich, wobei die meisten Gewaltdelikte von 15- bis 30-jährigen Männern verübt werden. Hierzu passt, dass Männer lieber als Frauen gewaltreiche Medieninhalte konsumieren. Physische Gewalt geht in fast allen Kulturen von Männern aus. Körperliche Stärke, sexuelle Potenz und waghalsige Gewaltbereitschaft sind bis heute bevorzugte Definitionsmerkmale wahrer Männlichkeit. Action gehört zum Kult echter Maskulinität. Männer messen sich gerne mit gegnerischen Gruppen, um sich Prestige, Status und Respekt zu verschaffen. Nur feine Herren delegieren die schmutzige Arbeit.

Ratlos stehen brave Durchschnittsbürger vor den Untaten brutaler Rowdies, die von den üblichen Standards abweichen und plötzlich die Barrieren zur Gewalt übersprungen haben. Diese werden dann als unverständlich, rätsel-, ja krankhaft eingestuft. Sie seien bloß die Ausnahme von der Regel, ein Rückfall in längst überwunden geglaubte Zeiten. Gerne werden sie an den Pranger gestellt. In solchen Empörungen lässt sich bisweilen eine starke Selbstgerechtigkeit und Heuchelei ausmachen. Gnadenlos berauschen sich viele Tugendhelden am Versagen und Absturz ihrer Mitmenschen, um sich selbst tadellos finden zu können. Dabei übersehen sie, dass der Mob, der auf Krawall aus ist, nicht nur aus Unruhestiftern, Halunken und Gesindel besteht, sondern auch aus ganz normalen, gesunden Bürgern. Diese können sich unversehens in Bestien verwandeln. Mit einem Male verüben selbst sie verabscheuungswürdige Taten, die ihnen zuvor niemand zugetraut hätte. Keiner hätte es für möglich gehalten, dass so kluge, anständige Bürger solche dummen, verrückten Dinge tun könnten. Wie unauffällig lebte doch der Gewaltverbrecher, Terrorist oder Vergewaltiger nebenan. Er grüßte immer freundlich und war stets zuvorkommend. Aber Menschen tun manchmal seltsame Dinge, um zufrieden zu werden. Nur glücklich werden sie hierdurch häufig nicht.

Aus alledem wird deutlich, dass soziales Milieu, Religion und Politik menschliche Gewalt nicht allein zu verantworten haben. Sie sind vornehmlich deren Handlanger oder Gehilfen. Sie bilden eine Plattform, auf der das Gewaltbegehren ausgelebt und gerechtfertigt werden kann. So verstanden sind sie weniger Ursache von Gewalt als vielmehr Chance für Gewalt. Die Ursache von Gewalt liegt in der menschlichen Natur, die Theologen mit Adam und Eva, Biologen mit Darwin in Verbindung bringen.

Talent zum Drangsalieren

Die Zivilisation mag noch so hoch steigen, „wilde Tiere bleiben wilde Tiere".[98] Trotz aller Veredelung des Menschen existieren „die ewige Leidenschaft und das ewige Verbrechen"[99] fort, so Emile Zola in *Bestie Mensch*. Im Mittelpunkt dieses Romans steht Jacques, ein zuverlässiger Lokführer, in dem wilde Triebe hervorbrechen, um brutal zu morden. Diese raubtierartigen Kräfte gehören nach Zola zum unüberwindlichen Naturerbe unserer Gattung: „Jacques' Hände gehörten nicht mehr ihm, einem Anderen, sie waren von irgendeinem Vorfahren auf ihn überkommen, aus jener Zeit, in welcher der Mensch noch die wilden Tiere in den Wäldern würgte."[100] Jacques war nicht mehr er selbst, „sondern jener andere, den er so oft in seinem Innern sich bewegen gefühlt hatte, jenen von fernher gekommenen Unbekannten, der den erblichen Durst nach Mord löschen wollte. Dieser hatte ehedem getötet, er wollte noch immer töten."[101] Regelmäßig war in Jacques ein „Durst nach Rache für uralte Beleidigungen da, deren genaue Kenntnis ihm abging, für diese von Geschlecht zu Geschlecht aufgehäufte Gemeinheit seit dem ersten Betrug im Dunkel der Höhlen".[102] Von neuem stoßen wir hier auf das grundlose Verbrechen: „Warum, warum hatte er sie ermordet?"[103] Zolas verblüffende Antwort hierauf: Weil „ihn die Erbschaft der Grausamkeit, des Mordinstinkts, der in vorzeitigen Forsten ein Tier auf das andere jagte, blind machte".[104] Genauso Gabriele d'Annunzio in *Lust*: „Manchmal bricht, was in unserem Innern von der ursprünglichen Grausamkeit geblieben ist, mit einer merkwürdigen Heftigkeit hervor; unter dem dünnen Gewand moderner Höflichkeit bläht sich zuweilen unser Herz in unbekannter grausamer Gier und lechzt nach Blut."[105] Stefan Zweig spricht vom „Dämonischen unserer Natur", den „gefährlichen Bestien der Leidenschaft".[106] Schon Michel de Montaigne schrieb: „Die Natur selbst, fürchte ich, hat dem Menschen einen gewissen Trieb zur Unmenschlichkeit eingepflanzt",[107] den Georg Simmel in *Der Mensch als Feind* als „Feindseligkeitsbedürfnis"[108] bezeichnet.

Nachtseite des Lebens

Eine gewaltfreie Gesellschaft wird es niemals geben. Die Propheten Jesaja[109] und Ezechiel[110], aber auch die Offenbarung des Johannes entwickelten religiöse Friedenshoffnungen, wonach eine Wende zum Guten bevorstehe, indem das Böse endgültig besiegt werde. Wie Jesaja hielt Vergil[111] die Situation für so hoffnungslos, dass nur ein tiefgreifender Wandel in Judäa und Rom die Lage grundlegend verbessern könne. Dagegen erwarteten Ezechiel und Johannes wie später die Sozialisten eine Endschlacht vor Beginn des ewigen Friedens. Doch Gewalt ist normal. Die Quellen der Gewalt lassen sich niemals gänzlich austrocknen oder verschließen. Gewalt ist eine Möglichkeit, mit der jederzeit zu rechnen ist. Der Zweikampf zwischen wilder Natur und feinsinniger Zivilisation kommt zu keinem Abschluss. Gewalt gehört zum biologischen Erbe der Menschheit. Lediglich die technischen Möglichkeiten und Formen der Gewalt wandeln sich. Sie ist immer da, nur ihr Gesicht ändert sich. Fast scheint es, als wollten die Menschen gar nicht auf Dauer friedlich leben, so als hätten sie nach Jahren moralischer Mäßigung von Freundlichkeit genug. Mit Jakob Burckhardt gesprochen, ist Gewalt ein „Teil der großen weltgeschichtlichen Ökonomie, vorgebildet von demjenigen Kampf ums Dasein, welcher die ganze Natur, Tierwelt wie Pflanzenwelt erfüllt, weitergeführt in der Menschheit durch Mord und Raub früher, später durch Vertilgung, Verdrängung oder Knechtung schwächerer Rassen, Völker, Staaten, Schichten".[112] Der zivilisierte Bürger möchte sich zwar die verstörende Erkenntnis der Normalität sozialunverträglicher Impulse ersparen. Unstrittig aber können bereits Pornoszenen mit Gewaltanteilen selbst anständige Menschen sexuell antörnen. Es ist fast unmöglich, nicht ein wenig hiervon gepackt zu werden. Das mag feinsinnige Gemüter irritieren. Aber bisweilen empört man sich über Schmutz, weil man darin den eigenen Fußabdruck erkennt. „Mir scheint in jedem Menschen der schlimmste Trieb der aufrichtigste", schreibt André Gide.[113]

Natürlich gehört zum Schicksal unserer Gattung ebenso ein Hang zum Guten: Liebe, Freundschaft, Hilfsbereitschaft, Gegenseitigkeit, Mitleid, Empathie und Sympathie – Spiegelneurone. Es gibt eine natürliche Neigung des Menschen zu Fairness und Kooperation, überlebt der Einzelne doch besser in Gemeinschaft, als allein auf sich gestellt.

Allerdings haben auch grausame Temperamente natürliche Ursachen. Wir haben von unseren Vorfahren kriegerische Neigungen geerbt, die in der zivilisierten Welt keineswegs ausgestorben sind. Am besten lässt sich dieses gewaltbereite Drängen mit unserer Natur erklären, mit deren sogenannter Nachtseite, wie es seit der Spätromantik heißt. Gemeint ist hiermit das chaotisch Regellose, das unterhalb jeder Ordnung lebhaft strömt und bisweilen eine unwiderstehliche Sogwirkung auf die Menschen ausübt. Dieser blinde Drang kann den Einzelnen vor sich selbst grausen lassen. Er wartet nur darauf, dass die Umstände für ihn günstig und die Gegenkräfte schwach werden, um endlich die Schranken kraftvoll durchbrechen zu können. Unter der dünnen Schicht bürgerlichen Anstands pulsieren grauenhafte Kräfte, die harmlose Alltagsmenschen in blutrünstige Bestien verwandeln können. Der Mensch ist ein domestiziertes Raubtier. Wie ein Wanderer am steilen Abhang gelegentlich dagegen ankämpfen muss, sich nicht einfach fallen zu lassen, verspürt der Einzelne manchmal am Rande seiner inneren Abgründe das rätselhafte Verlangen, seinen vitalen Interessen zuwider zu handeln. Jeder trägt einen solchen Abgrund in sich. In uns allen schlummern obszöne Energien und eine ungeheure Zerstörungskraft. Mit solchen und ähnlichen Worten wird der dunkle Wille des Menschen von den Romantikern über Friedrich Nietzsche bis Sigmund Freud beschrieben.

Mythos Todestrieb

Nach Freud, der Sexualität zu den gefährlichsten Möglichkeiten des Menschen zählt, ist es einfach unmöglich, die für enthemmte Ausschweifungen unverzichtbare Aggressivität allein aus dem Lust- und Lebensprinzip, dem sogenannten „Eros", abzuleiten. Hiermit sei lediglich die friedfertige, harmonische Verschmelzung, nicht jedoch animalische Leidenschaft vereinbar. Hinter jeder wilden Gier steht Freud zufolge ein vom Sexualtrieb instrumentalisierter Destruktions- und Todestrieb, von ihm auch „Thanatos" genannt. Dieser verwandele das Erotische ins Dämonische, in dem für Vernunft und Zärtlichkeit nur wenig Platz sei: „Das Ziel des Eros ist, immer größere Einheiten herzustellen und so zu erhalten, also Bindung; das Ziel des Todestriebs ist im Gegenteil, Zusammenhänge aufzulösen und so die Dinge zu zerstören."[114]

Dem späten Freud drängte sich die Vorstellung eines Todestriebs in seinen Auseinandersetzungen mit Aggressivität, Sadismus und Masochismus auf. Der Todestrieb steht für eine allem organischen Leben innewohnende Sehnsucht nach seinem anorganischen Ursprung. In allen Lebewesen soll es eine Tendenz geben, wieder in den leblosen Zustand zurückzufallen, dem sie entstammten. Dieser Hang zur Rückkehr in den Tod bestehe aber nicht für sich, sondern ziele vielmehr auf eine Auflösung der inneren Reizspannungen, die in jedem Organismus existierten. So verfolgt der Todestrieb keineswegs das Ziel der vorzeitigen Lebensbeendigung, sondern vielmehr der Lebensbefreiung von Druck, Schmerz und Mangel. Er zielt auf Ruhe und Frieden durch Überwindung aller Bedürfnisse und Wünsche, was Freud als Nirwanaprinzip bezeichnet – eine buddhistische Idee, die der Vater der Psychoanalyse von Arthur Schopenhauer übernahm.

Nun würde der selbstzerstörerische Trieb den Menschen zugrunde richten, wenn ihm nicht der Lebenstrieb, der das Selbsterhaltungsstreben und die Sexualität trägt, erfolgreich Einhalt geböte: „Eros" wirkt „Thanatos" entgegen. Konkret soll der Lebenstrieb den Todestrieb dadurch unschädlich machen, dass er ihn mit Hilfe der menschlichen Muskulatur nach außen gegen die Welt lenkt. Hierdurch verwandelt sich der Todestrieb in einen Bemächtigungstrieb. Dieser führt zur Herrschaft des Menschen über die Natur, zur Steigerung seiner Produktivität und somit zur wissenschaftlich-technischen Zivilisation. Nach Freud wandelt der Lebenstrieb den Todestrieb zu gesellschaftlich nützlicher Aggression um, die sich vom lateinischen Wort „aggredi" ableitet, was so viel heißt wie „auf etwas zugehen, angreifen oder zupacken". Diese Energien lassen sich ebenso in den Dienst der Sexualität stellen, wo sie sich – nach außen gerichtet – als Sadismus – und nach innen – als Masochismus äußern. Alle Formen der Sexualität setzten sich – wenn auch mit verschiedener Ausprägung und Stärke – aus den beiden Grundkräften Eros und Thanatos zusammen.

Freud wusste, wie spekulativ seine Idee des Todestriebs war, fand aber keine bessere Erklärung für sozialunverträgliche Aggressionen im Krieg und sozialverträgliche Aggressionen beim Liebesspiel. Nach weitverbreiteter Ansicht gibt es keinen speziellen Aggressionstrieb im Sinne eines spontan auftretenden Gewaltbedürfnisses. Dem lernpsychologischen Ansatz zufolge wird sich Aggression über Personen angeeignet, die durch aggressives Handeln erfolgreich waren. Doch mögen aggressive Verhaltensformen über Vorbilder teilweise erlernt werden, das Phänomen Aggression wird hiermit noch nicht erklärt. Selbst soziologische Theorien, welche die Wurzeln menschlicher Aggressivität in den Strukturen der Gesellschaft finden, kommen nicht an das Phänomen selbst heran. Allerdings lässt sich aggressives Handeln auch nicht allein auf Frustration zurückführen. Denn nicht jede Aggression gründet auf Frustration, und nicht jede Frustration führt zu Aggression.

Der erweiterte Frustrationsansatz sieht in Aggressivität ein reaktives Verhaltensprogramm, das ohne vorherige Provokation weiter im Ruhezustand verharren würde. Erst wenn die körperliche Unversehrtheit bedroht und die soziale Akzeptanz in Frage gestellt würden, werde dieses evolutionär entstandene und neurobiologisch verankerte Programm abgerufen. Körperliche Angriffe, Erniedrigungen und Ausgrenzungen setzten dann aggressive Kräfte in Gang, die sich gegen solche Lebensstörungen zur Wehr setzten. Aggression sei eine natürliche Reaktion auf körperlichen und sozialen Schmerz. Aber eine natürliche Lust an Gewalt gebe es bei psychisch durchschnittlichen Menschen nicht. Ein Aggressionsbedürfnis sei unauffindbar.

So problematisch Freuds Aggressionstheorie und so plausibel die Einstufung der Aggression als eines reaktiven Verhaltensprogramms ist, offenbar gehört diese auch zur primären Ausstattung des Menschen. Es scheint sogar eine regelrechte Lust auf Aggression und Gewalt zu geben. Dann wären beide nicht nur reaktive, sondern gleichfalls aktive Impulse. Jedenfalls stimmt es nicht, dass Menschen erst unter äußerem Druck und durch gezielte Provokation zur Gewalt neigen.

In dieser Frage behält wohl Freud schließlich doch recht, der Aggression als eigenständigen Impuls ansah, welcher nach dem gegenwärtigen Stand der Forschung nur nicht auf einem Todestrieb gründet. Stattdessen hat Aggression hirnphysiologische Korrelate. Sie wurzelt in Botenstoffen und komplexen Biomechanismen, die der Naturgeschichte entstammen. Ursprünglich dient Aggression der Selbst- und Gruppenerhaltung, also der Selbstbehauptung und Durchsetzung gegen Feinde oder Rivalen mit Mitteln, welche diese schwächen sollen.

Gefährliche Erbschaft

Für das Leben archaischer Stammesvölker ist bis heute eine hohe Gewaltbereitschaft nachweisbar. Das Risiko, als Ureinwohner etwa der südamerikanischen Siriono, der Mbuti-Pygmäen im Kongo oder der Yagan in Patagonien durch aggressive Gewalttaten umzukommen, ist äußerst hoch, wie Jörg Helbling darlegt.[115] An solchen archaischen Naturvölkern können erschreckende Verhaltensweisen studiert werden, die zwar älter sind als unsere Zivilisation und Moral, aber in der Literatur von Aischylos über Shakespeare bis Stephen King fortexistieren. Das menschliche Gewaltpotenzial ist bis in die zivilisierte Welt keineswegs ausgestorben. Zwischen den Gewalttaten unserer Urahnen und den unfassbaren – weil bisweilen scheinbar grundlosen – Gewalttaten heutiger Jugendlicher in U-Bahnen und auf offener Straße besteht eine enge Verknüpfung.

Die menschliche Gattung überlebte nicht allein durch Friedfertigkeit. Entwicklungsgeschichtlich betrachtet leisteten Aggressivität und Gewalt einen unverzichtbaren Beitrag zur Bewältigung lebensbedrohlicher Situationen. Nach Konrad Lorenz und Irenäus Eibl-Eibesfeld gehören sie zur lebenserhaltenden Organisation des Menschen. Es gebe sie, um besser mit den feindlichen Mächten der natürlichen Umwelt fertig werden zu können. Bei Mensch und Tier diene sie der Arterhaltung, die eine Verteidigung des eigenen Lebensraums einschließe. Doch wie sich inzwischen herausgestellt hat, geht es in der Evolution weniger um Erhaltung oder Vermehrung von Arten als vielmehr um Weitergabe genetischer Daten von Individuen. Dazu passt, dass innerartliche Rivalenkämpfe um Weibchen, Rangpositionen und Reviere keineswegs immer nur Kommentkämpfe sind. Hierunter versteht man Kämpfe mit Artgenossen, die nach festen Regeln ablaufen und bei denen sich die Gegner so gut wie niemals ernsthaft verletzen oder töten, weil sie nur eine Kapitulation des Gegenspielers anstreben. Allerdings gibt es auch Rivalenkämpfe in der Natur als Beschädigungskämpfe, bei denen der innerartliche Gegner – statt nur abgedrängt – verletzt und manchmal sogar getötet wird. Beide Kampfformen gelten heute als Strategien zur optimalen Vervielfältigung der Gene eines Individuums.

Gewaltbereite Aggressivität war unverzichtbar bei der Selbstbehauptung gegen Nahrungs-, Territoriums- oder Reproduktionskonkurrenten, die auf ihren Vorteil nicht weniger aus waren als die übrigen Artgenossen. Gewaltbereitschaft bewährte sich in der Evolution als Motor fürs Überleben wie auch als Kraft zur Erhöhung der Reproduktionschancen im Wettbewerb. Sie steigerte die Durchsetzungs- und Angriffsfähigkeit. Darüber hinaus erwies sie sich als nützlich bei der Erlangung von Ansehen und Status. Außerdem diente sie der Abschreckung von Rivalen. Gewaltbereitschaft leistete einen guten Dienst bei der Lösung von Anpassungsproblemen. In feindlicher Umgebung erfolgreich Beute zu machen, materiell und sexuell, sowie Macht zu etablieren oder aufrechtzuerhalten erforderte sogar eine starke Gewaltbereitschaft. Auf diese Weise wurde der Mensch, vorrangig der Mann, zum „gefährlichsten aller Tiere", so David Livingstone Smith wie zuvor bereits Friedrich Nietzsche. Evolutionsbiologisch betrachtet gereicht Gewalt der menschlichen Selbstbehauptung und Anpassung zum Nutzen.

Gewalt als Vorteil in Evolution

Selbstverständlich schwankt die menschliche Gewaltbereitschaft, die seit jeher Tabus, Rituale, Religion und Moral einzudämmen suchen. Gesellschaftliches Umfeld und genetische Ausstattung fördern mal das Gewaltpotenzial, mal hemmen sie es. Beeinflusst von Veranlagung, Alter und Geschlecht auf der einen Seite, Sozialisation, Familie und Bezugsgruppen auf der anderen, gibt es Menschen mit hoher Gewaltneigung und schwacher Impulskontrolle. Wie manche von Natur aus jede Sicherheit verachten und abenteuerliche Herausforderungen suchen, so sind einige schon von ihrer Persönlichkeit her eher ärgerlich gestimmt, cholerisch, exzessiv gewaltbereit. Solche sind kaum in der Lage, Kompromisse zu schließen und Streitereien beizulegen. Stattdessen fluchen sie dauernd und schikanieren ihre Mitmenschen. Sie sind leicht reizbar, ungeduldig und reagieren bereits auf geringfügige Provokationen ungewöhnlich aggressiv. Sie haben eine „kurze Zündschnur". Schon winzige Anlässe können heftige Wutausbrüche hervorrufen. Bei solchen Menschen liegen die Nerven gleichsam von Natur aus blank. Deshalb schießen sie im Zorn schnell übers Ziel hinaus.

Wieder andere sind „Angstbeißer", die ihre Brutalität einem starken Minderwertigkeitsgefühl verdanken, das sie durch ihre mühsam erkämpfte Macht über andere auszugleichen suchen. Manche von ihnen fühlen sich gefährdet, angegriffen oder böswillig behandelt, obwohl es gar nicht so ist. Ihre paranoide Angst verleitet sie dazu, auf harmlose

Bewegungen und Worte aggressiv überzureagieren. Solche Menschen drohen dauernd und versuchen, ihren Mitbürgern durch besondere gestische oder mimische Signale Furcht einzuflößen. Dabei gehen sie das Risiko ein, ihre Glaubwürdigkeit zu verspielen, wenn sie im Ernstfall ihre Drohungen nicht wahrmachen.

Abhängig von ganzen Bündeln prägender Faktoren fällt also die Gewaltneigung bei uns Menschen ganz verschieden aus. Allerdings darf die differenzierte Perspektive nicht darüber hinwegtäuschen, dass Gewaltszenen für auffällig viele Menschen, vornehmlich Männer in jüngeren Jahren, einen hohen Reiz besitzen. In allen Kulturen, ja sogar über die Grenzen der menschlichen Gattung hinaus, ist der Anteil der Männchen an Gewaltandrohungen und Gewalthandlungen deutlich höher als der Gewalteinsatz der Weibchen. Schon Hormoneinflüsse bewirken, dass sich Jungen häufiger als Mädchen an rauen Balgspielen beteiligen.

Sippenliebe und Fremdenhass

Die gesamte Naturgeschichte hinweg waren die Menschen gefährlichen Umwelten, Konflikt- und Stresssituationen ausgesetzt, die sie am besten im Clan oder mit ihrer Sippe zu meistern vermochten. Nach innen kooperativ und hilfsbereit, nach außen konkurrierend und feindlich ausgerichtet, kämpften soziale Einheiten wie Familien, Bünde, Dörfer, Stämme um knappe Ressourcen und Territorien. Auch die Fitness des Einzelnen, im Sinne von Reproduktionsrate, ließ sich durch Kooperation mit nahen Verwandten oder Bündnispartnern steigern. Abweichler im Binnenraum einer Gruppe, durch deren missliebiges Verhalten die Interessen der Gemeinschaft gefährdet wurden, müssen bis heute mit ihrer Verstoßung rechnen, Ostrakismus genannt.

Die Angst vor Fremden gilt als eine Art Frühwarnsystem, weil von ihnen potenziell eine Gefahr ausgeht, ja Unheil droht. Im Extremfall fühlen sich die Täter als Opfer, die den Fremden böse Absichten und Feindseligkeiten unterstellen, die sie dann zum Anlass für Präventivschläge nehmen. Wie die Angst vor Rache, nachdem einmal zugeschlagen wurde, kann die Angst, Opfer zu werden, noch bevor etwas passiert ist, zu Metzeleien führen. Im Präventivschlag gegen potenzielle Gegner wird die einzige Chance gesehen, ihren Vernichtungsabsichten zu entgehen. Wie seinerzeit in Jugoslawien und Ruanda vermag eine solche Kultur des Verdachts Menschen, die sich bislang nahestanden, über Nacht zu Gegnern und Helfershelfern demagogischer Kriegstreiber zu machen. Übersteigerte Gefahrenwahrnehmung und hasserfüllte Einbildung wittern überall Bedrohung – auch dort, wo keine ist. Doch wenn stabile Institutionen fehlen und die landesweite Propaganda furchtbare Feindbilder zeichnet, verbraucht sich das Vertrauen zueinander schnell. Stattdessen wächst der Hass gegeneinander.

Mit der für unsere Urahnen überlebenswichtigen Unterscheidung zwischen Sippenliebe und Fremdenhass wurde das Freund-Feind-Schema, das in-group/out-group-Denken, die soziale Mauer geboren – ein manichäistischer Mechanismus, der die Welt in „hier gut, da böse" einteilt. Nach Carl Schmitt ist die Grenzziehung zwischen Innen und Außen, Zugehörigkeit und Fremdheit, Freund und Feind die Essenz alles Politischen. Eine Gemeinschaft wachse erst in dem Moment zusammen, in dem sie sich gegen einen bedrohlichen Feind behaupten müsse.[116] Bis heute spielt diese Spaltung in Armeen, Sportvereinen, Firmen, Parteien, Staaten- und Religionsgemeinschaften eine große Rolle. Auch wenn herkömmliche Männerbünde wie Burschenschaften und Freimaurer stark an Bedeutung verloren haben, gibt es doch genug Organisationen, die sich als familienähnliche Vereinigungen sehen. In der Regel ziehen diese klare Demarkationslinien durch äußere Merkmale wie Haartracht, Abzeichen oder einheitliche Kleidung wie Trikots, Uniformen und Soutanen. Uniformität statt Individualität! Ähnliches Aussehen ermöglicht ihren Mitgliedern, eine Verwandtschaft vorzutäuschen, sich gegenseitig als Bruder oder Schwester und ihre Anführer als Ehrwürdige Mutter, Heiligen Vater oder Großen Bruder anzusprechen. Es werden Waffen- und Glaubensbrüderschaften geschlossen, in deren Kreis man oftmals nur über bestimmte Initiationsriten aufgenommen wird. Hierdurch wird die Bindung des Einzelnen gestärkt und bekommt dessen Mitgliedschaft einen hohen Wert. Allerdings aktivieren solche Sinn, Orientierung und Halt stiftenden Identifizierungen zugleich den biologisch vererbten Mechanismus, alles Fremde, Andersartige zu beargwöhnen, auszugrenzen oder gar anzufeinden. Es wird als Bedrohung des Eigenen wahrgenommen. Auf diese Weise kommt es leicht zur

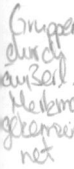

Gruppenrivalität mit der Bereitschaft, sich für die eigene Pseudofamilie einzusetzen und unter Umständen bis zum Tod zu kämpfen, solange sie von solchen Opfern profitiert.

Biologen sprechen in diesem Zusammenhang von Fehlanpassung. Denn hier werde der natürliche Mechanismus, dass sich Angehörige für ihre Nachkommen einsetzen und aufopfern zur Erhaltung ihrer Gene, auf die soziale Gruppe erweitert, die künstlich als Familie aufgewertet würde.[117] Die biologisch verankerte Gewaltbereitschaft führt gerade in der Gruppe zu einer erhöhten Gewaltneigung, die sich militante Weltanschauungen immer wieder gerne zunutze machen. Dagegen ist seit jeher der erste Schritt zur friedlichen Annäherung ein freundliches Lächeln, mitnichten aber Säbelrasseln.

Neuronales Prickeln

Macht zu etablieren, Potenz zu demonstrieren, kaltblütig oder heißwütig zu agieren bedeutet, ganz unterschiedliche Handlungs- und Lustzentren im Hirn zu aktivieren und die entsprechenden Botenstoffe in Schüben freizusetzen. Dann kommt es zu erhöhtem Herzschlag, Blutdruck und Blutzuckerspiegel, beschleunigter Atmung und verstärktem Muskeltonus. Hierdurch wird der Körper auf Flucht, Erstarrung oder Angriff, auf Jagd und Unterwerfung vorbereitet. Beim Gewaltexzess lassen es neuroaktive Substanzen schön prickeln, wenn sie wie hochstimulierende Drogen durch den Körper schießen.

Echte Drogen werden bisweilen in Kriegen zur Steigerung des Durchhaltevermögens und der Kampfeslust eingesetzt. Deutsche Soldaten bekamen im Zweiten Weltkrieg massenhaft Pervitin, ein dem heutigen Chrystal Meth vergleichbares Methamphetamin verabreicht.[118] Es vertreibt nicht nur Müdigkeit, sondern steigert Euphorie, Aufmerksamkeit und Kampfbereitschaft, indem es die Ausschüttung von Dopamin und anderer Botenstoffe erhöht. Auch die Faszination aggressiver Gewalt beruht auf freigesetzten Botenstoffen: Neurotransmittern und Hormonen.

Eine wesentliche Rolle spielt hierbei Testosteron, das zugleich die männliche Libido und Potenz stark bestimmt. Zudem erhöht es die Impulsivität, Risikobereitschaft und Sensationslüsternheit. Allerdings wirken andere Hormone wie etwa Vasopressin gleichfalls aggressions- und gewaltfördernd. Aggressivität und Sexualität haben ihren Ursprung in den gleichen Hormonen. Jedoch heizt erst Testosteron den Organismus richtig auf und macht vor allem Männer zu regelrechten Draufgängern, die eher als Frauen zu obszöner Sprache, risikoreichem Verhalten und grobem Übermut neigen. Der Testosteronspiegel des Mannes liegt im Durchschnitt rund 25-mal höher als bei der Frau. Gleichzeitig lässt vermehrtes Testosteron den Mann sexuell triebhafter, impulsiver und reger werden; es lässt leider aber auch seinem Zorn schneller freien Lauf. An den genetischen und hormonbedingten Unterschieden zwischen Mann und Frau besteht inzwischen kein Zweifel mehr. Aufgeblasene Männlichkeit ist leicht erklärbar. Sie ist eine bis zur Peinlichkeit übersteigerte Potenzdemonstration. Sinkender Testosteronspiegel bedeutet abnehmende Sexualität und Aggressivität. Jedoch gibt es genausowenig den einen gewaltbereiten Botenstoff wie das eine gewaltfixierte Zentrum im Hirn. Am Feuerwerk von Hass, Zorn oder Übermut sind ganz verschiedene Botenstoffe und Hirnregionen beteiligt.

Blick in den Abgrund

Da Gewalt eine natürliche Grundlage besitzt, sind wir alle in gewissem Maße hierfür anfällig. Normalerweise bleibt unser Drang nach Gewalt zwar gehemmt oder verborgen, bisweilen aber wollen sich die Menschen ungehindert austoben. Keiner kennt sich gut genug, um sicher zu sein, niemals grausame Taten zu verüben. Jeder von uns kann gewalttätig werden. Niemand ist davor gefeit. Gewalt ist eine völlig normale Ressource, über die jedermann verfügt. Es gibt keine Gräueltat, von der man ausschließen kann, sie unter bestimmten Voraussetzungen nicht auch zu begehen. Wir alle sind wurmstichig. Jeder hat ein freundliches und ein hässliches Gesicht. In fast jedem von uns schläft ein Henker. In dem Selbstbildnis *Das Monster in mir* bringt der berühmte Maler Francis Bacon seine Angst vor der eigenen Grausamkeit im Wartestand auf bedrückende Weise zur Darstellung. Ähnlich schildert Joseph Conrad in *Das finstere Herz* eine albtraumartige Erkundungstour in die Abgründe der eigenen Seele.[119] Diese Entdeckungsreise in den Dschungel des kolonisierten Kongo wird nicht nur als Selbsterkenntnis der eigenen

Bedeutungslosigkeit inmitten einer sinnlosen Welt in Szene gesetzt. Die Expedition in die düstere Wildnis wird ebenfalls als Blick in die menschlichen Untiefen beschrieben. Der Urwald steht in dieser Novelle für das Wilde, Abgründige, Unberechenbare am Menschen. Mit dem „finstren Herz" ist gleichermaßen das durchwanderte Landesinnere wie auch durchleuchtete Seeleninnere gemeint. Ähnlich zieht Henry David Thoreau in *Wandern* Parallelen zwischen dem menschlichen Dasein und einem undurchdringlichen Sumpf: „Leben und Wildheit sind eins."[120] Baudelaire vergleicht den wilden Menschen mit dem tosenden Meer und dessen Tiefen, und der „Geist ist kein minderer bitterer Abgrund".[121] Friedrich Nietzsche findet in *Jenseits von Gut und Böse* hierfür die passenden Worte: „Wenn du lange in einen Abgrund blickst, blickt der Abgrund auch in dich hinein."[122] Gleichfalls betont Arthur Schnitzler in *Flucht in die Finsternis*: „Es sind Abgründe in uns, Herr Sektionsrat; glauben Sie mir, Abgründe"[123] wie auch Georg Büchner in *Woyzeck* meint: „Jeder Mensch ist ein Abgrund, es schwindelt einem, wenn man hinabsieht."[124]

Julia Kristeva spricht mit Bezug auf diese Abgründe von „abjekten Phänomenen", worunter sie die grauenhafte Wildnis im Menschen versteht, die üblicherweise verdrängt würde.[125] Die moderne Zivilisation zwinge die Menschen, sie zu unterdrücken. Doch damit sei sie noch nicht ausgeschaltet. Im Gegenteil suche sie immer wieder neue Ausdrucksmöglichkeiten, in denen sie oft in entstellter Form wiederkehre. Sinnlich erotische Horrorfilme, die den Zuschauern das Blut in den Adern gefrieren oder kochen ließen, würden sie mit diesen verleugneten oder unterbewussten Gelüsten auf eindringliche Weise konfrontieren. Darin begegneten die Zuschauer nach außen projizierten Teilen des eigenen Daseins. Da sie diese aber nicht wahrhaben möchten, riefen sie oft Abwehr und Abscheu hervor. Zugleich jedoch zögen solche Filme die Menschen an, weil sie sonst ausgegrenzte Seiten ihres Begehrens berührten und ihr unterschwelliges Verlangen hiernach schürten. Sie entsicherten bloß, was längst da sei. Abjekte Phänomene wie etwa grausamer Kannibalismus oder geisteskranke Triebverbrechen stünden für die wilde Seite der menschlichen Existenz, die viele deshalb abstießen, weil sie trotz allen Ekels sich darin teilweise selbst erkennen würden.[126]

Tatsächlich können gerade Filme die Zuschauer dazu verführen, das inszenierte Abjekte als Teil ihres eigenen Selbst zu empfinden und davor in kalter Erstarrung zu erschrecken. Hierzu passt, dass Reportagen mit Folterungen, Verstümmelungen, Hinrichtungen, Enthauptungen und anderen Gräueltaten etwa durch IS-Krieger oder Al-Kaida-Terroristen sich binnen kürzester Zeit im Netz vertausendfachen. Einige Zuschauer filmen sich sogar beim Betrachten solcher Gräuelbilder. Schockiert, angewidert, wütend, aber auch gefesselt, angestachelt und fasziniert beobachten sie die grauenhaften Vorgänge. Allerdings sind viele gar nicht in der Lage, sich blutrünstige Szenen in ganzer Länge anzuschauen. Nicht zuletzt darum zeigen diese brutalen Filme oftmals nur Anfang und Ende des Gemetzels. So bleiben die Zuschauer eher dabei. Der Höhepunkt der Gräueltaten wird nicht gezeigt. Dennoch wird die Leerstelle gefüllt. Unsere Einbildungskraft kann nicht anders, als sich die Morde und Grausamkeiten vorzustellen. Sie liefert uns fast automatisch jene Bilder der Hölle, die uns ebenso abstoßen wie anziehen.

Aus alledem erhellt, dass ganz normale Bürger zu abscheulichen Gewaltverbrechern werden können, obwohl sich die meisten von uns hierzu für unfähig halten. Auch wenn im Alltag ein breiter Graben zwischen unseren Mordfantasien und dem wirklichen Töten klafft, sollten wir doch nicht die Augen vor der unleugbaren Tatsache verschließen, dass in uns allen ein potenzieller Mörder wohnt. Allzu gerne verdrängen wir die düsteren Seiten unserer Existenz in bürgerlicher Behaglichkeit. Jedoch besteht nur ein labiles Gleichgewicht zwischen unseren gegensätzlichen Neigungen. In jedem von uns pocht eine merkwürdige Lust auf aggressive und sexuelle Exzesse. In heiklen Situationen, wenn unsere widersprüchlichen Neigungen nicht mehr einander die Waage halten und wir die Kontrolle über uns verlieren, können solche Exzesse schnell Wirklichkeit werden. Es gibt eine merkwürdige Liaison zwischen Entzücken und Qual.

Doch damit man in der Verquickung von Imagination, Eros und Gewalt tatsächlich seinem Spiegelbild begegnen kann, muss überhaupt erst ein Blick auf die eigenen intimen Abgründe geworfen werden. Obwohl mit sich bestens vertraut, wird der Einzelne dann sich selbst unheimlich, weil nun ungewohnte Lebensimpulse hervortreten, gegen die er sich nicht wehren kann. Er fühlt sich ohnmächtig an sich selbst ausgeliefert. Im selben Augenblick wird er sich unheimlich, weil diese natürlichen Regungen ihm bislang noch gar nicht richtig bekannt waren. Darum fühlt er sich plötzlich in sich fremd. Gleichzeitig wird er sich unheimlich, weil diese treibenden Kräfte den geltenden Anstandsregeln widersprechen. Deshalb beginnt er, sich vor sich selbst zu fürchten. Jedes Seelenleben birgt heimliche Begierden, Neigungen und Wünsche in sich, die nach landläufiger Meinung besser verborgen bleiben sollten.[127] Schon dieser Unheimlichkeit wegen, also der miteinander kombinierten Gefühle von Ohnmacht, Fremde und Angst, möchte man am liebsten einen großen Bogen um die eigenen Abgründe machen. Darum bedarf es einer großen Offenherzigkeit gegen sich selbst, um das dunkle Drängen aus den untergründigen Kellern der eigenen Existenz ins helle Licht des Bewusstseins emporkriechen lassen zu können. Allerdings tritt das Fremde in uns häufig auch unaufgefordert hervor, gleichsam als „Wiederkehr des Verdrängten". Wie viele Zivilisten und Soldaten berauschten sich bereits an Gewalt – nicht aus ideologischen oder krankhaften Motiven, sondern nur weil sich die Chance hierfür ergab, und sie sahen nicht anders aus als wir. In jedem von uns steckt eben alles – auch jedes Laster!

II. Aufstand gegen Anstand

Not tut not

Nach allem bisher Dargelegten ist nichts erstaunlicher als das friedliche Zusammenleben der Menschen, wie es seit Jahrzehnten in Westeuropa der Fall ist. Unsere Kultur scheint stetig gewaltärmer geworden zu sein. Leibeigenschaft und Sklaverei sind längst abgeschafft. Humane Gerichtsbarkeit wurde eingeführt. Kinder, Alte und Behinderte werden fürsorglich geschützt. Männer und Frauen, Heterosexuelle und Homosexuelle werden gleichgestellt. Religionsfreiheit wird garantiert. Die medizinische Versorgung ist alles in allem gut. Die Zahl der Tötungs- und Vergewaltigungsdelikte geht kontinuierlich zurück. Es gibt eine wachsende Ächtung und Ausgrenzung von Gewalt, ob an Schulen oder in Familien. In der bürgerlichen Gesellschaft ist die Ausübung körperlicher Gewalt der beruflichen Karriere und dem Ansehen abträglich. Die westliche Welt beansprucht, eine relativ gewaltarme Gesellschaft zu sein, in der rohe Brutalität weitgehend überwunden ist.

Rätselhafter Frieden

Früher wurden Konflikte gewalttätiger ausgetragen als heute: Blutige Köpfe, gebrochene Knochen, herausgeschlagene Zähne, plattgedrückte Nasen und verrenkte Gliedmaßen waren keine Seltenheit. Dazu kommen Kämpfe auf Leben und Tod zwischen Gladiatoren, die das Verlangen der blutrünstigen Masse nach Gewaltexzessen befriedigt. Der Ursprung der Gladiatorenkämpfe liegt in Bestattungsriten. Sie wurden zu Ehren von Toten durchgeführt, entwickelten sich aber schon bald zu einer eigenen Unterhaltungskultur. Regelmäßig wurde in den Amphitheatern Blut vergossen. Brutale Wettkämpfe waren ein beliebter Zeitvertreib. Abertausende wurden in den Arenen zum bloßen Vergnügen der Menge geopfert. Für den antiken und mittelalterlichen Menschen waren brutale Auseinandersetzungen nichts Ungewöhnliches. Das Verhalten der Menschen war roher, härter und affektbeladener als heute, betont Norbert Elias.[128]

Heute finden die meisten Menschen Gewalt eher abscheulich und ekelhaft. Der Widerwille gegen Gewalttaten und deren Anblick hat im Laufe der Geschichte zugenommen. Inzwischen sind das soziale Zwangsgefüge und die persönlichen Kontrollstandards ziemlich hoch. Mit diesem Anstieg an innerer Kontrolle und äußerer Regulierung gehen eine Verfeinerung und Vergeistigung des menschlichen Benehmens einher. Diese lassen uns mancherlei als grob erscheinen, was in älteren Gesellschaften normal und zulässig war. Vermehrte Triebregulierung und Affektenkontrolle haben einesteils zu mehr Einfühlung in das Schicksal anderer Menschen, zu hoher Rationalität, ausgeprägten Peinlichkeits- und Schamgefühlen geführt. Anderntheils wurde die Gewaltneigung der Menschen durch die Einführung von staatlichem Gewaltmonopol, Gewaltenteilung, Demokratie und sozialen Sicherungssystemen eingedämmt. In der Gegenwart herrscht ein hoher Grad an physischer Sicherheit bei erhöhter Sozial- und Individualkontrolle.

Diesen Thesen von Norbert Elias widerspricht Hans Peter Duerr, demzufolge hier ein Zerrbild der heutigen wie auch traditionellen Gesellschaft gezeichnet werde.[129] Der Zivilisationsprozess im Sinne eines Übergangs von eher schamlosen, unkontrollierten, affektbetonten Verhaltensweisen zu höchst differenzierten Selbstregulierungen und beständigen Selbstüberwachungen habe nie stattgefunden. Die archaischen Menschen seien nicht wildere Raubtiere gewesen, als wir es heute sind. Nach Duerr zähmen wir unsere animalische Natur nicht auf bessere, sondern auf andere Weise als die Mitglieder vormoderner Gesellschaften. Keineswegs verfügten wir über stabile Mechanismen, die uns stets vor Affektschwankungen, Gefühlsentladungen und Leidenschaftsausbrüchen schützten. Ein Versagen der inneren Kontrollmechanismen sei immer wieder zu beobachten. Umgekehrt vermochten die Mitglieder traditioneller Gesellschaften durchaus Triebverzicht zu üben, Affekte zu beherrschen und Emotionen zurückzuhalten.

Gleichwohl leben wir seit Jahrzehnten verhältnismäßig friedlich miteinander, wenn auch nicht völlig gewaltlos. Der moderne Mensch ist imstande, spontane Triebimpulse zu unterdrücken. Hierzu wurde er durch spezielle Erziehungsmaßnahmen abgerichtet. Sein Körper ist Adressat ganz unterschiedlicher Lerntechniken, die seine Wildheit brechen und ihn gefügig oder sozialverträglich machen. Die bis in die feinsten Strukturen vordringenden Dressurmethoden durchziehen jeden Körperteil. Sie durchdringen seine Verhaltens- und Denkgewohnheiten, Bewegung, Gestik und Mimik. Foucault bringt es auf den Punkt, wenn er in Abwandlung des antiken Spruchs: „Der Körper ist das Gefängnis der Seele" schreibt: „Die Seele ist das Gefängnis des Körpers",[130] und zwar in dem Sinne, dass sich der dressierte Leib das Denken, Wollen und Handeln unterwirft. So vereiteln automatisierte Selbstkontrollen, lückenlose Zeitpläne, genaue Bewegungsvorgaben oder strenge Pflichten brutale Gewaltausbrüche. Jedoch bedeutet nicht jede Disziplinierung soviel wie Zwang und Unterjochung. Je nachdem kann sie den Einzelnen auch zu einem Subjekt formen, das zu einer vernünftigen Lebensführung fähig ist. Sie kann die Bürger dazu bilden, ihr Leben eigenständig und sozialverträglich zu führen.[131] Prägung heißt nicht immer Unterordnung, Gehorsam und Opfermut, sondern kann ebenso Selbstverantwortung, Dialogbereitschaft und gegenseitige Achtung bedeuten. Sie alle sind Grundwerte unserer liberalen Gesellschaft, die wichtige Beiträge zum friedlichen Miteinander leisten.

Erst recht aber bewirkt Wohlstand gesellschaftlichen Frieden.[132] Demokratisch regierte, marktwirtschaftlich blühende und wissenschaftlich ausgerichtete Staaten führen keine Kriege gegeneinander (was allerdings deren Beteiligung an Kriegen an der Peripherie und in anderen Weltregionen zur Durchsetzung eigener, humanitärer und internationaler Interessen nicht ausschließt). Bereits Immanuel Kant schrieb im *Ewigen Frieden*: „Es ist der Handelsgeist, der mit dem Krieg nicht zusammen bestehen kann",[133] weil Händler nichts opfern und verschwenden, sondern reich werden wollen. Dazu ist Krieg in einer Demokratie deshalb unwahrscheinlich, weil die Bürger hohe Kosten und große Nöte freiwillig auf sich nehmen müssten, die sie aber scheuen. Außerdem ist ein wissenschaftlicher Geist nicht kriegerisch, sondern friedlich gesonnen. August Comte, Herbert Spencer und Joseph Schumpeter folgen Immanuel Kant in dieser Frage.

Jedoch wird die Vorzugswürdigkeit eines Lebens in Wohlstand, Rechtsicherheit und Freiheit schnell unterbewertet, wenn man daran gewöhnt ist. Dann wächst die Gefahr, ihrer überdrüssig zu werden. Vor allem aber verkennen fundamentalistische Kritiker der westlichen Kultur die befriedende Wirkung liberaler Grundwerte. Unter diesen herrscht die Auffassung vor, dass die westlichen Gesellschaften an ihren verweichlichten Werten der Freiheit, ihrer Säkularität und Pluralität zugrunde gehen müssten. Allerdings können sie sich kaum erklären, woher die hohe Friedfertigkeit und die großen Wirtschaftserfolge im Westen kommen. Denn sie ziehen nicht ernsthaft in Betracht, dass der Westen vielleicht weniger trotz seiner verweichlichten Freiheit, Säkularität und Pluralität so erfolgreich und friedlich ist als vielmehr deswegen. Ein Teil seines Erfolgs und Friedens liegt einerseits in der Überwindung heroischer Tugenden wie Tapferkeit, Opfermut, Leidensbereitschaft, Ehre, Härte und Strenge, andererseits in der Etablierung postheroischer Werte wie Toleranz, Verständigung, Selbstverwirklichung, Lebensfreude, Sinnenlust und Konsum – nach dem Motto: Wer shoppt, schießt nicht!

Grenzen der Sympathie

Aber – und das ist die Kehrseite der Medaille – auch die freie Wohlstands- und Konsumgesellschaft ist die Gewalt noch nicht losgeworden. Überhaupt ist das Jahrhundert der abgemilderten Gewalt im Sinne von Norbert Elias zugleich das Jahrhundert der Todeslager, Genozide und Nuklearwaffen, in dem mehr Menschen als jemals zuvor in der Geschichte eines gewaltsamen Todes starben. Mit der gesteigerten Humanität geht eine merkwürdige Erweiterung der Destruktivität einher. Die massenhaften und industriell organisierten Morde im Nationalsozialismus oder Stalinismus werden gelegentlich sogar als Signatur der Moderne bezeichnet und nicht als Bruch mit deren Errungenschaften. Unabhängig von der Frage, ob die westliche Zivilisation eine verkappte

Barbarei ist, lässt sich die Fortdauer der Gewalt jedenfalls bis in die Gegenwart eindrucksvoll belegen.

Doch soweit muss gar nicht gegangen werden. Brutale Gewaltszenen lassen sich bereits in der Vorstellungswelt zivilisierter Bürger antreffen. Wie viele können sich an uferlos obsessiver Pornografie ergötzen! Wie viel häusliche Gewalt bleibt unbekannt! Wie viele Zeitgenossen berauschen sich an blutigen Boxkämpfen am Samstagabend vor dem Fernseher! Wie viele friedliche Menschen fordern nicht nur die Todesstrafe, sondern auch deren blutige Vollstreckung im Zusammenhang mit schweren Verbrechen! Selbst der im Sport weitverbreitete Jargon mit oft derben Redewendungen lässt sich auf eine rohe Aggressivität zurückführen. Er entstammt größtenteils der Sprache des Krieges und der Sexualität. Menschen lieben die grobe Sprache des Unrats. Bei günstiger Gelegenheit ergreifen sie gerne die Chance, ihre Anstandsmasken abzuwerfen, um auf gemeine Weise übermütig zu werden und niedere Gelüste auszuleben.

Hier liegt die Anziehungskraft militanter Gruppierungen wie Hooligans, Punks, mit dickbesohlten Springerstiefeln bekleideter Neonazis oder Skinheads, Linksextremisten und Stadtteilbanden, die oft auch knallharte ökonomischen Interessen verfolgen. Die meisten Cliquen stimulieren sich selbst mit dumpfen Sprüchen, harter Musik und alkoholischen Getränken zu Krawallen oder Ausschreitungen gegen Angehörige angefeindeter Gangs. Unvorstellbare Mengen Alkohol werden in solchen Kreisen konsumiert. Wenn Menschen betrunken sind, dann tritt bisweilen eine Brutalität zum Vorschein, die sie zu jeder schlechten Tat fähig macht. Trinkfestigkeit ist bis heute unter Jugendlichen ein Prüfstein für Männlichkeit. Wie Steroide steigert Alkohol aber die Aggressionsbereitschaft und schwächt die Impulskontrolle. Dazu sind entschlossene Kameradschaftsführer imstande, selbst ängstliche und zögerliche Mitglieder in die Reihe der Kämpfer einzugliedern und ihnen ein Gefühl maskuliner Wichtigkeit außerhalb der Mehrheitsgesellschaft zu verleihen.

Selbstverständlich gehören in diesen Zusammenhang auch solche Gruppierungen wie der russische Motorrad- und Rockerclub *Nachtwölfe*, die sich gegenseitig bekriegenden amerikanischen Gangs *Crips* und *Bloods* oder die bekannten Motorradclubs *Hells Angels* und *Bandidos*, die sich seit Jahren einen richtigen Rockerkrieg liefern. Solche rivalisierenden Gruppierungen und Kameradschaften befehden einander wie private Milizen oder Guerillatrupps, die halb spontan, halb geplant nicht selten Gewalt aus purer Lust an der Aktion ausüben. Jedenfalls zeichnen sich diese Banden durch ein außergewöhnliches Maß an Gewaltbereitschaft aus, weshalb es auch immer wieder zu blutigen Zusammenstößen kommt. Eine wichtige Rolle bei der Aktivierung ihrer Aggressivität kommt auch hier dem Alkohol zu. In mittleren Dosen konsumiert, senkt er jede Hemmschwelle und erhöht die Impulsivität insbesondere von Menschen mit leichter Erregbarkeit.

Offenkundig lebt die im ursprünglichen Selbstbehauptungskampf unverzichtbare Gewaltbereitschaft als biologisches Erbe der Menschheit selbst in der friedlichen Welt fort.

Gewaltoffene Räume

Gewalt ist ein fester Bestandteil unserer Unterhaltungsindustrie, die dauernd mit dem staatlichen Gewaltmonopol virtuell bricht. Aus Fernseher, Kino, Internet und Computerspielen ist körperliche Gewalt gar nicht mehr wegzudenken, als ob mit dem Gewaltverzicht im Alltag das Bedürfnis nach stellvertretend ausgeübter und virtuell ausgelebter Gewalt steigen würde. Brutale Szenen im Netz sind gang und gäbe. Schauplätze mit blutigen Gewalttaten zeigen die modernen Massenmedien zuhauf. Auch die Nachrichten liefern unter dem Vorwand der Empörung schreckliche Berichte täglich frei Haus. Hierdurch werden nicht nur Informationsbedürfnisse gestillt, sondern ebenso Katastrophensehnsüchte befriedigt. Die Medien bieten der ungestillten Aggressionslust des zivilisierten Bürgers willkommene Ersatzbefriedigungen. Wie es scheint, braucht selbst der zivilisierte Mensch nicht nur gute, sondern auch schlechte Nachrichten: Skandale, Katastrophen, Grausamkeiten.

Zahllose Filme und Computerspiele präsentieren lebensechte und künstliche Szenen, in denen geschlagen, misshandelt, gefoltert und vergewaltigt wird. Drastische Grausamkeiten sind eine Konstante in der Filmgeschichte.[134] Man denke nur an Pasolinis *120 Tage von Sodom* (1975) nach Marquis de Sade, wo vier faschistische Souveräne eine Reihe von Jugendlichen in destruktiven Ritualen demütigen, missbrauchen und töten. Außerdem seien *Der letzte Tango* (1972), *Matador* (1986), *Basic Instinct* (1992), *American Psycho* (2000), *Passion of the Christ* (2004), *American Crime* (2007) und *Martyrs* (2008) in Erinnerung gerufen. Diese Filmbeispiele stehen alle im Verdacht sadistische Gewalt, brutale Demütigungen und Vergewaltigungen effektvoll zu glorifizieren. Speziell *Clockwork Orange* ist bis heute ein beliebter Kultfilm der Skinheads und Ultraszene des Fußballs. Nicht vergessen seien die Horrorthriller der *Saw*-Serie und die Folterpornos der *Hostel*-Reihe, in denen realitätsnah gequält, gefoltert und getötet wird. Die zur bloßen Stimulation der Zuschauer gedrehten Torturen üben auf viele eine ungeheure Faszination aus. Alle Filme zelebrieren spezifische Facetten des Begehrens, zu denen auch blutige Folterungen, verheerende Hinrichtungen und grauenhafte Zerstückelungen zählen. Nicht selten gipfeln erotische Szenen in sadistischen Gewaltexzessen. Die mit Hardcoresex vermischten Blutorgien werden „torture porn" genannt. Darunter versteht man sexualisierte Torturen zur Unterhaltung eines Massenpublikums. Hier verschwimmen die Grenzen zwischen aggressivem Sex und sexualisierter Gewalt. Solche obszönen Feiern des Grauens bedienen eine morbide Neugier und bange Lust aufs Schreckliche, das allerdings erst bei größerer Distanz für die Zuschauer bekömmlich wird. Gelegentlich kommt es dann sogar zur Bewunderung der Peiniger.

Was aber ist an blutrünstigen Spektakeln mit dem Höhepunkt gewaltpornografischer Torturen so reizvoll, dass sie laszive Fantasien und wollüstige Sehnsüchte zu wecken vermögen? Wie können sexualisierte Gewaltakte mit gequälten oder verstümmelten Körpern, in ausführlicher Drastik präsentiert, erregen statt abzustoßen? Was ist hieran für den Betrachter so verlockend? Solche Neigungen sind, so Susan Sontag in *Das Leiden anderer betrachten*, weder selten noch krankhaft.[135] Krasse Filme heizen das imaginäre Spiel des menschlichen Begehrens an. Sie verführen den Betrachter in das Labyrinth seiner ungezähmten Gelüste, um ihn wie anbrandende Wogen für Augenblicke zu überwältigen und fortzutragen. Obwohl sich die meisten Zuschauer in diesen gewaltoffenen Räumen unwohl fühlen, ja schämen, können viele die hässlichen Szenen doch ertragen, ja sich mitunter daran ergötzen, mögen sie von beklemmenden Details noch so strotzen. „Gewalt kann verführen. Selbst Vergewaltigung? Das Abscheuliche und Abstoßende können verführen", schreibt Jean Baudrillard.[136]

Allerdings besitzen solche Filme nicht nur deshalb einen besonderen Charme, weil sie den Einzelnen zu sich selbst verführen, indem sie ihn mit den eigenen Abgründen, dem „Abjekten", vertraut machen. Die verführerische Faszination des Brutalen erzeugt zudem eine ungeheure Erlebnisintensität. Der besondere Schlüssel hierfür liegt in der Ansteckungskraft des Dargestellten. Hierbei identifizieren sich die Zuschauer mal mit den Tätern, mal mit den Opfern. Wie schön fühlt es sich an, wenn sich der Spieß dreht und der blutrünstige Täter selbst zum vergewaltigten Opfer wird. Endlich wird der entstandene Durst nach Rache gestillt. Wenn Filme vom ersten Bild an die Zuschauer in Bann ziehen, indem sie deren Sinne in die Perspektive sensationsheischender Voyeure bringen, dann haben sie das Publikum fest im Griff. Solche Vereinnahmungen gelingen am ehesten durch ein Spiel von Zeigen und Verweigern, Reizen und Entziehen, Verlangsamen und Beschleunigen. Szenen in Zeitlupe halten den Blick in der Nähe des Begehrten, ohne es preiszugeben. Nur so wird es möglich, dass die Zuschauer den Verlockungen des Films erliegen und zum Spielball der Inszenierung werden. Alles kreist um eine Erfüllung, der man sich nähert, ohne sie zu erreichen. Gerade dieses Zögern steigert den Wunsch nach „Erlösung" ins Unermessliche. Die verführerische, sogenannte seduktive Kraft solcher Filme liegt darin, so an das Begehren der Zuschauer zu appellieren, dass diese ihre Begierden, Wunschvorstellungen und Obsessionen hemmungslos in die grausamen Bilder hineinlegen können. Bisweilen können Filme die Menschen für Standpunkte begeistern, die sie sonst moralisch verwerfen.

Im Folterporno *Hostel* wird die rechte Gesichtshälfte einer Person mit einem Schneidbrenner drangsaliert. Am Ende wird das Auge, das nur noch am Sehnerv hängt und aus der Augenhöhle schlottert, abgeschnitten. Dieses brutale Motiv geht auf Marquis de Sades *120 Tage von Sodom* zurück, wo „glühende Nägel in die Augen" geschlagen oder Augen lustvoll ausgestochen werden.[137] Ähnliche Szenen finden sich in dem gleichnamigen Film von Pasolini und in dem Streifen *Ein andalusischer Hund* von Luis Buñuel und Salvadore Dali. In der berühmten Eröffnungsszene schneidet ein Mann einer jungen Frau mit einem Rasiermesser durchs Auge, was natürlich bei vielen Zuschauern Entsetzen und Abscheu hervorrief. Diese Szene geht auf einen persönlichen Traum Buñuels zurück, dem zufolge es keinen symbolischen Schlüssel zu dieser Szene gibt.[138] Sie möchte weder andeuten, dass wir alle verblendet sind, noch will sie auf 1. Joh. 2,16 anspielen, wo von der „Begierde der Augen" gewarnt wird, weil sie von Gott ablenke. Ebenso wenig geht es um Goethes Gedicht: „Wäre nicht das Auge sonnenhaft, die Sonne könnte es nie erblicken."[139] Alberto Giacometti hat Buñuels verstörende Szene in seiner *Schwebenden Kugel* verarbeitet, die, an einem dünnen Faden hängend, gleichsam unentschlossen über einer Klinge pendelt. Hier handelt das Auge und nicht das Messer. Der Nervenkitzel liegt in der Lust möglicher Selbstverletzung, und das heißt im dunklen Begehren der menschlichen Natur.

In *Geschichte des Auges* beschreibt Bataille einen Stierkampf, in dessen Verlauf der wilde Bulle den Torero mit seinen Hörnern aufspießt; „eines der Hörner drang in das rechte Auge".[140] Im weiteren Verlauf der Handlung stoßen die Akteure auf ein Gemälde mit einem Leichnam darauf: „in die Augenhöhle eines Bischofs fraß sich eine riesige Ratte".[141] Schließlich kommt es zur Tötung eines Priesters, an dessen Auge sich eine Akteurin vergehen möchte: „Siehst du das Auge? (...) Es ist ein Ei, sagte sie in aller Natürlichkeit. (...) Ich will mich damit amüsieren. (...) Sie müssen mir sofort das Auge geben, reißen Sie es ihm aus. Sir Edmond nahm, ohne mit der Wimper zu zucken, eine Schere aus seiner Brieftasche, kniete sich hin, schnitt das Fleisch zurück, grub dann die Finger in die Augenhöhle und zog das Auge heraus, indem er die gespannten Sehnen durchtrennte. Dann legte er die kleine weiße Kugel in die Hand meiner Freundin. (...) Stecken Sie es mir in den Hintern, schrie Simone. Sir Edmond streckte die Kugel in die Spalte und schob sie tief hinein. Am Ende (...) führte Simone es in ihr Fleisch ein."[142] Augen, Eier und Hoden treten hier in enge assoziative Verbindung zueinander.[143] Szenen solcher Art sind komisch, befremdlich, gleichermaßen abscheulich wie faszinierend, und gerade in dieser Ambivalenz liegt ihr besonderer Reiz.

Mediale Gewalt

Die Wirkung medialer Gewalt ist umstritten. Für viele Zeitkritiker stehen deren schädlichen Auswirkungen auf Kinder und Jugendliche fest. Gleich in mehrfacher Beziehung trügen die heutigen Medien eine hohe Mitschuld an deren Gewaltbereitschaft, wobei natürlich die soziale Konstellation in den Wohnmilieus, Schulen, Cliquen und Familien mit zu berücksichtigen sei.

So führe der wiederholte Konsum von Mediengewalt zur Gewöhnung und damit zur Abstumpfung. Infolge dessen werde Gewalt gerne als normales Verhalten heruntergespielt, wodurch die Hemmschwelle zur Gewaltausübung allmählich sinke.

Außerdem reize Gewalt schon deshalb zur Nachahmung, weil sie ein taugliches Mittel zur Konfliktlösung zu sein scheine. Normalerweise unterliegt gewalttätiges Handeln zwar regulativen Mechanismen wie sozialen Normen, Schuldgefühlen, Furcht vor Strafe und Vergeltung. Doch wird Gewalt auch an Vorbildern gelernt, die sich durch ihr brutales Handeln erfolgreich behaupteten.

Wenn dann noch Gewaltkonsumenten frustriert seien, woraufhin sie sowieso auf alles gereizt reagierten, könnten Gewaltdarstellungen aggressives Verhalten fördern, zumal wenn die fiktiven Präsentationen ihrer Lebenssituation ähnelten. Menschen ohne größere Probleme bieten Gewaltdarstellungen hauptsächlich einen Nervenkitzel. Für problembeladene Zeitgenossen hingegen sind sie nicht bloß faszinierend, sondern gleichfalls nachahmenswert. Sie können zur Kompensation ihrer unbefriedigenden Lebenslage übernommen werden.

Überhaupt neigten eher aggressive Personen zu gewalthaltigen Programmen, weil sie hierdurch ihr Verhalten als normal gespiegelt bekämen und dadurch vor möglichen Selbstzweifeln und Gewissensbissen geschützt blieben. Immerhin handelten sie doch wie Fernsehhelden. Jedoch ist unklar, ob bereits aggressive Jugendliche eine Vorliebe für gewalthaltige Computerspiele entwickeln, die dann lediglich ihre Neigung verstärken, oder ob aggressive Medieninhalte erst die Lust an Gewalt wecken. Vermutlich liegt hier eine Wechselwirkung vor, wobei Gewalt in Filmen oder Computerspielen die Erregung vieler Zuschauer nachweislich erhöht.

Allerdings rufen unterschiedliche Medienhalte – auch humoristische, erotische und sportliche Szenen – teilweise ganz unspezifische Erregungszustände beim Betrachter hervor. Diese können die Intensität fast aller nachfolgenden Handlungen erhöhen, die in keinerlei Beziehung zu den Erregungsquellen stehen müssen. So kann eine noch nicht abgeflaute Aufwallung, hervorgerufen durch ein Sportereignis, eine bislang nur schwelende Gereiztheit in brutales Verhalten umkippen lassen. Emotional aufgeladene Situationen setzen die Reizschwellen allgemein herab.

Ob sich nun eher das eine oder andere zuträgt, hängt selbstverständlich von natürlicher Veranlagung, Alter und Geschlecht, sozialem Umfeld wie auch den Medieninhalten ab: Werden die Leidtragenden und Gewalttäter im Film als unsympathisch oder attraktiv präsentiert? Wird die Gewalt als gerechte Bestrafung empfunden? Bleiben die Folgen für die Opfer ein- oder ausgeblendet? Wenn der Verbrecher sympathisch, das Opfer dagegen unsympathisch ist, fällt es schwer, gerecht zu urteilen. Auf der anderen Seite setzen Mitleid und Identifikation mit den Drangsalierten grausame Gewaltfantasien gegen die Täter frei. Jedes Mittel scheint nun gegen die Peiniger gerechtfertigt zu sein.

Da der Konsum von Mediengewalt negativen Einfluss auf das Verhalten seiner Konsumenten ausüben kann, taugt sie nur teilweise zur Bewältigung des menschlichen Gewaltproblems. In dem Maße, wie Mediengewalt zu realem Gewaltverhalten inspiriert, bleibt sie prekär.

Jedoch scheint mediale Gewalt, vor allem wenn deren negative Konsequenzen berücksichtigt werden, auch abschreckende Effekte hervorrufen zu können. Je drastischer die Gewaltfolgen und je sensibler die Gewaltopfer dargestellt werden, umso mehr verliert Gewalt an Attraktivität. An die Stelle unterhaltsamer Gewaltlust tritt dann eine beunruhigende Gewaltangst, welche die Gewaltbereitschaft abzuschwächen vermag. Sollte diese Vermutung stimmen, könnte mediale Gewalt doch zur Abschreckung eingesetzt werden.

Manche können zwar Stress, Ärger und Wut mit Hilfe medialer Gewalt abreagieren. Allerdings konnte die sogenannte Katharsistheorie, wonach der Konsum gewalthaltiger Medieninhalte zur unschädlichen Abfuhr aggressiver Energien führt, bislang nicht eindeutig bestätigt werden.

These 10 Alles in allem vermögen moderne Medien reale Gewalt gleichermaßen zu fördern wie zu vermindern. Es ist zwar richtig ist, dass mediale Gewalt bei der Bearbeitung dunkler Energien eine untergeordnete Rolle spielt. Zugleich aber ist es falsch zu behaupten, dass sie hierzu überhaupt nichts beiträgt.[144] Allerdings bleibt sie aufgrund ihres Infektionsrisikos stets prekär. Doch häufig entspringt das Interesse an Gewaltszenen gar keiner Gewaltlust. Oftmals bezieht es sich mehr auf die Spannungs- und Erregungsqualität von Gewaltvorgängen als auf diese selbst. Nicht selten wird lediglich genossen, die erschreckenden Szenen aushalten und am Ende die damit verbundenen Spannungen abbauen zu können. Bei alldem steht fest, dass mediale Gewalt nicht reale Gewalt verursacht. Sie ist allenfalls deren Helfershelfer. Gewaltbereitschaft ist ein eigenständiger Impuls, der in der Natur des Menschen liegt. Deshalb müssen die Menschen hin und wieder auf friedliche Weise verrücktspielen dürfen. Not tut not!

Humanität in Bedrängnis

Humanismus – das ist ein großartiges Wort mit einer langen Geschichte. Die Bilder, die der Begriff Humanismus hervorruft, besitzen einen besonderen Glanz. Sie haben eine Leuchtkraft, die nichts Böses vermuten lässt, ja im Gegenteil an Menschenfreundlichkeit erinnert. Denn wer sollte schon etwas gegen humane Gesinnung und humanitäre Maßnahmen einzuwenden haben? Hierdurch geriete man leicht in den Verdacht, auf der falschen, unmenschlichen, eben inhumanen Seite zu stehen. Das spezifisch Humane umfasst nicht nur guten Geschmack und feine Manieren, sondern ebenso höhere Bildung, die das Leben formen und bereichern soll, damit der Einzelne das Wahre, Gute und Schöne erkenne. Seit jeher gelten menschliche Anteilnahme und Fürsorge als Zeichen echter Humanität. Für den traditionellen Humanismus ist die Vorstellung kennzeichnend, dass sich der Mensch mit der großen Gelehrsamkeit und dem feinsinnigen Stil des klassischen Altertums sittlich bilden kann. In diesem Sinne schlossen die Humanisten von schlechtem Stil und ungepflegter Sprache auf moralische Mängel. Künstlerischer Stil in hochgeformter Sprache und ethische Gesinnung bedingten einander. Humanisten sehen in der Vervollkommnung des eigenen Daseins das höchste Lebensziel, das eine vernünftige Lebensgestaltung voraussetzt, in der sinnliche Leidenschaften nur eine untergeordnete Rolle spielen. So sei eine menschenfreundliche Gesellschaft möglich.

Animalität gilt als das Gegenteil von Humanität. Tierisch oder animalisch zu sein heißt, sich grob zu verhalten. Vor jeder kulturellen Bändigung und Zähmung sei der Mensch ein „Raubtier", eine Art „Bestie", getrieben von gewissenloser Gier und egoistischem Machthunger. So gilt der Mensch als des Menschen „Wolf", als Feind aller Humanität, unmoralisch, gewalttätig, sexuell unersättlich, ein pures Triebmonster. Dessen dumpfes Knurren von Zeit zu Zeit lässt erraten, dass, sobald die „heulende Bestie"[145] losgelassen wird, sie auch zum Beißen bereit ist. Anknüpfend an Thomas Hobbes, der den Menschen als Wolf populär machte, erkennt Emile Zola im Menschen „eine Wildheit, die ihn mit dem im Dickicht lauernden Wolf auf eine Stufe stellt".[146] Beherrscht von niederen Sinnen, könne er sich leicht zur „blutgierigen Bestie"[147] entwickeln. Friedrich Nietzsche schreibt: „In jedem Menschen gibt es ein Tier, das eingesperrt ist wie ein Sträfling, und es gibt eine Tür, und wenn man die einen Spaltbreit öffnet, bricht das Tier aus wie der Sträfling, der den Ausgang gefunden hat." Die humanistische Kultur versucht das wilde Raubtier in ein zahmes Haustier zu verwandeln. Sie möchte die unruhige Gärung des Lebens durch die Züchtung höherer Anstandsgefühle in Schach halten, die Wildheit des Menschen durch erzieherische Maßnahmen brechen.

Natürlich ist ein solches Konzept – inhumane Natur hier, humane Kultur dort – viel zu vage, ja unhaltbar. Der Mensch ist nicht nur schwach, lächerlich und grausam, sondern auch edel und gut. Daher darf mit David Hume gesagt werden, „dass etwas vom Wesen der Taube neben Elementen des Wolfes und der Schlange in unser Gemüt verwoben ist".[148]

Doch so einfühlsam, mitfühlend und kooperativ der Mensch von Natur aus sein mag und so ideologisch verblendet sein Sozialverhalten bisweilen ist: Was man landläufig das Animalische, Wilde und Rohe nennt, gehört zum menschlichen Dasein dazu. „Ein gefährliches, launenhaftes, treuloses, zwiespältiges, wildes und grausames Tier ist der Mensch, wenn ihm nicht das seltene Gottesgeschenk zuteil wird, Humanität zu erwerben, seine Triebhaftigkeit abzulegen", schreibt schon der Vater des Humanismus, Francesco Petrarca im 14. Jahrhundert.[149] Wir Menschen sitzen „auf dem Rücken eines Tigers", vermerkt im 20. Jahrhundert Michel Foucault.[150]

Hier setzt der Humanismus mit seiner Idee der Menschenbildung als Menschenzähmung an. Fassungslose Verzweiflung, unbeherrschte Freude, ausschweifende Lach- und Tanzobsessionen, das Vulgäre, Obszöne, Rohe, die Lust an der Fäkalsprache sollen eingedämmt werden. Als ansteckende, Unruhe stiftende Elemente werden sie im Humanismus einer inneren und äußeren Zensur unterworfen und wie Exkremente ausgeschieden.

Die Menschen bekommen eingebläut, bei der Bewältigung schwieriger Aufgaben stets standhaft, beherrscht und korrekt zu bleiben. Menschen mit Charakter blickten den Gefahren mutig ins Auge, ließen sich von Erschöpfung, Schmerz oder Rückschlägen nicht beirren, von plötzlichem Druck oder Stress nicht aus der Ruhe bringen. Sie bewahrten Haltung, ihre Fassung, widerstünden unanständigen Versuchungen, ertrügen mit wohlgelaunter Geduld unerwartete Schicksalsschläge und mit höflichem Humor gleichermaßen Niederlage und Sieg. Humanisten tragen Konflikte verbal und nicht gewalttätig aus. Dafür stehen Erziehung, Höflichkeit, Einfühlung, Verständigung, Kooperations- und Konfliktlösungsstrategien. Die befriedeten Religionen wirken an diesem Projekt mit.

Während die einen vom Erfolg solcher humanistischen Anstrengungen bis heute überzeugt sind, setzen andere stärker auf die abschreckende Wirkung eines hohen Strafrisikos. Zivilisierung sei hauptsächlich durch Strafandrohung und Abschreckung möglich. Diese müssten unaufhörlich vor den Augen der Bürger schweben, damit sie als Hemmnisse wirken könnten. Denn sozialunverträglichen Begierden könne man ihre Anziehungskraft am besten dadurch nehmen, dass man sie mit Vorstellungen verbinde, welche Unlust weckten. Prekäres Begehren lasse sich durch Furcht vor Strafe erheblich mindern. Deshalb komme es darauf an, grausame Neigungen nicht bloß mit Verachtung zu strafen, sondern ihnen auch mit spürbaren Strafen zu begegnen. Erst so werde Gewalttätigkeit völlig inattraktiv.

Was haben sich Sitte, Recht, Staat und Religion schon alles zur Unterdrückung, Überwindung oder Umlenkung sozialunverträglicher

Energien einfallen lassen! Jedoch stets nur mit begrenztem Erfolg. Zwar haben wir uns inzwischen angewöhnt, der Gewalt zu entsagen. Die meisten von uns verzichten routinemäßig hierauf. Gewohnheiten, Konventionen und Vorschriften scheinen gute Mittel zu sein, um wilde Bestien zu besänftigen.

Allerdings bedarf es nur ein paar besonderer Umstände, und das wilde Tier im Menschen kommt wieder zum Vorschein. Trotz aller kulturellen Zähmungen möchten wir offenbar hin und wieder zurück in die freie Wildnis, und das Bedürfnis hiernach besitzt eine große Ansteckungskraft. Es gibt eine Lust an ekstatischen Entgrenzungen, exzessiven Ausschweifungen und erotischen Überschreitungen, die normalerweise vom Offiziellen und Zulässigen ausgeschlossen sind. Es ist ein Irrtum zu glauben, wir müssten uns nur geistig bilden, dann hörte das Töten und Quälen ganz von selbst auf.

So realistisch die traditionellen Humanisten bereits die dunklen Abgründe der menschlichen Natur erkannten, so naiv blieben sie mit der Annahme, dass literarische Texte und Kunstwerke die besten Mittel zur Bändigung des Menschen seien, als ob bereits die richtige Lektüre den Menschen entwildern und zivilisieren könne. Dennoch setzten sie den brutalen Gladiatorenkämpfen, an denen sich die blutrünstige Masse berauschte, schöne Bücher entgegen. Aber es ist ein großer Irrtum zu glauben, wilde Bestien ließen sich durch gelehrte Schriftstücke zähmen. Bekanntlich können hochkultivierte Personen mit Kenntnissen und Fertigkeiten auf vielen Wissensgebieten grausame Henker werden. Nicht selten pendelten SS-Männer zwischen bürgerlichem Kunstgenuss und barbarischer Gewalt hin und her. Sie konnten in beidem schwelgen. Während sie klassische Klavier- oder Violinstücke spielten, wurde nebenan hörbar gefoltert. Da kann die resignative Frage Alfred Anderschs nicht weiter verwundern: „Schützt Humanismus denn vor gar nichts?"[151]

Zur aufgeklärt humanistischen Idee des Menschen gehört ein Ekel vor allem Extremen, Grausamen, Zügellosen. Doch lässt sich nur schwerlich leugnen, dass es eine diffuse Sehnsucht selbst rationaler Personen nach sozialunverträglichen Exzessen gibt. Menschen lassen sich leicht aus der Fassung bringen, von ihren Gefühlen überfluten, die sie nicht immer unter Kontrolle haben. In der Hitze des Gefechts gerät ihr Anstandsgefühl regelmäßig ins Wanken. Auf schlechte Nachrichten reagieren sie mit Verzweiflung, Angst oder Wut. Gerne geben sie sich Freud und Leid hin.

Trotzdem stellt der Humanismus eine unverzichtbare Orientierung dar, die nicht voreilig ins Museum der lächerlichen Illusionen abgeschoben werden darf. Doch selbst wenn dem Humanismus nicht die Totenglocke geläutet werden soll, um ihn auf dem Friedhof der erfolglosen Ideen beizusetzen, lässt sich die Gewaltbereitschaft mit seiner Hilfe genauso wenig besiegen wie mit harten Strafandrohungen. Der moralische Sinn der Menschen ist nicht ausgeprägt genug, um den animalischen Impulsen immer widerstehen zu können. Wenn Gewalt normal ist, dann lässt sie sich nicht einfach beseitigen. Darum stellt sich die Frage, ob es außer Therapie und Abschreckung nicht noch einen dritten Weg gibt, die ungeformten wilden Energien in uns einzuhegen und zu kanalisieren. Da sie weder eine psychische Perversion anzeigen noch sich als natürliche Kräfte ohne weiteres ausschalten lassen, führen Seelenkuren und Strafandrohungen nur teilweise zu deren Entkräftung. Das wilde Triebchaos lässt sich nur partiell zurückdrängen, und davon heilen ließe sich der Mensch nur, wenn es eine Krankheit wäre, wie man nur reparieren kann, was defekt, nicht aber, was intakt ist. Wir sollten aufhören, die rohen Lockungen des Körpers als Abweichung zu definieren. Es ist nahezu aussichtslos, den Einzelnen hiervon zu befreien. Aus diesem Grund empfiehlt ein dritter Weg, das dunkle Begehren sozialverträglich auszuleben.

Lust macht lustig

Wenn der Mensch zu maßloser Leidenschaft entflammt, dann ist er nicht nur zu allem bereit, sondern steht auch am Scheideweg der Extreme: Von satanischen Verbrechen in grausamen Exzessen über heilige Orgien in mystischer Euphorie zur erotischen Verzückung in sexuellen Ausschweifungen sind es nur wenige Schritte. Der Sturm der Gewalt, der Gebete und der Geilheit sprengt alles Mittelmaß. Favorit bleibt hier der dritte Weg. Doch stehen dem Ratschlag, das dunkle Begehren ohne Beeinträchtigung anderer Menschen mit sinnlicher Lust auszukosten, bis heute eine Reihe von Hindernissen im Wege, die, geschichtlich gewachsen, sich nicht ohne weiteres beseitigen lassen.

Feinsinnige gegen Grobfleischige

„Der Mensch ist ein Raubtier" schreibt Max Frisch in *Stiller*.[152] Nach Friedrich Nietzsche ist der Mensch ein wildes Raubtier mit ausgeprägtem Sinn für Abenteuer, Jagd, Tanz und Kampfspiele. Statt eines feinsinnigen Geistes besitze der Urmensch eine mächtige Leiblichkeit, die im Gefühl ihrer vollen Kräfte tapfer drauflosgehe. Die lüsterne Bestie kenne weder Regeln noch Schranken. Gerne lasse sie sich von Zornesausbrüchen und Liebesreizen überwältigen. Sie genieße ihre Freiheit von allen sozialen Zwängen in vollen Zügen. Sie mag die Wildnis, in der sie, gleichgültig gegen Sicherheit, Leib und Leben, auch ihre grausame Lust am Morden, Schänden und Zerstören hemmungslos auslebe. Im Rudel junger Krieger lasse der archaische Mensch schon aus bloßem Übermut seiner begierigen Abenteuerlust und seinem Willen zur Macht freien Lauf.[153]

Allerdings sind nicht alle Menschen zur martialischen Lebensweise in der Lage. Natürlich gibt es auch schwächere, kränkliche Naturen mit geringen Begabungen und unvorteilhaftem Aussehen. Ihnen fehlen Antrieb und Wollust zum überschäumenden Leben. Aufgrund ihrer Gebrechlichkeit sind sie zum prallen Leben außerstande, obwohl auch sie gerne mitmachen würden. Nietzsche nennt sie die Mittelmäßigen, Schlechtweggekommenen, Ohnmächtigen oder Missratenen. Diese mussten nicht nur ihre Wollust unterdrücken. Zudem waren sie der

Willkür der Gesunden und Starken schutzlos ausgeliefert. Allerdings fanden sie sich mit ihrer Opferrolle niemals ab. Sie wussten sich seit jeher zu wehren. Überhaupt seien mit ihnen erst Geist, Vernunft und Reflexion in die Welt gekommen. Denn ihre Not ließ sie darüber nachdenken, wie sie aus ihrer Misere herauskommen könnten. Mit Hugo von Hofmannsthal gesprochen: „Was Geist ist, erfasst nur der Bedrängte." Nietzsche zufolge lag die gesuchte Lösung für die Müden, Hässlichen und Verkümmerten in der Etablierung einer lebensfeindlichen Kultur, deren Moral sich am Behagen der Schwachen orientierte. Dabei verwandelten sie ihre Unfähigkeiten in Tugenden. Ihre Ohnmacht, sich zu rächen, nannten sie Güte, ihre Ängstlichkeit Demut, ihre Feigheit Geduld, ihre Unterwerfung Gehorsam, ihr Elend eine Auszeichnung Gottes, der seine Auserwählten prüft. Mit ihrer asketischen Moral der Überwindung und des Verzichts wappneten sich die Schwachen gegen ihr Leid am Leben.

Gleichzeitig gelang es ihnen, mit den Waffen kluger List die tumben Starken allmählich zu bändigen. Das unberechenbare Raubtier wurde mehr und mehr ein zahmes Haustier. Staat und Religion formten den rohen Menschen über Jahrhunderte. Sie türmten Staudämme gegen das dunkle Begehren, das Verlangen nach exzessiven Abenteuern auf, hemmten die Entladung der Wollust und zwängten das ausschweifende Tier im Menschen in die drückende Enge von Sitte und Moral. Tradition und Konvention legten ihm soziale Zwangsjacken an. Hierdurch wurde der Starke gefügig und milde, bevor endlich den Schwachen und Starken gleichermaßen ein Recht auf Selbstbestimmung zuerkannt werden konnte. Dieses sollte nun jeder in sozialer Verantwortung, mit Achtung vor seinem Nächsten und mit Hilfsbereitschaft für Bedürftige wahrnehmen. Dagegen wurde der natürliche Hang zu wilden Exzessen als Sünde oder Unrecht verurteilt. Schon das bloße Bedürfnis hiernach sollte dem Einzelnen ein schlechtes Gewissen bereiten. So begann der gezähmte Mensch an seinem dunklen Begehren zu leiden, gegen das er selbst Partei ergriff und von seinem öffentlichen Leben abtrennte, wenn es ihn heimsuchte. Nach Nietzsche steckt hinter den lebensfeindlichen Sozialregulierungen, die den Machtwillen der Starken brachen, das Machtstreben der Schwachen, die selbst über das Leben herrschen möchten.

Im Gegensatz zur herkömmlichen Moral empfiehlt Nietzsche eine Erneuerung des ursprünglich Wilden, das Abenteuer, die Gefahr, Wollust, Ekstase, Vorherrschaft der Starken. Zu lange habe der Mensch seine natürlichen Begierden mit bösen Blicken betrachtet und sich dafür geschämt, ja vor Gott schuldig gefühlt. Dabei sei doch der entzückte Rausch, der blinde Taumel über den Wellen, halbtrunken und betäubt von der Überfülle aufregender Reize, das wahre Leben. Selbst wenn über Jahrhunderte nicht offiziell in Rausch und Übermaß geschwelgt werden durfte, hätten diese anarchischen Gelüste unterirdisch immer weiterbestanden. Deshalb sollte es wieder ausreichend Gelegenheit geben, sich an ihnen ergötzen zu dürfen. Nur versperren insbesondere die Weltreligionen bis heute diesen dritten Weg.

Brodelnde Dampfkessel brauchen Ventile

Bezüglich des dritten Weges lassen sich den Religionen große Versäumnisse nachweisen. Sicherlich ist es besser, Liebe und Frieden zu predigen, als Hass und Gewalt zu säen. Dennoch müssen selbst die friedfertigen Religionen ihr Teil Verantwortung für die Gewalt auf der Erde übernehmen. Es genügt nicht, durch Friedensappelle das Gegenteil einer Chance zur Grausamkeit sein zu wollen. Hierdurch allein lassen sich das Rohe, Wilde und Dämonische im Menschen nicht in Schach halten. Die ausdrückliche Verurteilung gefährlicher Leidenschaften als Laster, Sünde oder Blasphemie leistet der Gewalt sogar Vorschub. Die Tabuisierung impulsiver Musik, wilder Tänze und wollüstiger Ausschweifungen wie im Islam, Christentum und Judentum erweist sich bei näherem Hinsehen als besonders abträglich für den Frieden, verhindern doch solche Zurückweisungen den Abbau überschüssiger Energien. Aber Eros kann kein Feind sein, so Nietzsche, weil „hier der eine Mensch durch sein Vergnügen einem anderen Menschen wohltut"[154] – trotzdem hat man ihn als Teufel verlästert.

Der Verdacht ist groß, dass gerade die Verunglimpfung und Behinderung sexueller Lustbarkeiten zu absonderlichen Leidenschaften treiben, „die umso ungestümer sind, als die Erfüllung ausbleibt".[155] Denis Diderot schreibt in *Die Nonnen*, dass sich diese deshalb an sadistischen Bosheiten erfreut hätten, weil sie „den Trieben der Natur zuwider" handelten, als sie ihre sexuellen Gelüste verdrängten. Bei ihnen schlug größte Empfindsamkeit in wilde Grausamkeit um. Aus sanftmütigen Lämmern wurden reißende Wölfinnen, in denen tausend Gelüste keimten und abartige Gedanken wucherten.

Ähnlich Søren Kierkegaard, dem zufolge die Sinnlichkeit erst durch das Christentum in die Welt kam: „Da das Sinnliche überhaupt das ist, was verneint werden soll, so tritt es erst richtig in Erscheinung."[156] Dies habe der Geist vollbracht, der das Erotische als das Sündige oder Dämonische verwarf und dadurch als eigene Kraft setzte, die nach fulminanten Delirien verlange. Natürlich war das Sinnliche schon vorher da. Nur blieb es bei den Griechen mit dem Geistigen harmonisch verbunden. Wo das Begehren jedoch als anrüchiger Gegensatz des Geistes diffamiert werde, dort könne Sex immer nur als obszöne und frivole Angelegenheit erscheinen. Werde das sinnliche Begehren hingegen wieder mit Geist und Vernunft verknüpft, so ergebe sich eine gesunde Sexualität, die schmutzige Pornografie ausschließe.

Diese Vermutung ist genauso unhaltbar wie die Annahme, dass das wilde Begehren erst durch seine religiöse Verketzerung in eine dämonische Macht verwandelt wurde. Denn nicht erst gedemütigte Wollust besitzt eine Sprengkraft von alarmierendem Ausmaß. Schmutziger Sex ist mehr als nur eine religionsgeschichtlich erklärbare Verzerrung zärtlicher Erotik. Mit Recht vermerkt Susan Sontag: „Die menschliche Sexualität (...) gehört, zumindest potentiell, eher zu den extremen als zu den normalen Erfahrungen des Menschen. Mag sie auch gezähmt sein: sie bleibt dennoch eine der dämonischen Mächte im menschlichen Bewusstsein, eine Macht, die immer wieder verbotene und gefährliche Wünsche in uns weckt, vom Verlangen, einem anderen Menschen willkürlich Gewalt anzutun, bis zu der wollüstigen Sehnsucht nach der Auslöschung des eigenen Bewusstseins, ja selbst nach dem Tode."[157] Das drängende Begehren bleibt auch ohne religiöse Verdrängung ein gefährlicher Vulkan, der zu extremen Ausbrüchen neigt. Deshalb bedürfen überbordende Leidenschaft, erotische Besessenheit und abenteuerliche Spiellust zwar einerseits der Begrenzung, andererseits aber auch der Freiräume, in denen sie sich regelgeleitet austoben können.

Indem sich die großen Religionen aber jeder sozialverträglichen Entladung intensiver Gelüste mit aggressiver Tönung verschließen, fördern sie indirekt deren sozialunverträgliche Abfuhr. Die lustscheuen Religionen begünstigen sogar die Instrumentalisierung alles drängenden Begehrens für sozialunverträgliche Zwecke, wenn sie es von vornherein vom Zulässigen ausschließen. So läuft der Exorzismus wollüstiger Glutkerne überraschenderweise auf eine verkappte Teufelsbeschwörung hinaus. Welche Infamie, wenn sich dann die Religionen selbst die gewaltbereite Gluthitze der Menschen für ihre Zwecke zunutze machen, ob bei öffentlichen Ketzerverbrennungen oder in brutalen Gotteskriegen! Eine wirksame Vereitelung konvulsiver Gewaltausbrüche setzt dagegen Spielwiesen für animalische Raserei voraus. Solange die großen Religionen aber alle sinnlichen Aufwallungen und Bacchanalien, auf denen zärtliche Wüstlinge in wilden Sinnentaumel fallen, als Abort der Seele bekämpfen und von den Menschen verlangen, auf ihre zügellosen Eigenarten zu verzichten, unterstützen sie unbeabsichtigt die weltweiten Gewaltexzesse mit religiösem Hintergrund. Bildhaft formuliert bringen sie den brodelnden Dampfkessel mit zum Explodieren, indem sie dessen Ausgänge mit Verboten und Geboten verstopfen, anstatt regulierende Ventile für die extremen Gefühls- und Bewusstseinslagen der Menschen hieran anzubringen. Statt scharfer Zensur verdiente das Buch der Leidenschaft großzügig Imprimatur! Jede noch so vernünftige Gesellschaft braucht Ventile, ja Ventilsitten für die extremen Neigungen ihrer Bürger, die Grenzen der bestehenden Ordnung und des eigenen Ich zu überschreiten. Die Abgründe unserer vulkanischen Leidenschaften, die in uns wie Lavaströme im Schoß der Vulkane brodeln und die tragische Seite unseres Daseins ausmachen, dürfen nicht ignoriert, sondern müssen sozialverträglich bewirtschaftet werden.

III. Fröhliche Wildnis

Arbeit, Verschwendung und Tod

Im Mittelalter wurden Leprakranke aus der Gemeinschaft ausgeschlossen und hinter die Stadtmauern verbannt, wo sie sich selbst überlassen blieben. Im Gegensatz dazu wurden Pestkranke in der frühen Neuzeit in spezielle Stadtbezirke eingeschlossen, in denen sie genau überwacht und lückenlos kontrolliert wurden.[158] Doch bevor die Todgeweihten unter Quarantäne gestellt und observiert wurden, herrschte absolutes Chaos in der Stadt. Alles ging drunter und drüber. Die geltenden Gesetze wurden missachtet, alle bisherigen Regeln zum Einsturz gebracht. Allerdings wüteten nicht nur panische Angst und Verzweiflung. Es fanden auch orgiastische Feiern statt. Da die Pestkranken kurz vor Asche standen, hatten sie nichts mehr zu verlieren – gemäß dem Motto: Ist erst das Dasein ruiniert, lebt sich's völlig ungeniert! Noch einmal erfasste ihr Leben, das dem Untergang geweiht war, eine aufschäumende Welle der Begeisterung. Wozu das Leben noch ernst nehmen, wenn da sowieso niemand heil herauskommt? In Anbetracht des nahenden Endes blieben die Gesetzesbrüche ohnehin folgenlos. So konnte die Ordnung leicht aus den Fugen geraten. Ein sorgloses Treiben entfaltete seine wilde Kraft. Auf solch rohen Festen kam die Kehrseite der Vernunft zum Durchbruch.[159]

Es fanden „Danses macabres", Totentänze, statt, wie sie auf zahlreichen Bildern des Spätmittelalters und der Frühen Neuzeit dargestellt werden. Auf diesen Gemälden tanzen Skelette oder Knochenmänner mit aufgeplatzten Bäuchen und zerfetzten Kleidern um Todgeweihte. Natürlich sollten sie die Vergänglichkeit alles Menschlichen in Erinnerung rufen. Nur warum tanzt der Tod dabei? *Einerseits* freute er sich darüber, dass es ihm die Menschen so leicht machten, sie zu sich zu holen. Denn solange sie dem schönen Schein der irdischen Dinge verhaftet blieben, konnte er leicht Beute machen. Aufgrund ihres eitlen, sündigen Lebens lieferten sie selbst sich ihm ans Messer. Wie der Tanz zum Tod so kam *andererseits* aber auch der Tod zum Tanz: Vor allem in Zeiten der Pest herrschte eine ausgeprägte Tanzlust als Zeichen für Zügellosigkeit, Sittenverfall und Sündhaftigkeit. Da die Tage der Todgeweihten gezählt, ja sie alle angezählt waren, konnten sie endlich ihre Anstandsmasken abwerfen, um sich ausschweifenden Lustexzessen hinzugeben.[160] Den Moribunden waren Zukunft und Moral gleichgültig geworden. Sie wollten sich jetzt einfach nur gehenlassen, und das heißt: dem Käfig von Sitte und Anstand entfliehen.

Maß und Ordnung

Es gibt verschiedene Strategien, unsere Leidenschaften am Ausbruch zu hindern. Zwar nehmen Moral und Religion ihnen fast jede Gefährlichkeit, indem sie die Sinnlichkeit auszutrocknen und das Verlangen hiernach mit quälenden Gewissensbissen zu verknüpfen suchen. Geschlechtliche Erregungen oder Genüsse wurden einst als Sünde wahrgenommen und ausschweifende Exzesse mit Höllenstrafen assoziiert. Erst recht aber vermag schwere und anstrengende Arbeit den sinnlichen Überschwang im Zaum zu halten. Indem Arbeit ermüdet und schwächt, entzieht sie dem Verlangen nach wollüstigen Exzessen die hierfür erforderliche Energie.

Ursprünglich traten die namenlose Außenwelt und seine triebhafte Innenwelt dem Menschen feindselig und regellos entgegen. Nur unter vollem Einsatz seiner Vernunft gelang es ihm, beide chaotischen Mächte zu bändigen, um so die eigene Selbsterhaltung zu gewährleisten. Hierbei erwies es sich als besonders hilfreich, eine profane Arbeitswelt zu organisieren. Deren Regeln, Verordnungen und Einrichtungen dienen bis heute sowohl dem menschlichen Überleben als auch dem Schutz des Einzelnen vor seinem blinden Lebensdrang. Seit jeher herrscht ein gesellschaftliches Misstrauen gegen das menschliche Bedürfnis nach Selbstüberschreitung. Arbeitsdisziplin kann das Verlangen nach Zerstreuung und Ausschweifung zurückdrängen, dem Leben eine gewisse Struktur, Ordnung und Zuverlässigkeit verleihen sowie die innere Leere füllen. Arbeit kann sogar die Moral teilweise ersetzen. Jedenfalls führt ein hemmungsloses Ausleben überschüssiger Antriebskräfte zu Chaos, Gewalt und Tod. Darum spielen Verbote eine Schlüsselrolle im Prozess der Zivilisation. Der Mensch muss in Schranken gehalten werden. Zeitgleich mit geordneter Arbeitsdisziplin und Pflichtbewusstsein entstand auf diese Weise eine abgespaltene Tabuzone skandalisierter Regelwidrigkeiten, in der seit Menschengedenken ekstatische Delirien sowie überschäumender Sex ihr Unwesen treiben.

Nun zieht die asketische Vernunft dem drangvollen Begehren aber nicht bloß Grenzen zur Aufrechterhaltung der öffentlichen Ordnung und des individuellen Wohlergehens. Sie legt dem unruhigen Drängen der Begierde auch deshalb feste Zügel an, weil überschäumende Wollust die Arbeitskraft verringern würde.

Solche Mäßigungen werden den Menschen nicht nur von außen aufgezwungen, sondern von vielen sogar ausdrücklich gewollt, weil sie sich vor den eigenen Triebenergien ängstigen. Nach Georges Bataille schrecken die meisten vor dem Chaos ihrer wollüstigen Regungen schon deshalb zurück, weil sie ins Unermessliche strebten. Ein Genussmensch kennt keine Grenzen, schreibt Georg Simmel. Er sei mit dem Fluch behaftet, „nie Rast und Dauer zu finden; der Augenblick seines Eintritts enthüllt zugleich seine Aufhebung in sich; sein Leben hat dieselbe dämonische Formel wie die des Geizigen; dass jeder erreichte Moment den Durst nach seiner Steigerung weckt, der aber nie gelöscht werden kann".[161]

Luxuriöser Verschwendung gleich wohnt leidenschaftlichem Begehren und sexueller Ausschweifung die Tendenz inne, in reicher Fülle auszuteilen und zu verschenken – gemäß dem Gedicht *Fülle* von Conrad Ferdinand Meyer, in dem es heißt: „Genug ist nicht genug! (...) Genug kann nie und nimmermehr genügen!" Lustvolle Kraftvergeudung ohne Rücksicht auf mögliche Verluste verbindet die zehrende Leidenschaft mit dem Verbrauch überflüssiger Güter. Beides umgibt eine Aura der Überschreitung des Lebensnotwendigen, der Befreiung von Mühe, Last und Arbeit. Deshalb können sich Liebe, Lust und Leidenschaft auch erst im Luxus optimal entfalten. Dieser ist ein ihnen angemessener Kulturrahmen, in dem sie voll aufblühen.

Nun können sinnliche Ausschweifungen aber sowohl für die mühsam errichtete Gesellschaftsordnung als auch für jeden Einzelnen zu einer schweren Belastungsprobe werden. Sie können den normalen Tagesablauf stören, weshalb sich viele Menschen vor solchen Einbrüchen ja auch abzuschirmen suchen. Andererseits suchen selbst biedere Zeitgenossen bisweilen das Erlebnis des Ausgegrenzten, ja Verworfenen, Niedrigen und Gemeinen – vorrangig in Romanen, Filmen und Chatrooms. Im realen Leben fehlt es ihnen oftmals an Gelegenheit, Kraft und Courage, um die Kehrseite von Sitte und Anstand, des „Abjekten", eben Anderen der Vernunft, auszuleben. Viele kehren sich lediglich in der Fantasie von Maß und Ordnung ab, um sich den ersehnten körperlichen und geistigen Ekstasen hinzugeben. Im praktischen Alltagsleben untersagen sie sich exzessive Ausschweifungen und luxuriöse Verschwendungen. Gier und Geiz bestimmen das Leben vieler Zeitgenossen, die sich scheuen, das Erwirtschaftete in Rausch und Rauch aufgehen zu lassen. Die Verurteilung jeder Art von Verschwendung, der Ausschluss von Güter-, Kraft- und Zeitvergeudung, ist Teil dieser Lebenslogik. In der hedonistischen Welt von heute sind zwar Fest, Erotik, Sport und Konsum nicht bloß statthaft, wenn sich die hiermit einhergehende Entspannung vorteilhaft auf das Berufsleben auswirkt. Trotzdem wird das orgiastische Spiel, das Zeit vertrödelt, Reichtümer verschleudert und Kräfte in ausschweifender Ekstase verzehrt, gerne als nutzlos und gefährlich für die öffentliche Moral abgetan. In der bürgerlichen Gesellschaft gilt der alte Grundsatz: „Ne quid nimis" – Nichts im Übermaß.

Fleisch und Fäulnis

Die ersten Verbote bezogen sich nicht bloß auf sexuelle Betätigungen, sondern ebenso auf verwesliche Tote, die genauso zu gesellschaftlichen Tumulten führen konnten. Solche Unruhen wurden durch feierliche Verbrennungs- und Begräbnisriten verhindert.[162] Bis heute fürchten sich die Menschen vor dem Zerfall von Leichen, die ursprünglich nicht bloß begraben wurden, um sie vor wilden Tieren und die Lebenden vor Krankheit zu schützen. Viel stärker herrschte der Aberglaube vor, dass den verfaulenden Körpern aggressive Kräfte entströmten, welche die Hinterbliebenen wie böse Geister heimsuchen könnten. Hinter allen Verboten stand die beunruhigende Angst, dass einmal entfesseltes Chaos sich nur schwer eindämmen ließe. Wie Gähnen, Lachen und Weinen oder pornografische Bilderfolgen könne das Antlitz von Leichen die Lebenden zu heftigen Turbulenzen hinreißen.

Regenwaldbewohner und Stämme rings um den Indischen Ozean bestatten ihre Toten gleich zweimal. Im Rahmen der ersten Beisetzung finden ausschweifende Feste nach Einbruch der Dämmerung statt. Es wird wild getanzt, anzüglich gesungen und ausschweifend gefeiert. Dann bleibt der Leichnam bis zur vollständigen Verwesung seines Fleisches in einer mit Zweigen bedeckten Grube. Danach werden seine Gebeine geborgen, gereinigt und gewaschen, um anschließend, in Tücher gehüllt, ein zweites Mal im Rahmen einer würdigen, jetzt nicht mehr turbulenten Feier zu Grabe getragen zu werden. Hierbei wird der Verstorbene endgültig ins Land der Ahnen verabschiedet.[163]

In solchen Völkern kann ein verweslicher Leichnam einen zeitweiligen Zusammenbruch der Ordnung bewirken. Dabei geben sich die Stammesangehörigen einem zügellosen Leben hin.[164] Nichts kann das maßlose Chaos nun noch aufhalten. Das dunkle Begehren ist entfesselt. Erst die harten, sauberen, reinen Knochen bringen die Ordnung wieder zurück und setzen „dem chaotischen Einbruch der Ausschweifung ein zeitliches Ende".[165] Offenkundig steht hier das verwesliche Fleisch für Unordnung und Unreinheit, die den gesamten Stamm magisch anstecken können, weshalb es zu sexuellen Ausschweifungen und gewalttätigen Ausschreitungen kommt. Dies ist besonders dann der Fall, wenn es sich bei dem Toten um einen Häuptling handelt: „Solange der Körper des Königs der Bereich einer aggressiven Zersetzung war, stand die ganze Gesellschaft im Bann der Gewaltsamkeit."[166] Der König ist der Garant der Ordnung, die mit seinem Tod auseinanderbricht, bis ein neuer Herrscher sie wieder herstellt.

Seit jeher schirmen die mühsam errichteten Gesellschaftsordnungen ihre Bürger mit Verboten vor erotischen und tödlichen Einbrüchen ab. Solche Verbote beziehen sich hauptsächlich auf Gewaltartiges wie zerfetzte Leichen und exzessive Lustausschweifungen. Beide werden als schmutzig und unrein oder als angsterregend und bedrohlich dargestellt. Als bizarre Abweichungen vom Normalen werden Tod und Sex tabuiert. Verwesliche Körper und erotische Szenen bleiben verborgen. Wer sie dennoch aus den Nischen der Intimität in die Öffentlichkeit zerrt, wird bis heute als unanständig und geschmacklos beschimpft.

Doch geht es nur vordergründig um Anstand und Moral. In Wahrheit schützen sich die Menschen mit solchen Verboten, weil verfaulende Tote und sexuelle Delirien ihren normalen Alltag belasten würden. Sie können zum einen die Gesellschaftsordnung, zum anderen die Bürger aus dem Gleichgewicht bringen. Beide Extreme symbolisieren Gewaltsamkeit. Sie stehen für eine gefährliche Entfesselung von Chaos, Turbulenz, Anarchie, weshalb sie auch auf Abstand bleiben sollen.

Zugleich ziehen sie die Menschen an. Sie provozieren Gefühle, in denen sich Faszination mit Aversion bis zur Ununterscheidbarkeit mischt. Aus Sicht der ausbalancierten Ordnung bedeuten Tod und Sex einen Skandal, der die Menschen bis heute seelisch aufwühlt, weil hierdurch ein dunkler Untergrund ihrer Existenz aufgerührt wird, den die Kehrseite von Vernunft, Maß und Ordnung anspricht.

Ekstatische Verschwendung statt asketischer Vernunft

Die Vernunft bezeichnet eine Macht, mit deren Hilfe sich die Welt strukturieren lässt, so dass die Menschen darin Orientierung und Halt finden können. Sie ordnet die regellose Naturwelt, beherrscht die profane Arbeitswelt und steht für asketische Disziplin. Überhaupt haben sich reflektiertes Bewusstsein, wissenschaftliches Denken und rationale Erkenntnis als überaus lebensdienlich im menschlichen Überlebenskampf erwiesen. Trotzdem werden immer wieder Vorbehalte gegen die Vorherrschaft jeder Art von disziplinierender Ordnung, logischer Vernunft und zweckgerichteter Arbeit vorgebracht, weil sie die eigentliche Fülle des menschlichen Daseins verhinderten. So notwendig die Vernunft für das menschliche Überleben sei, grundsätzlich grenze sie zwei Phänomene aus, die genauso ihre Berechtigung hätten, meint Georges Bataille: die exzessive Ausschweifung und unproduktive Veraugabung. Der Begriff „produktive Veraugabung" geht auf Karl Marx zurück und bedeutet soviel wie Arbeit, nämlich die Veraugabung der Arbeitskräfte „Hirn, Muskel, Nerv, Hand".[167] Anders als der geschäftstüchtige Bürger ist der erotische Schwärmer weniger an produktiver Arbeit und moralischem Handeln interessiert. Stattdessen richtet er sein Leben lieber an lustvollen Empfindungen aus. „Die Entfesselung der Leidenschaften ist das Gute, das niemals der kalten Nützlichkeit der Gesetze untergeordnet werden kann, und die Aufgabe der Gesetze ist es, ihm zu dienen",[168] schreibt Georges Bataille.

Die genießende Hingabe an das Leben ist das blanke Gegenteil von streng geregelter Arbeit, Gewerbefleiß, Gelderwerb, Sparzwang, Kapitalbildung und Anhäufung von Kapitalerträgen. Jede lustbetonte Lebensweise, wie sie in der Antike schon Aristippos von Kyrene propagierte, steht im Gegensatz zu außerweltlicher Klosterkontemplation, religiöser Weltverneinung und innerweltlicher Berufsaskese. Luxus hat nichts zu tun mit kalten Bädern, nüchternen Diäten, harter Arbeit und hohen Sparguthaben. Ursprünglich bedeutet „luxuria" soviel wie üppiges Wachstum von Saaten und Pflanzen: verschwenderische Pracht der Natur. Daraus hat sich später die uns geläufige Bedeutung von Schwelgerei, Vergnügungssucht und Übermaß in der Lebensführung entwickelt. Allgemein bezeichnet Verschwendung einen Vorgang, bei dem Zeit, Kraft und andere Ressourcen vergeudet werden, aber auch eine überflüssige Güterverfeinerung. Solch hemmungslose Kraftverschleuderung überschreitet die ökonomische Tauschlogik, die Prinzipien der Gegenseitigkeit und Nützlichkeit, wenn sie sich interesselos verschenkt. Um dem eigentlichen Reichtum des Lebens teilhaftig zu werden, muss die Macht der Vernunft relativiert werden. Bataille ermuntert den Einzelnen, in seinem Verlangen nach der vollen Intensität des sinnlichen Lebens bis zum Rand seiner Möglichkeiten zu gehen: „es sind die intensivsten Gefühle, die einen Menschen zum glücklichen Menschen machen".[169]

Die kritische Hinterfragung der Vernunft im Namen des Lebens zugunsten exzessiver Ausschweifungen und unproduktiver Verausgabungen führt uns erneut in die Nähe Friedrich Nietzsches. Dieser bekannte sich überschwänglich zur dionysischen Ekstase bei gleichzeitiger Verwerfung der platonisch-christlichen Körperfeindlichkeit. Mehrdeutig heißt es in Nietzsches *Dionysos-Dithyramben*: „Meine Seele, unersättlich mit ihrer Zunge, an alle guten und schlimmen Dinge hat sie schon geleckt, in jede Tiefe tauchte sie hinab."[170] Der tanzende Leib, der äußerst selten die Billigung der großen Weltreligionen fand, ist nach Nietzsche der wahre Sinn unserer Erde, nicht aber die abstrakte Vernunft oder der asketische Geist, die alle überbordenden Leidenschaften zum Schweigen bringen möchten. Nahezu leichenfarbig und gespenstisch sehen die reinen Vernunftmenschen und religiösen Hinterweltler mit ihren verwahrlosten Körpern vor den wild vorbeirauschenden Nachtschwärmern aus. Anstatt ihr Begehren außerhalb jeder zweckrationalen Ordnung hemmungslos auszuleben, halten sie „Winterschlaf im Sommer".[171]

Doch wo das drängende Begehren in der bisherigen Geschichte mal ausnahmsweise nicht zu kriegerischer Gewalt, sondern tatsächlich zu sozialverträglichen Exzessen führte, dort wurde der empfohlene dritte Weg aber nicht unbedingt sinnenfreudigen Abenteurern überlassen. Oft wurden die zulässigen Exzesse mit religiösen, künstlerischen oder politischen Inhalten überfrachtet. Hiermit befassen sich die nächsten drei Kapitel. Anschließend wird auf zeitgemäße sozialverträgliche Exzesse eingegangen, die einerseits religiöse, künstlerische und politische Überladungen vermeiden, andererseits brutale Gewalt erübrigen. Wer in den Genuss neuer intensiver Erfahrungen kommen möchte, muss die Grenzen der Vernunft, Arbeits- und Alltagswelt überschreiten. „Erotik ist reine Verschwendung, Verausgabung von Energie um ihrer selbst willen, ein Fieber", betont Bataille.[172]

Mystische Experimente

„Der Mensch, dieses Abenteuer. Er ist kaum mehr als das. Er ist das, ob man ihn mit mystischen, dogmatischen oder rationalistischen Augen betrachtet. (...) Er ist Probe, Zug in einem Spiel, Versuchsballon – Möglichkeit."[173] Eine außeralltägliche Möglichkeit seines Daseins ist der Exzess, in dem der Einzelne sein Dasein entweder katastrophal in menschenverachtender Gewalt oder glorios in sozialverträglichen Delirien verschwendet. Auch Durchschnittsbürger haben hin und wieder den Wunsch, die gewohnten Tagesabläufe zu durchbrechen. Es gibt eine flügelschlagende Sehnsucht nach rauschartigen Exzessen, die über alle Rationalität hinausgehen und die Grenzen der Normalität sprengen. Die Mystik ist ein solches sozialverträgliches Experimentierfeld, auf dem gerade heute ohne religiösen Bezug neue Möglichkeiten erprobt werden.

Wege zur mystischen Erfahrung

Der „Grundton aller Mystik",[174] die von einem heiligen Ernst getragen wird, ist die Verzückung. Die Wege dorthin sind vielfältig und weitverzweigt. Jedoch stehen zahlreiche Techniken zur Verfügung, mit deren Hilfe sich die erstrebten Ziele verhältnismäßig gut erreichen lassen.

Zum einen gibt es meditative Übungen, bei denen man sich auf den eigenen Atem, auf ein Bild, einen Vers, Spruch oder auf ein durch unablässige Wiederholung eingeprägtes Mantra konzentriert, bis der Geist nicht mehr abdriftet, die alltäglichen Sorgen das Denken nicht mehr gefangen nehmen. Man gibt der Psyche gleichsam einen Fokus. Die sinnlichen Wünsche, Vorstellungen und Gedanken, die meist ungeordnet durch den Kopf schwirren, werden auf null heruntergepegelt. Regulierte Atmung, rhythmische Bewegung, ein litaneiartig in endloser Folge wiederholter Name, Fasten, Schlafentzug oder das Hervorstoßen unartikulierter Laute können wichtige Hilfen sein auf dem Weg zur mystischen Ekstase. Der Weg dorthin verläuft über mehrere Stufen des Ergriffenseins. Schrittweise löst sich der Meditierende von allen äußeren Eindrücken. Er tötet alles sinnliche Verlangen ab, bis nur noch eine entspannte Leere übrigbleibt. Von der Alltagshektik befreit, hört der kontemplative Mystiker mit erhöhter Achtsamkeit in sich hinein, um beflügelt dorthin aufzusteigen, wo er das Gute, Eine, Gott zu schauen hofft.

Zum anderen gibt es Erregungen mit hoher Dynamik. Hier kommt es zu wilden Exzessen, die bisweilen dämonische Gestalt annehmen. An die Stelle gesammelter Ruhe tritt begeisterte Raserei. Es entstehen rauschhafte Delirien, auch sinnliche Ausschweifungen, die von orgiastischen Tänzen und lauten Schreien begleitet werden. Kreischende Euphorie, Johlen, Grölen und Pfeifen lösen besonnene Nachdenklichkeit ab. Nicht selten unterstützen aufpeitschende Drogen, Rhythmen und Klänge solche mystischen Ereignisse, welche die aufgebrachte Menge in Trance fallen lässt. Musik bedeutet hier nicht mehr etwas, sondern macht etwas mit den Menschen, indem sie den Körper in Bewegung bringt und den Geist aus seinen bisherigen Grenzen heraushebt, um ihn in magische Sphären zu versetzen. Über ekstatische Tänze versuchen sich Mystiker von allen körperlichen Bindungen zu befreien, die irdischen Einengungen zu überwinden, gleichsam schwerelos zu werden. Musik, Drogen und Tanz, ob mit sich allein oder in Gemeinschaft, können die Menschen in einen göttlichen Raum hineinziehen. Je nach stofflicher Substanz, Rhythmus und Klang können sich dabei ganz unterschiedliche Offenbarungen ergeben.

Mystische Experimente rufen ganz verschiedenartige Körperreaktionen hervor. Wie es bei den einen zur Pulsverlangsamung kommt, wird sich bei den anderen der Herzschlag beschleunigen. Dann werden die Atemzüge kürzer und impulsiver. Herzrasen setzt ein. Die Muskeln verkrampfen. Erst einmal in Euphorie und Trance verfallen, erzittert der ganze Körper. Heftige Zuckungen und wilde Grimassen brechen aus ihm hervor. Eiskalt fährt es dem Mystiker durch die Glieder. Es läuft ihm eine Gänsehaut über den Rücken. Manchmal fließen auch Tränen aus weit aufgerissenen Augen. Nicht immer sind gelehrte Worte das mystische Ausdrucksmedium. Häufig sind es bloß körperliche Reaktionen.

Die Mystik lässt den Einzelnen in intimen Kontakt mit etwas Außeralltäglichem treten. Darin besteht ihre magische Kraft. Dennoch lässt sich nichts erzwingen. Mystische Ausnahmezustände, bei denen die Seele glaubt, aus dem Körper herauszutreten, um in höhere Gefilde zu entschwinden, oder umgekehrt höhere Mächte in den Menschen hineinfahren, um von ihm Besitz zu ergreifen, müssen sich immer auch einstellen. Nicht selten werden Visionen als Eingebungen höherer Mächte gedeutet. Obwohl mit Hilfe bewährter Übungen in konzentrierter Meditation herbeigeführt, fühlt der Betroffene im mystischen Erlebnis seinen Willen außer Kraft gesetzt. Er fühlt sich wie von einem Blitz durch eine höhere Macht getroffen. Wenn ein gleißendes Licht vom Himmel herniederströmt, um das hierauf vorbereitete Hirn zu durchströmen und das erglühte Herz in Brand zu setzen, dann hat der Mystiker fast jede Herrschaft über sich verloren. „Feuer, Feuer", rief Blaise Pascal. Mit Bewusstseinserweiterungen überflutet, kommt es zur vielbeschriebenen „unio mystica". Sie bildet das Kernstück aller traditionellen Mystik. In der Vereinigung sollen alle Differenzen und Grenzen zwischen dem Mystiker und dem Erfahrenen schwinden, die Unterschiede zwischen Subjekt und Objekt aufgehoben sein, Gefühle von höchster Intensität entstehen. Das Erlebnis der „unio mystica" wird zumeist als überwältigendes Glücks- und Harmoniegefühl beschrieben.

Das eigene Ich ist in der gefühlsseligen Ekstase wie tot. Im mystischen Erlebnis schwindet so nicht nur das Alltagsbewusstsein. Die Individualität überhaupt scheint aufgelöst zu sein. Die Ekstase vernichtet gleichsam den Mystiker zugunsten des mystisch Erfahrenen. Das Ich geht im mystischen Erlebnis auf, in dem es sich jetzt selbst als die Macht fühlt, mit der es verbunden ist. Hierdurch fühlt sich der Mystiker groß und wichtig. Zugleich aber fühlt sich der Mystiker klein und nichtig gegenüber der Macht, mit der er verschmilzt.

Normalerweise sind solche magischen Erlebnisse nur von kurzer Dauer. Sie währen bloß ein paar Augenblicke, vielleicht einige Minuten, im Ausnahmefall wenige Stunden. Darüber hinaus sind sie unbeschreiblich, wie William James betont.[175] Sie lassen sich nicht in Worte fassen. Alle Namen, und seien es Superlative, verfehlen das mystisch Erlebte. Darum wird das Göttliche oder All-Eine von den Mystikern auch als Nichts oder Leere bezeichnet. Gott sei mehr als allmächtig, allgütig und allwissend. Er sei sogar mehr als Gott.

Die Begründer der christlichen Mystik sind Euagrios von Pontos (4. Jhd.) und Dionysius Areopagita (6. Jhd). Dieser weigerte sich, Gott irgendwelche Prädikate zuzuschreiben. Gott sei weder Geist noch Seele oder Sein, weil der Unsagbare diese Begriffe alle unendlich überrage. Im 17. Jahrhundert bringt es Angelus Silesius auf den Punkt: „Gott ist ein lauter Nichts, ihn rührt kein Nun und Hier; je mehr du nach ihm greifst, je mehr entwind' er dir."[176] Um dennoch nicht bloß still in entrückter Trance oder verzückter Ekstase verharren zu müssen, teilen sich Mystiker in Vergleichen, Bildern, Analogien und Paradoxien mit. Sie umschreiben mystische Bewusstseinszustände als „laute Stille", „blendende Finsternis" oder „erfüllte Leere". Zudem werden mystische Vereinigungen gerne mit dem Liebesakt verglichen.

Erotik und Mystik

Alle Religionen bedienen sich erotischer Bilder zur Beschreibung ihrer intimen Erlebnisse mit Gott. Insbesondere die mystische Hingabe und Einswerdung scheint der sexuellen Ekstase zu ähneln. Seit jeher wird in der mystischen Poesie von aufbrausender Leidenschaft, Vereinigen, Zerfließen und Verschmelzen gesprochen. Es ist von vollkommener Ergebung die Rede, die, wie von einem Liebhaber erbeten, eine völlige Auslöschung des Geliebten fordert. So kann aus dem Novizen ein neuer Mensch werden, der im Augenblick seines Erglühens stürmisch bezwungen wird.

Gerade die mittelalterliche und frühneuzeitliche Frauenmystik gebraucht zur Beschreibung der „unio mystica" die Sprache der Minnedichtung. Bei Mechthild von Magdeburg kann man lesen: „O Herr, minne mich gewaltig und minne mich oft und lang; je öfter du mich minnest, umso reiner werde ich; je gewaltiger du mich minnest, umso schöner werde ich; je länger du mich minnest, umso heiliger werde ich hier auf Erden."[177] Ähnlich Teresa von Avila, der in einer mystischen Vision ein Engel erschien: „Ich sah in seinen Händen einen langen goldenen Pfeil, und an der Spitze dieses Eisens schien ein wenig Feuer zu züngeln. Mir war, als stieße er es mir einige Male ins Herz, und als würde es mir bis in die Eingeweide vordringen. Als er es herauszog, war mir, als würde er sie mit herausreißen und mich ganz und gar brennend vor starker Gottesliebe zurücklassen. (…) Es ist dies kein leiblicher, sondern ein geistiger Schmerz, auch wenn der Leib durchaus Anteil daran hat, und sogar ziemlich viel. Es ist eine so zärtliche Liebkosung, die sich hier zwischen der Seele und Gott ereignet."[178] Das Bild von der glühenden Durchbohrung ist in der mittelalterlichen Mystik mehrfach belegt, etwa bei Beatrix von Nazart, Mechthild von Hackeborn oder Dorothea von Montani. Alle drei fühlten sich von der überwältigenden Liebe Gottes wie von einem glühenden Geschoss durchdrungen.[179]

Inspiriert von der Heiligen Teresa hat der italienische Bildhauer des Barock Gian Lorenzo Bernini im Jahre 1674 die berühmte Skulptur *Die Verzückung der heiligen Teresa* vollendet. Sie steht in der Coronari Kapelle der Kirche Santa Maria della Vittoria in Rom. Das ekstatische Hochgefühl erfährt in der Inszenierung aus Marmor eine eindeutige Erklärung. Ganz unverblümt werden schmerzhafte Sehnsucht und körperliche Lust zum Ausdruck gebracht. Die leibliche Erfahrung der göttlichen Einheit wirkt wie ein Sexualakt. Es ist ein Schmachten, Glühen und Seufzen zu sehen. Der Betrachter nimmt ein Lustgefühl in Augenschein, das gegen die eigene Lebenserhaltung gleichgültig zu sein scheint.

Gleichfalls haben die Gemälde *Die Ekstase der heiligen Magdalena* von Rubens, Franceschini und Caravaggio eine starke erotische Färbung. Magdalena wirkt darauf, als ob sie vom brennenden Pfeil des Eros bis ins Mark durchschossen würde. Hauptsächlich Mystikerinnen beschreiben die Ekstase mit den Worten der sexuellen Verschmelzung, als sei der Herr mit feuriger Glut in sie gedrungen und geflossen. Es ist die Rede von spielender Liebesflut, Umarmungen, Küssen, die süßer als aller Honig seien. Christus wird als Geliebter, Bräutigam oder Gemahl angesprochen. Zur Ausmalung des mystischen Liebesaktes bedienen sich die Frauen gerne erotischer Bilder aus dem Hohelied Salomos.

Aus alledem wird deutlich: Mystische Askese ist oft verkappte sexuelle Ekstase. Durch die Einbeziehung erotischer Motive wurde es den Mystikerinnen und Mystikern möglich, unterdrückte sexuelle Impulse sozialverträglich auszuleben und auszudrücken. Zugleich aber drängt sich die erotische Ekstase als bloße Metapher unsagbarer spiritueller Erlebnisse regelrecht auf. Vermutlich gibt es keine bessere Möglichkeit, die mystische Erleuchtung, Einswerdung oder Überwältigung zu umschreiben als mit dem Vokabular der sexuellen Ekstase.

Drogen und Mystik

Seit Jahrtausenden besteht ein enger Zusammenhang zwischen Religion und Drogen. Früher wurden Rauschmittel vor allem im Rahmen religiöser Zeremonien zur spirituellen Bereicherung genommen. Mit deren Hilfe ließen sich Rauschvisionäre in Bewusstseinszustände versetzen, in denen sie sakrale Sphären zu berühren glaubten. Noch heute werden bisweilen religiöse Exzesse künstlich entfacht.

William James nimmt ein gleichberechtigtes Nebeneinander unterschiedlicher Bewusstseinsarten an, die durch hauchdünne Wände voneinander getrennt seien. Bereits die drogeninduzierte „Entregelung der Sinne"[180] lasse Rauschvisionäre in unbekannte Zonen der Wirklichkeit vorstoßen. Jedenfalls erfasse das normale, rationale Weltverständnis nicht alles, was ist. Drogen könnten zusätzliche Fenster zur Wirklichkeit aufstoßen, in verschlossene Kammern vordringen und die Rauschmystiker echtes Neuland betreten lassen. James misst mystischen Erfahrungsinhalten einen hohen Realitätswert bei. Rauschvisionäre würden sich keineswegs von der Realität abwenden, bloß um in imaginäre Traumwelten zu fliehen, sondern tiefer in die Wirklichkeit eindringen. Das normale Wachbewusstsein dagegen schlafe mit offenen Augen. Wenn sich dem drogenbeeinflussten mystischen Auge neue Aspekte der Wirklichkeit offenbaren und Einblicke in ferne Unendlichkeiten ergeben, dann werden aus einfachen Rauscherlebnissen komplexe Rauscherkenntnisse.

Ob William James, Henri Michaux, Aldous Huxley, Timothy Leary, Albrecht Hofmann oder Ernst Jünger: Sie alle kannten das religiöse Potenzial bewusstseinserweiternder Drogen aus eigenen Erlebnissen, die sie an die Schwelle großer Geheimnisse brachten. Mystik ist ein Tummelplatz für Abenteurer, die es in höhere Gefilde zieht. Psychoaktive Substanzen helfen ihnen, über den Rand des normalen Wachbewusstseins hinauszugelangen. Ihre psychedelischen Erfahrungen schildern Rauschgelehrte als ekstatisch mystisch, durch die sie einen Blick hinter die Erscheinungen werfen und mit den kosmischen Schwingungen oder der göttlichen Natur eins werden. In ihren visionären Erlebnissen schauen sie ein gleißendes Licht, Gott oder den Urgrund der Dinge, der allein nur dem inneren Auge zugänglich sei. Halluzinogene Substanzen wie die Kaktusdroge Meskalin, die Pilzdroge Psilocybin, der Ayahuacsa-Tee mit dem Wirkstoff DMT oder LSD können auf mystische Visionen ausgerichtete Meditationen wirkungsvoll unterstützen. Albert Hofmann, der Erfinder des LSD, spricht von „sakralen Drogen"[181], welche die Mystiker mit Gott vereinigten und in visionäre Seligkeit versetzten.

Moderne Rauschvisionäre und traditionelle Mystiker sind aufs engste miteinander verwandt. In *Politik der Ekstase* empfiehlt Timothy Leary, Begründer der amerikanischen psychedelischen Bewegung, aus dem Alltag auszusteigen („drop out"), sich umzudrehen, emporzuschwingen und antörnen zu lassen („turn on"), um dann innerlich verwandelt sich wieder zurückzugeben und das Leben gemäß den erlebten Visionen neu auszurichten („tune in").[182] Religiöse Erfahrungen ohne Drogen hielt Leary für genauso oberflächlich wie astronomische Beobachtungen ohne Teleskope. Natürlich seien Drogen künstlich. Doch Teleskope seien es auch. Trotzdem ermöglichten sie einen erweiterten, klareren und deutlicheren Blick in die Tiefe des Universums als das bloße Auge.

Gottlose Lebensmystik

Im 19. Jahrhundert traten neben die traditionelle Mystik vielfältige Formen gottloser Mystik. An die Stelle der Vereinigung mit Gott oder dem Göttlichen trat eine Verschmelzung mit dem Leben. Die transzendenten Mächte wichen immanenten Kräften, auf die sich das mystische Einheitserlebnis von jetzt an hauptsächlich bezog. An die Stelle religiöser Weltentrückung trat eine diesseitige Rauscherfahrung.[183] In dieser mystischen Verzückung spielt der Urgrund des göttlichen Seins keine Rolle mehr. Nun soll die ganze Fülle des Lebens in der mystischen Naturerfahrung fühlbar werden. Diese Form der diesseitigen Mystik geht teilweise auf Friedrich Nietzsche zurück. Nach dem frühen Nietzsche repräsentiert Dionysos das Ur-Eine. Der dionysische Rauschvisionär möchte mit dem ganzen Universum verschmelzen, indem er sich in den tiefsten Grund des Seins hinabstürzt.[184] Dieser ist kein transzendenter Gott mehr, sondern das in sich widerspruchsvolle und deshalb an sich selbst leidende unermessliche Leben, das ewige Werden und Vergehen. Wie im Kapitel *Rausch des Hasses* dargelegt, sollen sich bei griechischen Kulten und Festen die Schwärmer in dionysische Ekstase versetzt haben, deren wichtigstes Kennzeichen das sinnliche Übermaß gewesen sei. Im wilden Rausch der dionysischen Feiern seien alle Differenzen und Grenzen gesprengt worden, um mit dem innersten Kern aller Dinge eins werden zu können. Wonnevolle Verzückung, aber auch Schmerz und Entsetzen, Jubel und Schrecken ebenso wie Freuden- und Angstschreie hätten diesen Rausch zur höchsten Steigerung gebracht. Hierbei sei das in sich verkapselte, beengte Ich regelrecht aufgebrochen, um in einem Akt äußerster Selbsthingabe gemeinsam mit allen Orgienteilnehmern enthusiastisch im Ur-Einen zu versinken. Das rauschhafte Übermaß an Empfindungen, das ekstatische Delirium, das die Alltagsordnung zeitweilig außer Kraft setzte, hätte die Teilnehmer alle mit der Lust und Qual der Urmacht auf magische Weise verbunden. Dabei hätten sie nicht bloß deren unbändige Daseinsgier und Daseinslust zu spüren bekommen, sondern seien für ein paar Momente die ewig zeugende Urkraft selbst geworden.

Nietzsches gottlose Rauschmystik wirkt in der Lebensphilosophie Georges Batailles fort. Auch er ist ein „unerbittlicher Atheist",[185] der „weder an Gott noch an ein Weiterleben nach dem Tod"[186] glaubt, überzeugt davon, dass „alles, was man ist, sich als zerbrechlich und vergänglich enthüllt und (…) dazu bestimmt ist, sich in einer Art unbeständigen Dunst aufzulösen".[187] Bataille bettet alle sinnlichen Exzesse in eine spekulative Kosmosphilosophie ein, wonach die Natur ein exzessives Fest darstellt, bei dem riesige Energiemengen verschleudert werden. Es sei ein Grundgesetz des Lebens, überschüssige Energien nicht unbegrenzt anhäufen zu können, sondern verausgaben zu müssen. Bataille war überzeugt davon, dass die natürlichen Organismen über mehr Energie verfügten, als sie zu ihrer Erhaltung benötigten. Diese würden sie für ihr Wachstum einsetzen. „Wenn das System jedoch nicht mehr wachsen und der Energieüberschuss nicht gänzlich vom Wachstum absorbiert werden kann, muss er notwendig ohne Gewinn verloren gehen und verschwendet werden, willentlich oder nicht, in glorioser oder katastrophischer Form."[188] Exzessive Feste stellten Formen glorioser Verausgabung dar; bestialische Kriege und alle Orgien brutaler Gewalt seien Verausgabungen katastrophaler Art. Die menschliche Rausch- und Verschwendungslust stimmten mit dem allgemeinen Naturgeschehen überein, mit dem der Einzelne im Moment der orgiastischen Selbstverausgabung mystisch verschmelze. Ob archaische Rituale, indische Tempelprostitution, mittelalterliche Satanskulte, exzessive Erotik – im Grunde genommen gehe es stets darum, sich im sinnlichen Rausch einen Zugang zum All-Leben zu verschaffen. Bei der religiösen Tempelprostitution, spätestens seit Kaiser Constantin im römischen Reich abgeschafft, sollen Frauen sich Männern gegen Geld zu Ehren der Götter hingegeben haben.[189] Selbst wenn sie hiermit vordergründig um die Gunst der Götter warben, hätten alle Beteiligten damit doch hintergründig das überströmende Leben zum Ausdruck gebracht.

Ähnliches steht bei Ludwig Klages, den Bataille wohlgemerkt nicht kannte: „So wenig gleicht der kosmogonische Eros dem Zustand irgendeiner Bedürftigkeit, dass wir, was Drang in ihm, zu kennzeichnen haben als Drang des Überströmens, der strahlenden Ergießung, des maßlosen Sichverschenkens."[190] Doch der eigentliche Vater dieser Spekulationen heißt Nietzsche: „der Gesamt-Aspekt des Lebens ist nicht die Notlage, die Hungerlage, vielmehr der Reichtum, die Üppigkeit, selbst die absurde Verschwendung".[191]

Schwarze Mystik

Bataille propagiert eine schwarze Mystik, nach der ähnlich wie bei Nietzsche tiefe Schmerzerfahrungen uns dem wahren Sein näherbringen könnten. Wie Sterben ist Schmerz eine Wirklichkeit, die den Betroffenen radikal vereinsamt. Niemand hat Zugang zu fremdem Schmerz. Dieser lässt sich nur teilweise nachfühlen und mitteilen. Er kann nur metaphorisch beschrieben werden als stechend, bohrend, schneidend, beißend, zerreißend und brennend. Gebärden des Schmerzes sind Schreie, verzerrte Grimassen, gekrümmte Rücken. Mal pressen Schmerzen aus dem Körper stöhnende Seufzer oder markerschütternde Klagen heraus, mal ziehen sie den Gepeinigten ins versteinerte Schweigen zurück. Das Widerfahrnis des Schmerzes ist von absoluter Gegenwärtigkeit. Obwohl ohne Vergangenheit und Zukunft kann seine überwältigende Präsenz dauern. Nicht nur Worte, sondern auch Töne und Bilder eignen sich zur Darstellung von Schmerzen. Im Tryptichon *Drei Studien für eine Kreuzigung* hat Francis Bacon den Schmerz auf erschütternde Weise zur Anschauung gebracht. Bacon malte zahlreiche Bilder mit gequälten, gefolterten und aufgesprengten Körpern. Nicht selten haben seine verzerrt dargestellten Figuren den Mund weit aufgerissen, als ob der drangsalierte Leib hieraus entweichen möchte.

Das Empfinden unerträglicher Schmerzen wie etwa bei der chinesischen „Folter der Tausend Teile", bei der Häftlinge allmählich zerstückelt werden, kann nach Bataille den Gepeinigten die Augen für höchste Wahrheiten öffnen. Bataille deutet die chinesische Folter mystisch. Sie bleibe dem profanen Alltag unzugänglich. Höchste Schmerzen versetzten die Leidtragenden in ekstatische Zustände, in denen es zu einer Begegnung mit dem wahren Sein komme. Der Film *Martyrs* von Pascal Laugier versucht im Anschluss an Bataille solche intensiven Ekstasen in den Zuschauern virtuell hervorzurufen, indem er sie imaginär die Schmerzen des gegeißelten Jesus mitfühlen und hierdurch in eine sakrale Dimension eintreten lässt.

In diesen Zusammenhang gehören die *Lammzerreißungaktionen* und das *Orgien Mysterien Theater* von Hermann Nitsch, der selbst seine Nähe zu Nietzsche und Bataille hervorhebt.[192] Nitsch bot den Besuchern seiner Aktionskunst die Gelegenheit, Lämmer auszuweiden, in aufgeklafften Tierleibern und blutnassem Gedärm zu wühlen. Seine Aktionen mit frischem Blut, rohen Eingeweiden und Kot sprengen die geläufigen Tabus auf drastische Weise. Speziell das *Orgien Mysterien Theater* war ein Spiel, das sechs Tage dauerte. Es fand im österreichischen Prinzendorf vom 3. bis 9. August 1998 statt. Mehr als 500 Personen wirkten daran mit. Verschiedene Musikgruppen begleiteten das große Schlachtfest. Die Besucher durften die Kadaver von Stieren und Lämmern zerreißen, den eigenen Körper mit dem Blut und den Innereien der frisch geschlachteten Tiere besudeln, beides über sich ausschütten und darin pantschen. Bei dieser Austragung und anderen Inszenierungen ließ Nitsch die Tiere oft an Kreuzen aufhängen, bevor sie anschließend zerlegt wurden. Hierbei wurde eine Menge Wein getrunken, rohes Fleisch verschlungen, wild getanzt und zügellos bis zur Heiserkeit geschrien.[193]

Die Aktionskunst Nitschs erinnert an katholische Messen, archaische Religionen und griechische Tragödien. In der Tragödie *Backchen* von Euripides (5. Jhd. v.Chr.) versetzt Dionysos seine Anhängerinnen, die Mänaden, in trunkenen Wahnsinn. Unter dem Dröhnen ohrenbetäubender Klänge sollen sie nicht nur ausgelassen gefeiert und hemmungslos geliebt, sondern sich auch an rohem Fleisch gelabt haben. Nicht zufällig verlegt Euripides diese Szenen aus der Stadt in die Wildnis.

Nitsch hofft mit seinen Performances an den Urgrund des Lebens heranzukommen, den moderne Zivilisation und logischer Rationalismus verstellt hätten. Der Kunst sei es vorbehalten, die mystische Wahrheit der Welt zu retten. Sie lege gleichsam Bomben an unsere Seh- und Denkgewohnheiten, um das Leben wieder unverfälscht und dereguliert zur Wirkung kommen zu lassen. „Wir begreifen das Theater als eine wirklich magische Operation", schrieb bereits Antonin Artaud,[194] überzeugt davon, dass das Theater bis ins Zentrum des Lebens vordringen, gewissermaßen die Rückseite der Wirklichkeit berühren könne. In der Tradition der Lebensphilosophie begreift Nitsch in seinem *Orgien Mysterien Theater* die Welt als orgiastisches Geschehen, ein unaufhörlicher Prozess lebendiger Wollust, ein tragisches Drama von Erblühen und Vergehen, das er auch „Grundexzess" oder „Urexzess" nennt.[195] Durch seine wilden Aktionen sollen die Teilnehmer in den intensiven Genuss echter Lebensfülle kommen und sich in ihren Ekstasen mit den Urimpulsen der Natur verbinden. Das kosmische Ganze sei von einer unersättlichen Raserei des Lebens durchdrungen, für die nicht nur Lust und Freude, sondern auch Qual und Schmerz kennzeichnend seien. Aufgabe des Aktionstheaters sei es, die Besucher mit den unversiegbaren Quellen des pulsierenden Lebens in Kontakt zu bringen.

In seinen Aktionen knüpft Nitsch an den antiken Dionysos-Kult und die christliche Passion an. Beide berühren sich im Exzess des Martyriums. Aber wenn auch seine Kreuzigungen toter Tiere und Lammzerfleischungen an die christliche Tradition erinnern, so geht es ihm doch um dionysische Lebensaufwallung. Genau genommen möchte Nitsch die asketischen Religionen und ihre körperfeindlichen Ethiken mit seinen *Dionysos Aktionen* zerrütten. Wie Nietzsche und Bataille ist er davon überzeugt, dass die Menschen eins werden können mit dem kosmisch Dionysischen, dem sogenannten „Grundexzess", wenn sie sich ihrem dunklen Begehren in tobender Wollust hingeben. Die dionysische Naturkraft sei ein schöpferischer Impuls. Dieser sei in sexuellen Ausschweifungen oder sado-masochistischen Rauschzuständen genauso erfahrbar wie in ungebärdigen Tänzen und ohrenzerreißenden Gesängen, kurz, bei orgiastischen Feiern mit aufpeitschender Musik, die in der Antike zu Ehren von Dionysos abgehalten wurden.

Sehnsucht nach Tiefe

Nietzsche, Bataille und Nitsch beschreiben den Rausch des Dionysischen, den tanzenden Leib als wogende Ekstase, die den Enthusiasten mit dem elementaren Lebensstrom verbindet. Der Rausch, der im Widerspruch zur abstrakten Vernunft und geistigen Askese steht, gilt als Schlüssel zur schöpferischen Unendlichkeit des Lebens.

Alle gottlosen Lebensphilosophen, zu denen auch Fritz Mauthner und Gustav Landauer zählen,[196] verbindet eine große Sprach- und Wissenschaftsskepsis. Sie alle sind davon überzeugt, dass sich die Worte gleichsam vor die Dinge schieben und diese eher verdunkeln als erhellen. Gerade die Wahrheitsansprüche der modernen Naturwissenschaften werden zurückgewiesen. Wissenschaftliche Theorien seien bloße Interpretationen, deren Begriffe das wahre Sein verfehlten. Selbstverständlich klingende Ausdrücke wie Raum, Zeit, Ich, Seele entspräche nichts in der Realität.

Doch wozu dieses „ungeheure Gebälk und Bretterwerk der Begriffe", so Nietzsche,[197] wenn es nicht an die Wirklichkeit herankommt? Nach den Lebensphilosophen sind Intellekt, Sprache und Erkenntnis bloß Instrumente zum Überleben. Sie gleichen Werkzeugen, die wie Mimik und Gestik Kommunikation ermöglichen. Darüber hinaus helfen sie den Menschen, besser mit der Wirklichkeit zurande zu kommen und sich darin leichter zurechtzufinden. In letzter Beziehung sei die alltägliche Meinung, dass die Dinge so seien, wie landläufig angenommen, lediglich eine zweckmäßige Fiktion.

Hinter dieser starken Sprach- und Wissenschaftsskepsis der Lebensphilosophen brennt ein starkes Sinnbedürfnis nach ungestillter Tiefe und Fülle, das die traditionelle Religion zu befriedigen vermochte. Allerdings steht ihnen das alte Glaubensgebäude nicht mehr zur Verfügung, und die modernen Naturwissenschaften können Sinnbedürfnisse nicht befriedigen. Deshalb werden deren Geltungsansprüche relativiert, ja sogar negiert, um Platz für die gesuchte Tiefe und Fülle des Lebens zu finden, zu denen spezielle mystische Erlebnisse den Weg weisen. Bereits Nietzsche durchschaute diese Zusammenhänge, indem er schreibt: „Wenn Skepsis und Sehnsucht sich begatten, entsteht die Mystik."[198]

Lebensphilosophische Mystik ist atheistische Wiederverzauberung der Welt. Mit deren Unterstützung wie auch mit Hilfe der älteren Mystik lässt sich die Gefahr sozialunverträglicher Gewaltdelirien reduzieren, weil beide Formen bereits einen Teil der irrationalen Lebensenergien verbrauchen.

Zerfall des Ich

Sowohl für die traditionelle als auch für die lebensphilosophische Mystik ist eine Dezentrierung des Egos in der ekstatischen oder spirituellen Selbsthingabe charakteristisch. Rudolf Otto unterscheidet zwischen Majestasmystik und Uniomystik.[199] In ersterer fühlt sich der Mystiker in seiner Ekstase absolut ohnmächtig gegenüber einer Übermacht, die sich seiner bemächtigt. Im Gegensatz dazu versinkt der Uniomystiker in dieser Übermacht, mit der er zu verschmelzen glaubt. Hier wie dort kommt es zu einer Art inneren Sprengung des Egos, das seine bisherigen Grenzen überschreitet, um in einem Absoluten aufzugehen. Es wird durch die dionysische Erregung oder stille Leere gleichsam aufgelöst. Drogen können diese Erfahrung intensivieren, wie Henri Michaux in seinem Erfahrungsbericht *Turbulenz im Unendlichen* und Pitigrilli im Roman *Kokain* anschaulich darlegen.[200] In Gottfried Benns Gedicht *Kokain* ist die Rede von „Ich-Zerfall, dem süßen, tiefersehnten", der das Selbst von den Zwängen seines Wachbewusstseins befreit. Hier würden Impulse mit hohem Rauschwert gesetzt, welche die Alltagswelt durchstießen und zertrümmerten, um das Selbst an das „Ur", das Geheimnis des Seins, heranzuführen, das der Dichter allerdings nicht näher charakterisiert. Mit solchen Erfahrungen gehen ein gewisser Kontrollverlust und eine Verstandestrübung einher, weshalb in Hermann Hesses *Steppenwolf* über dem Eingang des Magischen Theaters die Worte stehen: „Eintritt kostet den Verstand".[201]

Die Kehrseite dieser Selbstauflösung ist ein besonderer Selbstgewinn. Der Mystiker kommt sich in seinen Erlebnissen auf ungewohnte Weise ganz nahe. Er nimmt das absolut „Andere" als das Innerste seiner selbst wahr. Alles Übrige verschwindet. Sein von Nöten und Beschwerden geplagtes Leben gilt jetzt nichts mehr. Die rauschhafte Erregung oder gelassene Stille lässt ihn für Momente seine täglichen Unruhen, Begierden und Mühen vergessen. Von allen egoistischen und egozentrischen Antrieben befreit, kommt sich der Mystiker äußerst klein gegenüber der Macht vor, die ihn heimsucht und in der er unterzugehen droht. Sie lehrt ihn, sich nicht so wichtig zu nehmen oder einige Schritte zurückzutreten. Erst dann wird es ihm möglich, sein Bewusstsein so zu erweitern, dass er – bildhaft formuliert – gänzlich aus sich heraustreten kann, um mit dem Ur-Einen eins zu werden.

Bei genauerem Hinsehen wird hinter den verschiedenartigen Gestalten der Rauschmystik das menschliche Bedürfnis nach Exzessen im Schattenriss sichtbar. In der Mystik wird dieses Bedürfnis religiös oder lebensphilosophisch überhöht, während es im modernen Aktionstheater künstlerisch und politisch überformt wird.

Theater der Grausamkeit

Humanismus und Aufklärung genügen den Menschen nicht. Es gibt eine Sehnsucht nach Ritualen irrationaler Selbstverausgabung, die entweder sozialunverträglich oder sozialverträglich ausgelebt werden. Im modernen Aktionstheater leben alte Opferrituale wieder auf. Wie die Performances von Hermann Nitsch zeigen, inszeniert das Aktionstheater rituelle Feste. Ursprünglich war das Theater ein sakraler Ort. Hier fanden Ereignisse statt, aus denen die Beteiligten verwandelt herausgehen sollten. Das moderne Aktionstheater, dessen Mitbegründer Antonin Artaud war, knüpft hieran an. Von Anbeginn leiht es dem dunklen Begehren des Menschen seine Stimme.

Eine Schockbehandlung

Wie Bataille stellte Antonin Artaud den Vorrang der Vernunft vor der Leidenschaft radikal in Frage. Wesentliche Tiefenschichten des menschlichen Daseins würden hierdurch verstellt, die sich am ehesten in drogeninduziertem Rausch offenbarten. Mit seinem 1935 gegründeten *Theater der Grausamkeit* versuchte Artaud die Besucher in Kontakt mit ihren prärationalen und prälogischen Lebensimpulsen zu bringen, welche durch die moderne Zivilisation verschüttet worden seien. Sein *Theater der Grausamkeit* inspirierte zahlreiche Künstler des 20. Jahrhunderts. Die Bühne soll das Publikum die eigene abgründige Vitalität spüren lassen und mit seinen verdrängten Seiten, dem „Abjekten", schonungslos konfrontieren.

Anfangs schloss sich Artaud der surrealistischen Gruppe um André Breton an, die gegen jede Art von politischer und geistiger Unterdrückung revoltierte, sich aber mehrheitlich gegen den Gebrauch von Drogen aussprach. Den Ausdruck Surrealismus prägte Guillaume Apollinaire im Jahre 1917. Auch ohne Rauschstoffe könne dem Bewusstsein die Klarheit nüchterner Reflexion genommen werden, meinten viele Avantgardisten. Unmittelbare körperliche Reaktionen ließen sich ebenso durch ungewohnte Sinneseindrücke und krasse Aktionen provozieren. Wie Action Painting bunte Farben so brachte Écriture automatique diffuse Texte spontan aufs Papier. Jedoch wollten Dadaismus, Surrealismus und Wiener Aktionismus nicht nur alle Interessierten mit ihren verstörenden Performances schockieren, sondern darüber hinaus von einengenden Tabus befreien. „Ich will ein Theater wie eine Schockbehandlung", schrieb Artaud.[202] Zu diesem Zweck wurden fraglos gültige Normen und Regeln auf der Bühne außer Kraft gesetzt. Der Zuschauer wurde körperlichen Erfahrungen ausgeliefert, die ihm normalerweise verschlossen blieben. Nicht selten löste diese Aufsprengung vertrauter Verhaltens- und Wahrnehmungsmuster bei den Menschen spontane Abwehrimpulse, ja eine Krise aus, die zu heftigen Protesten führte. Nicht wenige verließen schimpfend den Zuschauerraum.

Zum Repertoire solcher Aktionen gehören brutale Torturen wie das Zerbrechen von Glas mit der Hand, das Auspeitschen bis blutige Riemen sichtbar werden, das Ritzen mit Rasierklingen, das Kriechen über Scherben. Dazu kommen das Masturbieren, Urinieren und Defäkieren, sogar Beschmieren oder Verzehren von Kot und andere überschraubte Scheußlichkeiten. Mit solchen Events machte das *Theater der Grausamkeit* seinem Namen alle Ehre.

Speziell die Selbstverletzungen auf der Bühne wecken Assoziationen an freiwillige Selbstgeißelungen von Ordensleuten, mit denen sie Christus nachahmen. Allerdings fügen sich Menschen in vielen Religionen unaufgefordert Körperverletzungen zu. Wie bereits im Abschnitt über *Schwarze Magie* angedeutet, erhoffen sich Flagellanten, Yogis oder Fakire mit ihren Ritualen eine spirituelle Verwandlung. Ihre Selbstverwundungen finden im Rahmen der jeweiligen Religion statt und werden dieser entsprechend gedeutet. Die Aktionskunst knüpft an solche religiösen Praktiken an, steht aber in anderen Zusammenhängen.

Gleichzeitig weckt die Ereigniskunst Assoziationen an frühere Jahrmarktspektakel, wo Feuer- und Schwertschlucker, Seiltänzer, Schlangen- und Raubtierbändiger ihre Kunststücke einem breiten Publikum präsentierten. Obwohl solche Aktionen in der Regel unfallfrei bleiben, existiert ein Restrisiko. Jedes Kunststück bleibt ein Wagnis mit Verletzungsgefahr. So kann ein Tänzer jederzeit vom Drahtseil fallen, die Schlange oder der Löwe plötzlich zubeißen. Erst diese Möglichkeit macht den besonderen Reiz solcher Aktionen aus.

Andere Aktivitäten auf der Bühne erinnern an Hinrichtungen. Ebenso spielen sie auf sado-masochistische Sexualpraktiken wie auf Straf-

und Folteraktionen an. Allerdings geht es dem Aktionstheater nicht um die Darstellung solcher Abscheulichkeiten. Es geht auch nicht um mystische Erfahrungen. Im Grunde genommen produziert das Aktionstheater überhaupt keine Bedeutungen. Doch wozu dann dieser ganze Aufwand?

Schöne Gewalt

Irritierenderweise spricht Anfang des 20. Jahrhunderts Marinetti im *Manifest des Futurismus* von „Schönheit der Gewalt".[203] Hierunter versteht er weder furchtbare Kriege noch blutige Verbrechen, sondern primär die Überwindung von Mittelmäßigkeit durch starke Erregungen, hervorgerufen durch außerordentliche Situationen und gefährliche Augenblicke. Die Fantasie der Zuschauer soll durch gewaltsame künstlerische Aktionen angeregt und beunruhigt werden. Weit entfernt vom Alltag soll Kunst als Feier intensiver Momente starke Vibrationen auslösen, wozu aggressive Ekstasen gehören. Die Aufführungen sollen von einer solchen Intensität sein, dass sie den Betrachter unweigerlich mitreißen und den Sog des intensiven Lebens spüren lassen. Extreme Reize und verwirrende Schocks seien hierfür die geeigneten Mittel. Kunstwerke sollten eine stark verstörende Wirkung haben.

So befremdlich es klingt: Hierin stimmen Avantgarde und Terrorismus überein. Beide wenden sich gegen die bestehende Gesellschaftsordnung, die sie durch schockartige Aktionen aufzustören suchen – Terroristen durch reale Gewalt, Künstler durch virtuelle Gewalt.[204]

Breton schreibt im *Zweiten Surrealistischen Manifest* aus dem Jahre 1930: „Der einfachste surrealistischste Akt besteht darin, mit Revolvern in den Fäusten auf die Straße zu gehen und blindlings soviel wie möglich in die Menge zu schießen."[205] Symbolisch befürworteten die Surrealisten den linken Terror, der auf die gewaltsame Zerschlagung der bürgerlichen Gesellschaftsordnung, also von Familie, Kirche, Pflicht und Kapitalismus zielte. In Jean-Paul Sartres Novelle *Erostrate* beschießt ein Menschenhasser wahllos ein halbes Dutzend Menschen auf einem belebten Boulevard.

Nur ganz so wörtlich wollten die futuristischen, dadaistischen und surrealistischen Skandalkünstler mit ihren Aufrufen zu gewalttätigen

Handlungen nicht genommen werden. Obgleich sie auf politische und gesellschaftliche Wirkung aus waren, haben sie niemals Gewalt ausgeübt. Sie verspürten allenfalls eine diffuse Lust hierzu. Sie verstanden sich als problemsensible Intellektuelle, jedoch nicht als bewaffnete Aktivisten, selbst wenn sie mit Terroraktionen sympathisieren konnten. Ihre Waffen im Kampf gegen die verhassten Zustände blieben aber der Skandal, die plötzliche Unterbrechung der gewohnten Ordnung, der Schock. So machten sie Politik mit grenzüberschreitenden Kunstaktionen, indem sie die Ober- und Mittelschicht aufstörten, verhöhnten und brüskierten. Die Parole von der Vernichtung der bürgerlichen Welt blieb eine poetische Fiktion.

In den 60er Jahren protestierten Hippies gegen das Establishment. In drogeninduzierten Grenzüberschreitungen flohen sie nicht aus der Realität, sondern begehrten gegen die kapitalistische Gesellschaftsordnung, den Vietnamkrieg und die triebfeindliche Dressur der bürgerlichen Zwangsmoral auf. Der psychedelische Rausch stand im Dienste der Revolution gegen die herrschende Klassengesellschaft. Mit dem politischen Einsatz für eine bessere Welt ging eine Ablehnung von Familie, Kirche und Universität einher. Niemand sollte sich bloß der Ergründung seines drogenstimulierten Inneren widmen. Das Interesse der Gegenkultur an chemischer Bewusstseinsveränderung war wie das Aktionstheater politisch, weniger religiös-mystisch motiviert. Es wurde eine spirituelle Veränderung der Gesellschaft erstrebt, in der die Menschen in größerer Harmonie miteinander leben würden. Jedoch fand die drogeninspirierte Revolution nie statt.

Kunst als Leben

Aktionskünstler führen nicht mehr Kunstwerke auf, sondern leben Kunstereignisse aus. Alles, was auf der Bühne gezeigt und getan wird, soll nichts anderes darstellen als es darbietet. Mithin bildet die Aktionskunst nicht mehr eine Welt ab, welche die Zuschauer deuten sollen, sondern sie stellt ein Ereignis her, in das Schauspieler und Zuschauer gleichermaßen einbezogen werden. Die Theaterbesucher werden als Mitspieler gesehen. Sie werden an der Handlung beteiligt. Die Kluft zwischen Bühne und Parkett wird aufgehoben; die Barrieren dazwischen werden beiseite geräumt. Es findet eine Begegnung zwischen Schauspielern und Zuschauern statt.[206]

Die Aufführung entsagt jeglicher Illusion, um ins reale Leben treten zu können. Die Realität auf der Bühne ist nicht mehr nachgeahmte Wirklichkeit. Denn das Aktionstheater möchte keine Bedeutungen vermitteln, sondern lediglich Wirkung erzielen. Kunst und Leben werden einander angenähert. Während der Aufführung besteht zwischen Kunst und Wirklichkeit kein Unterschied mehr. Allerdings schafft die Inszenierung Spielräume für Publikumsreaktionen.

Der Einheit von Kunst und Leben im Theater entsprechen im öffentlichen Raum der Karneval der Kulturen, Christopher Street Days und andere schrille Events, deren Straßenaktionen die Grenzen zwischen Kunst und Leben gleichfalls niederreißen.

Wie Max Hermann und William R. Smith vertraten schon der frühe Nietzsche und der späte Richard Wagner die Auffassung, dass die Aufführung wichtiger sei als der Text und das Ritual bedeutsamer als der Mythos. Das Libretto gehe aus der Musik hervor. Grundlage jeder Religion sei mehr die Handlung als die Lehre, die Zeremonie und nicht das Dogma. Üblicherweise gilt im Theater ein Vorrang des Textes, den die Aufführung szenisch umsetzt. Doch schon Antonin Artaud lehnte das Theater als „Museum für Meisterwerke"[207] ab. Es gehe nicht um Wörter, sondern um Ergriffenheit: „Man muss Schluss machen mit dem Aberglauben der Texte und der geschriebenen Poesie (...). Ich schlage daher ein Theater vor, in dem körperliche, gewaltsame Bilder die Sensibilität des Zuschauers, der im Theater wie in einem Wirbelsturm höherer Kräfte gefangen ist, zermalmen und hypnotisieren."[208] Wie sich die Schauspieler auf der Bühne wild gebärden dürfen, genauso dürfen die gesprochenen Texte uneinheitlich und unlogisch sein. Satzgefüge werden in der Aktionskunst zerbrochen, Aussagen abgebrochen. Die Aktionen finden außerhalb alles Begrifflichen, Rationalen und Logischen statt. Alle Beteiligten sollen spüren, wie die Worte im Kopf zerbröseln und den Halt ihres vertrauten Sinns verlieren. Hierdurch möchte das Aktionstheater die Fesseln der gesprochenen Sprache sprengen.

Solche Durchbrechungen der unhinterfragten Alltagswelt und Sprachstruktur verbinden die Aktionskünstler mit den Mystikern, die ja gleichfalls bewusst aus der gewohnten Wahrnehmung heraustreten.

Triebimpuls und Lebensgier

Bei den Happenings, die das Theater in ein Fest verwandeln möchten, entstehen Gemeinschaften aus Akteuren und Zuschauern. Allerdings ist das gesteigerte Wir-Gefühl nur von kurzer Dauer. Es ist so flüchtig wie die Aktion selbst.

In erster Linie geht es um die emotionalen Reaktionen des Publikums. Wie ausgeführt, werden irritierende Schocks und überwältigende Gefühle bevorzugt, die sich natürlich nicht voraussagen lassen. Das Bewusstsein soll jeder Kontrolle enthoben werden. Gewalthaltige Präsentationen, die an brutale Opferrituale erinnern, möchten die Zuschauer das Fürchten lehren, aber auch in Erregung und Verwunderung versetzen. Mit Schau- und Angstlust fiebert der Besucher zuweilen sadomasochistischen Szenen entgegen. Am liebsten setzen Aktionskünstler das Publikum unvorbereitet krassen Bildern aus, indem sie etwa ihren Körper überraschenderweise verletzen. Solche ungewohnten Sinneseindrücke wollen den Einzelnen sich selbst intensiver spüren lassen. Die Aktion will starke Affekte hervorrufen, die dem Zuschauer die eigene Existenz auf neue Weise vergegenwärtigen sollen.

Im Extremfall ziehen die rituellen Handlungen die Besucher in den Urwald ihrer Gefühle hinein. In diesem Punkt stimmen Futuristen wie Filippo T. Marinetti, Dadaisten wie Tristan Tzara und Surrealisten wie André Breton überein. Deren gemeinsames Ziel heißt, intensive Situationen so zu konstruieren, dass mehr Leidenschaft in die Welt kommt. Die Menschen sollen ihre Fantasien und Träume, zu denen auch aggressive Impulse gehören, ungehemmter ausleben dürfen. Hierbei bleiben die Skandalkünstler von Marquis de Sade beeinflusst, der mit seinen Geschichten einerseits zu schockieren verstand, andererseits destruktive und erotische Kräfte zu entfesseln vermochte.

Wie die Surrealisten und Dadaisten sieht der Psychoanalytiker Jacques Lacan in der denkenden Vernunft eine bloße Maskerade und zelebriert daher die verworrene Sprache des Unbewussten. Den Imperativ Freuds: „Wo Es war, soll Ich werden", verwandelt Lacan in die Aufforderung: „Wo Ich war, soll Es werden". An die Stelle aufgeklärter Selbstbestimmung setzt er ein unstillbares Begehren, das er als Grundsignatur alles Menschlichen entschlüsselt.

Wie Lacan möchten die Aktionskünstler einen Beitrag zur Bewusstwerdung jener Begierden leisten, die durch die alltäglichen Zwänge zumeist verdrängt werden. Jeder habe einen Hang zu ungebändigter Wildheit, erotischer Besessenheit oder verbrecherischer Gewalt. In diesem Sinne sollen die Exzesse im Theater sonst eher ausgeschlossene Grenzerfahrungen ermöglichen, „in denen die geheimsten Triebfedern des Herzens bloßgelegt werden", wie Artaud betont.[209] Das Aktionstheater möchte also verborgene, unterdrückte, niederträchtige Triebimpulse, das „Abjekte", zum Ausdruck bringen, das für unser dunkles Begehren steht. „Ich gebrauche das Wort Grausamkeit im Sinne von Lebensgier", schreibt Artaud.[210] Hiernach geht es im *Theater der Grausamkeit* um die Befreiung unbewusster Kräfte durch Lockerung intellektueller Kontrollen. Verdrängte Vitalität soll sich in rasenden Ekstasen oder sadomasochistischen Orgien abreagieren, die am ehesten dem menschlichen Drang zu sinnlicher Intensität gerecht werden könnten. Im exzessiven Erleben bisher eingeklemmter Affekte sollen Energien zum Vorschein und Durchbruch kommen dürfen, für die wir uns sonst eher schämen. Hermann Nitsch schreibt: „Artaud sagte das gleiche, wofür ich genau ein Jahrzehnt lang unverstanden kämpfte (...). In beiden Fällen werden vom Theater affektive Entladungen erwartet, die in der Grausamkeit notwendigerweise gipfeln, aber diese Grausamkeit ist nichts anderes als intensives Leben."[211] Wie mystische Erfahrungen lassen sich solche heftigen Gefühlsausbrüche mit Hilfe von Drogen erheblich steigern.

Während die einen Aktionskünstler durch extreme Performances den Besuchern eine Gelegenheit geben möchten, ihr dunkles Begehren außerhalb furchtbarer Kriege und Gräueltaten besser kennenzulernen und teilweise auszuleben, sind andere stärker politisch ausgerichtet. In *Das Theater und sein Double* betont Artaud, dass das Theater kein Double der Realität sei, sondern umgekehrt die Wirklichkeit das Theater doubele, da die Aktionskunst die wahre politische Realität freilege. Hierdurch wende sich das Theater gegen die repressiven Mechanismen der Gesellschaft. Aktionskünstler möchten die Menschen aus den Fangnetzen der alltäglichen Verblendung befreien, die ihnen Trugbilder als harte Realitäten vorgaukele. Mehr oder weniger scharf attackieren sie mit ihren ebenso chaotischen wie anarchischen Aktionen die bestehende Gesellschaft, Recht, Religion und Konvention. Hierbei reicht die

Aktionskunst, die einengende Strukturen aufbricht, bis an den Wahnsinn heran, mit dem sie selbst geschlagen zu sein scheint.

Wahnsinn und Begehren

Bataille, Lacan und Foucault verbindet das starke Interesse an Außenseitern, Wahnsinnigen, Angehörigen von Unterschichten, Bettlern, Prostituierten, den Randerscheinungen der Gesellschaft. Wie die Aktionskünstler, aber auch Lacan und Bataille hebt Foucault in *Wahnsinn und Gesellschaft* den repressiven Charakter der abendländischen Vernunft hervor.[212] Speziell am Beispiel des neuzeitlichen Umgangs mit Wahnsinnigen greift auch er die vorherrschende Ordnung an. Zunächst sei der Wahnsinn hinter die Mauern von Irrenhäusern verbannt worden. Dann seien an die Stelle bloßer Verwahranstalten psychiatrische Kliniken getreten, die sich um eine freundliche Behandlung und Heilung der Patienten bemühten. Hier wie dort wurden die Verrückten aus dem öffentlichen Leben entfernt. Die Vernunft verweigerte den Dialog mit ihnen. Sie sah in Wahnsinnigen das Gegenteil von Vernunftwesen. Beide verfügten nicht über eine gemeinsame Sprache. Die Sprache der Psychologie zur Erfassung des Wahnsinns sei durch und durch vernünftig. Deshalb komme der Wahnsinn darin nicht selbst zu Wort. Dagegen sei der Wahnsinn in Spätmittelalter und Renaissance allgegenwärtig gewesen. In Sebastian Brants *Narrenschiff* vom Ende des 15. Jahrhunderts erscheinen sogar die Normalen als verrückt. Jeder sei ein Narr, der Habgierige, der keine Freude kenne, ebenso wie der Weise, der das rechte Maß verfehle. Brant setzt dem Erdentreiben eine Narrenkappe auf.

Damals beruhte die Faszinationskraft der Irren darauf, dass sich der Normalbürger in ihnen ein Stück weit wiederfand. Doch als die Vorboten der Aufklärung Mitte des 17. Jahrhunderts erschienen, sei es mit der gesellschaftlichen Duldung der Wahnsinnigen vorüber gewesen. Die Aufklärung brachte deren Stimme zum Verstummen, indem sie eine strikte Trennlinie zwischen Wahnsinn und Normalität zog. Nun wurden die Irren gemeinsam mit Bettlern, Armen und Vagabunden hinter Anstaltstüren weggeschlossen.

Bis heute wird Foucault zufolge die Sprache der Idiotie nicht angemessen entziffert. Wie E.T.A. Hoffmann vermutet er im Wahnsinn ein tieferes Verständnis der Lebens- und Weltzusammenhänge. Der Irrsinn könne die Tür zur Wahrheit öffnen. In mancher Beziehung hätten Geistesgestörte einen besseren Durchblick als Normale, deren Wachbewusstsein zuweilen die Wahrheit verbaue. In der zweiten Hälfte des 20. Jahrhunderts wurde die Vorstellung geradezu Mode, dass Geisteskranke der Wahrheit näher stünden als sogenannte Gesunde. Bereits Nietzsche vertrat die Auffassung: „überall, wo es Wahnsinn gibt, gibt es auch ein Korn Genie, etwas Göttliches."[213] In diesem Zusammenhang verweist Foucault auf die großen Umnachteten der Antike, Ödipus, Medeia, Orestes, sowie auf Nietzsche, Hölderlin, Vincent van Gogh, Rimbaud, Nerval oder Antonin Artaud. Nur welche Wahrheit bringt deren Wahnsinn denn zum Vorschein? Der Wahnsinn ist für Foucault ein Statthalter unseres dunklen Begehrens, des „Abjekten", das durch die offizielle Ordnung und Vernunft unterminiert wird, aber durchaus ein Existenzrecht besitzt, weil es das Leben wunderbar bereichert.

Rituale der guten Laune

So sehr wir Menschen tragender Strukturen bedürfen, so sehr sehnen wir uns nach zeitweiliger Aufhebung der Routinen. Menschen haben ein unstillbares Verlangen, etwas Außeralltägliches am eigenen Leib zu erfahren. Selbst wenn sich nicht jeder zu jeder Zeit ekstatischer Grenzenlosigkeit verschreiben möchte, so steckt doch fast in allen der Wunsch, hin und wieder aus dem geordneten Alltag auszubrechen. Wie viele sind auf der Suche nach aufregenden Abenteuern, Extremsituationen, in denen sie sich selbst überwinden, Neues erforschen, sich mal extravagant fühlen dürfen. Manche möchten es sogar noch genauer wissen und experimentieren mit riskanten Situation. „Testing the lines", heißt deren Motto. Andere ziehen ein kurzes intensives Leben einem langen öden vor, der Regel gemäß: „Live fast, love deep and die young". Die traditionelle und moderne Mystik sowie die avantgardistische Aktionskunst entwickeln Kulturformen, die dem Verlangen nach intensiven Momenten entsprechen. Sie lenken dieses Bedürfnis in Bahnen, auf denen brutale und kriegerische Gewalt ausgeschlossen bleibt, weil sie den Bedarf an knalligen Exzessen auf andere Weise decken. Unklar ist nur, ob sich auch die Wahrheitsansprüche von Mystik und Aktionskunst einlösen lassen.

Überzogene Wahrheitsansprüche

Die traditionelle Mystik ist auf Gott bezogen. Es geht ihr in der Hauptsache um Einswerdung oder Verschmelzung mit dem Göttlichen. Der Visionär hofft auf eine advaitische Einheitsschau, eine Seinserfahrung jenseits aller Vielheit oder einfach nur von der lebendigen Gegenwart Gottes ergriffen zu werden. Buddhisten, Hinduisten, Taoisten, Sufisten, Christen und Neuplatoniker spüren in ihren mystischen Erlebnissen die ebenso unbeschreibliche wie unbezweifelbare Gegenwart einer höheren Kraft. Diese sei im Augenblick der Präsenz unwiderleglich da.

Traditionelle Naturmystiker zielen dagegen auf eine Verschmelzung mit der Totalität der Natur, dem All-Einen, dem Kosmos, den sie vergöttlichen und mit dem sie eins zu werden hoffen. Sie sehen alle Unterschiede zwischen den Dingen im mystischen Einheitsgefühl schwinden, in dem sie das eine Wesen der Welt schauen und an der alles durchdringenden Lebenskraft oder Weltseele teilhaben.

Andere entdecken im mystischen Erleben das eigene höhere Selbst. Sie glauben durch mystische Einkehr und Versenkung tiefe Einsichten in ihre wahre Natur zu finden. Nicht selten wird dabei die Psyche mit einem Palimpsest, einem mehrfach überschriebenen Pergament, verglichen, dessen oberster Text mühelos lesbar ist, während die darunter liegenden Schichten verborgen, aber immer noch vorhanden und entzifferbar sind. Ähnlich sei die menschliche Psyche aufgebaut.

Als bewährte Helfer der aufregenden Reisen ins Göttliche, den unendlichen Innenraum der Natur und der Seele gelten Drogen.

Allerdings sind die mystischen Ansprüche, das Göttliche, die Geheimnisse der unergründlichen Natur und des wahren Selbst zu schauen, überaus anmaßend. Denn mystische Erlebnisse können uns solche Erkenntnisse bloß in den entsprechenden taoistischen, buddhistischen, sufistischen, christlichen, neuplatonischen oder lebensphilosophischen Bezugsrahmen schenken. Mystik gibt es immer nur innerhalb historischer, zumeist religiöser Traditionen, ja sogar bloß in speziellen theologischen oder philosophischen Ausprägungen. Mystische Erfahrungen orientieren sich an historisch-kulturellen Sinnzusammenhängen, in die sie stets eingebettet bleiben. Sie entsprechen den Gottes-, Natur und Lebensvorstellungen, die durch das soziale Umfeld nahegelegt werden. Der kulturelle Kontext bestimmt größtenteils die Inhalte mystischer Erleuchtungen, die von Zeit zu Zeit wechseln.

Somit basieren die mystischen Bekenntnisse auf Zuschreibungen und Konstruktionen, die nur zutreffen, wenn auch die jeweiligen Religionen wahr sind, aber sie können nicht belegen, dass sie wahr sind. Da der Verfasser aus Gründen, die andernorts dargelegt wurden,[214] die Auffassung vertritt, dass die traditionellen Religionen nicht mehr überzeugen, kann er alle durch religiöse Eingebung vermittelten Wahrheiten nur für schillernde Truggespinste, Einbildungen, Fantastereien halten. Das gilt ebenso für die dionysischen Exzesse spekulativer Lebensphilosophien von Nietzsche über Henri Bergson und Ludwig Klages bis Bataille und Nitsch. Kein bisschen Wahrheit steckt dahinter.

Dadurch werden nicht die Erlebnisse selbst ungültig, sondern lediglich die aus ihnen entwickelten Erkenntnisse. Nicht die extremen

Gefühlszustände werden bestritten, sondern bloß die damit verbundenen Wahrheitsansprüche zurückgewiesen. Die Gefühlszustände selbst bleiben weltanschaulich neutral, weshalb ja auch die Emotionen und Imaginationen, auf denen mystische Erfahrungen beruhen, fast alle miteinander vergleichbar sind. Die Religionen sprechen in dieser Beziehung nahezu alle die gleiche Sprache.

Mystische Ekstasen sind nur möglich, wenn der Mensch, vom Lebensdruck entlastet, über genug Energien zur Existenzsteigerung verfügt. Ein solches „Experimentieren der Menschheit mit sich selber"[215] wie in der Mystik beruht auf einer übersteigerten Sensibilität und dem Abbau eingeübter Hemmungen. Natürlich gründen solche Bewusstseinszustände auf speziellen neuronalen Vorgängen. Sie sind an bestimmte Hirnaktivitäten mit Ausschüttung körpereigener Botenstoffe gebunden. Die Poesie übernatürlicher Erfahrungen basiert auf der Prosa höchst natürlicher Ursachen. Sie ist von speziellen Aktivitäten des limbischen Systems und anderer Hirnareale, der Freisetzung von Serotonin, Noradrenalin, Dopamin und weiterer Substanzen abhängig. Jede rauschartige Vereinigung mit dem Göttlichen, der Natur oder sonstigen Mächten wird mit Sexualhormonen wie etwa Oxytocin überflutet. Deshalb darf die traditionelle Einbeziehung erotischer Motive bei der Beschreibung mystischer Erlebnisse nicht weiter verwundern.

Neurowissenschaft und Mystik bilden ein neueres Forschungsgebiet. Zweifellos trägt die Aufdeckung der neuronalen und hormonellen Grundlagen mystischer Erlebnisse zu deren Entzauberung bei. Immanuel Kant hatte für mystische Erfahrungen nichts übrig: „Wenn ein hypochondrischer Wind in den Eingeweiden tobt, so kommt es darauf an, welche Richtung er nimmt, geht er abwärts, so wird daraus ein F-, steigt er aber aufwärts, so ist es eine Erscheinung oder eine heilige Eingebung", schrieb er spöttisch.[216] Da mystische oder mystikähnliche Delirien aufs engste mit der Über- und Unterproduktion körpereigener Stoffe zusammenhängen, lassen sie sich relativ leicht unter Drogeneinfluss herstellen. Je nachdem, in welchem kulturellen Kontext man sich bewegt, können ganz unterschiedliche religiöse Erfahrungen durch den Konsum von GHB, LSD, DMT, Special K, Cannabis und anderer Intensifikatoren entstehen. Aber Rauscherlebnisse führen nicht zu gültigen Rauscherkenntnissen, in denen die Visionäre vorgeblich mit dem göttlichen Urgrund oder dem Geheimnis des Seins in spürbaren Kontakt treten. Drogeninduzierte Träume sind Schäume. Sie haben keinen Wahrheitswert. Hierbei handelt es sich vermutlich nur um vermehrte Ausschüttungen von Neurotransmittern und Hormonen, die ebenso irrationale Hochgefühle wie religiöse Erhebungen verursachen können.

Vielleicht sind mystische Bewusstseinserweiterungen lediglich Bewusstseinsverengungen, mentale Verzerrungen, Geistesstörungen, die das Urteilsvermögen trüben. Von Visionen ist es nur ein kleiner Schritt zu Halluzinationen, krankhaften Täuschungen und verwirrten Seelenzuständen. Möglicherweise ist mystische Begnadung auch dämonische Besessenheit oder einfach nur irrwitzige Anmaßung. Nachdenkliche Visionäre bleiben unsicher über den Wert ihrer Ausblicke auf Sphären, die dem normalen Wachbewusstsein verschlossen bleiben. Es fehlt der Maßstab, mit dessen Hilfe solche Erfahrungen als normal oder anormal eingestuft werden können. Aus aufgeklärt rationaler Perspektive gibt es gute Gründe, allen Schamanen, Wundertätern, Medizinmännern und Wahrsagern zu misstrauen.

Festtage

Mögen mystische Visionen und Ekstasen mit noch so viel Hohn und Spott überschüttet werden, das Bedürfnis hiernach ist unausrottbar, wie die gottlose Mystik der Lebensphilosophen belegt. Der christliche Gott ist zwar für viele inzwischen tot, aber die Sehnsucht nach einer Verschmelzung mit etwas Göttlichem in wortlosen Ekstasen besteht unvermindert fort. Bereits im Jahre 1920 schrieb Gustav Sack: „Das ist's, es ist eine Flucht, die Flucht des modernen Menschen (...) zu einem begriffslosen erhabenen Dösen. (...) Unsere besten kritischen Geister resignieren noch; der alte Gott und sein Schatten, das Ureine und die gefühlsselige Vereinigung mit diesem Ureinen, will noch nicht tot in ihnen sein; sie haben noch nicht die Kraft der restlosen Konsequenz."[217]

Der religionskritische Aufklärer widersteht dieser Sehnsucht nach neuer Geborgenheit in einer vergöttlichten Natur. Für ihn ist die gottlose Mystik der Lebensphilosophen genauso töricht wie jede religiöse Mystik. Alle mystischen Wahrheitsansprüche werden von ihm zurückgewiesen. Allerdings bezweifelt er damit nicht das menschliche Verlangen nach Erlebnisintensität. Rauscherkenntnisse mögen umstritten sein, Rauscherlebnisse sind unbestreitbar. Gerade heute wird das Leben gerne als Erlebnisprojekt definiert, in dem Erlebnisdichte und Erlebnisqualität über mögliches Gelingen entscheiden. Wie viele sind auf der dauernden Suche nach ozeanischen Gefühlen. Sie versuchen ihren Erlebnispegel konstant hoch zu halten, ja sogar kontinuierlich zu erhöhen. Dabei bleibt ihr Begehren unersättlich, wie es in einem bekannten Song heißt: *I can't get no satisfaction.* In diesem Extremismus der Erregung suchen die Menschen nicht bloß nach Auswegen aus ihrem bedrückenden Alltag, sondern das pralle Leben selbst.

In traditionellen Gesellschaften gibt es hierfür festliche Rituale, die jährlich zu bestimmten Zeiten an ausgewählten Orten stattfinden und die geltende Ordnung zeitweilig ausheben. So leiten viele Kulturen den Jahreswechsel oder Frühlingsbeginn mit viel Getöse ein. Angestachelt durch rasselnde Trommeln und wilde Tänze, werden in Orgien voller Lebensfreude die bösen Geister ausgetrieben und die guten Geister angetrieben, das Gras sprießen, die Wälder grünen, die Blumen blühen und das Korn wachsen zu lassen. Es finden Ausbrüche ungezügelter Leidenschaft statt, die allerdings in religiöse Riten eingebettet bleiben. Diese sollen Mutter Erde dazu bewegen, üppige Blüten und Früchte hervorzubringen.[218] In alten Stammeskulturen kehren solche religiös motivierten Unterbrechungen des Alltags jährlich wieder, die der Gemeinschaft obszöne Ausgelassenheit erlauben, welche Anstand und Höflichkeit für gewöhnlich untersagen. Bei solchen Feiern dürfen sexuelle und aggressive Rohenergien entfaltet werden, die sonst eher domestiziert bleiben, weil sie sich gegen den Einzelnen und die Ordnung richten. Dabei entspricht der Trennung von Alltag und Festtag, Werktag und Sonntag, „Struktur und Anti-Struktur"[219], wie Victor Turner diesen Gegensatz nennt, die Unterscheidung zwischen profan und sakral. Das Leben archaischer Kulturen geht abwechselnd durch zwei Phasen, so auch Emile Durkheim: „In der ersten Phase herrscht die ökonomische Tätigkeit vor, die im Allgemeinen sehr wenig intensiv ist (…), gleichförmig, schleppend und farblos." In der zweiten Phasen herrscht dagegen ein „geregelter Tumult"; eine „heftige Überreizung des physischen und geistigen Lebens". In der Zeit religiöser Feierlichkeiten laufen die mystisch Entrückten wie Irre umher. Sie heulen, tanzen, „begatten sich entgegen den Regeln, die sonst den Sexualverkehr lenken". Es entsteht eine bis zur Raserei aufgepeitschte „Wildheit, die mit Worten nicht zu schildern ist".[220]

Solche hohen Tage zelebrieren das Leben. Sie sind „holy days" (holiday), also „heilige Tage", welche den gleichförmigen Fluss der Zeit unterbrechen, um neue Kräfte in die erschlafften Schläuche des Alltags zu pumpen. Doch indem sie durch fröhlichen Zeitvertreib die Grenzen des tristen Alltags überschreiten, gewähren sie dem Einzelnen nicht bloß Ferien vom beschwerlichen Dasein; bemerkenswerterweise bedeutet „feria" soviel wie „Fest". Darüber hinaus bieten sie ihm eine Gelegenheit, sein dunkles Begehren sozialverträglich auszuleben, das andernfalls vielleicht Orgien grausamer Gewalt entfesselt hätte.

Übergangsriten

Wie seit Menschengedenken die Gemeinschaft regelmäßig wiederkehrende Einschnitte im Jahreszyklus zelebriert, genauso begleitet sie die großen Zäsuren im Leben des Einzelnen mit speziellen Ritualen – etwa an den Übergängen von Jugend zum Erwachsenenalter, Junggesellenstatus zur Ehe, Leben zum Tod. Solche Wechsel von einem Lebensabschnitt in den nächsten sind heikel, weil sie mit starken Veränderungen einhergehen. Deshalb werden sie für gewöhnlich rituell gestaltet. Ethnologen sprechen von Übergangsriten, die in drei Abschnitte zerfallen: Trennungsphase, in der etwa pubertierende Jugendliche aus ihrer gewohnten Umgebung herausgenommen werden. Anschließend werden sie in einer Schwellenphase durch besondere Rituale unter Mitwirkung magischer Kräfte in junge Erwachsene und Krieger verwandelt. Eine Schwelle ist eine Zone des Übergangs, in welcher der Jugendliche solange als tot gilt, bis er als junger Mann zu neuem Leben erwacht. In einer dritten, abschließenden Phase werden die jungen Männer mit neuem Status in die alte Gemeinschaft wieder feierlich aufgenommen. Solche Initiationsriten sollen den Jugendlichen ihre neuen Rollen erleichtern.[221]

Die Schwellenphase wird auch liminale Phase genannt (limen/Schwelle).[222] In diesem Stadium ist die alltägliche Ordnung mitsamt ihren sozialen Hierarchien gänzlich außer Kraft gesetzt. Alle sind in der Schwellenphase gleich. Hier zählt weder Rang noch Eigentum. In der Übergangszeit bleiben alle Novizen ohne gesellschaftlichen Status. Das Leben auf der Schwelle hat anarchischen Charakter. Sie markiert einen Ausnahmezustand. Nicht mehr Knabe und noch nicht Mann darf der Jugendliche nahezu ungezügelt seine Lebensimpulse ausleben. Sexuelle Freizügigkeit ist erlaubt. Im Extremfall verkehren alle mit allen. Sado-masochistische und homosexuelle Spiele sind gestattet. Dazu werden die nackten Körper bunt bemalt oder mit feuchter Erde bestrichen. Tarnung fördert Enthemmung.

Allgemein verleihen Gesichtsbemalungen den archaischen Stammesmitgliedern ihre Würde.[223] In den *Traurigen Tropen* führt Claude Lévi-Strauss aus, dass sie nicht das Gesicht entstellen, sondern den Übergang des Menschen von der Natur zur Kultur anzeigen. Außerdem drücken Gesichtsmalereien gesellschaftliche Rangstufen aus.[224]

Diese Einordnungen stehen nicht im Widerspruch zu ihrer Bedeutung in Übergangsriten. Dort repräsentieren spärliche Bekleidung, Nacktheit oder Maskierung die Aufhebung der gewohnten Ordnung. Sie markieren den Verlust der bisherigen Identität des Einzelnen zugunsten einer Anonymität, die einen geregelt enthemmten Lebensstil erlaubt. Beschränkt schrankenlose Exzesse sind zwar nicht immer, aber häufig Bestandteil archaischer Übergangsriten.

Seit frühester Zeit werden Rauschmittel, spezielle Früchte, Pilze und Pflanzen zur Unterstützung ritueller Ekstasen eingesetzt. Rauschmittel sind feste Elemente der Reifeweihen. Mit der Verwandlung des Jugendlichen in einen Mann gehen spezielle Erfahrungen einher, die auf das Wirken übernatürlicher Kräfte zurückgeführt werden. Gebet, Tanz und Drogen lassen den Jugendlichen in Trance fallen, die ihn mit höheren Mächten in Berührung bringt. Es wird getanzt und gesungen, bis es zu magisch-mystischen Erlebnissen kommt, in denen der junge Mann neugeboren wird. Bei solch sinnenfrohen, sozialverträglichen Selbstverausgabungen tobt sich das dunkle Begehren so aus, dass fast jede Lust auf blutige Gewalttaten schwindet.

Karneval

Die in die Alltagszeit eingelagerten Jahres- und Lebensrituale der Weltreligionen, etwa Weihnachts- und Osterfest, Kommunion, Konfirmation oder Hochzeitsfeier im Christentum, sind nur noch ein blasser Abglanz archaischer Zeremonien. Doch sind auch sie Übergangsrituale, bei denen die Gläubigen in Kontakt zu höheren Mächten treten.

Speziell der Eintritt ins Kloster teilt sich in drei Phasen: Trennung vom weltlichen Leben, dann Noviziat und schließlich Aufnahme in die Ordensgemeinschaft. Nicht selten symbolisiert ein spezieller Haarschnitt des Novizen wie der des Rekruten beim Militär den Wechsel von der alten Lebensform zur neuen.

Das Christentum kennt viele Übergänge. Hierzu gehört der Karneval, die tollen Tage mit bunten Verkleidungen und volkstümlichem Frohsinn, der von Köln bis Rio de Janeiro die Straßen regelrecht vibrieren lässt. Bis heute ermöglicht Karneval das unmittelbare Ausleben animalischer Lebenszüge. Karneval erinnert an archaische Schwellenphasen, in denen die Menschen temporär aus dem Alltag aussteigen. Auch beim Karneval kommt es zu Maskierungen und Exzessen, welche die soziale Hierarchie auf den Kopf stellen. Für kurze Zeit tritt das Leben aus seiner üblichen Bahn. Der Karneval hebt den Ernst des Lebens aus den Angeln, um an dessen Stelle eine fröhliche Lachkultur zu setzen. Die allgemeine Zügellosigkeit erlaubt fast jedermann, beinahe alles zu sagen und zu tun.[225] Diese sich jährlich wiederholenden Inseln der Fröhlichkeit befreien die Bürger nicht nur von äußeren, sondern auch von inneren Zensuren. An die Stelle der gewöhnlichen Beschränkungen tritt ein ausgelassenes Treiben. Die herrschenden Verhältnisse werden umgestülpt. Im Rollentausch von Mann und Frau, Untertan und Obrigkeit wird für ein paar Tage die bestehende Werteordnung ausgehebelt. Im Schutz des Lachens wird im Karneval das Offizielle parodiert, ja verhöhnt. Der zeitweilige Umsturz der Ordnung in übermütigen Narrenfesten und originellen Kostümbelustigungen hat für alle Beteiligten eine befreiende Wirkung.[226] Die Freude am Unsinn ist groß. Wer Karneval feiert, ist davor gefeit, in sinnlose Kriege gezogen zu werden, um heißwütig oder kaltblütig zu morden.

Vorläufer des christlichen Karnevals sind die römischen Saturnalien, bei denen gleichfalls die geläufigen Fesseln des Gesetzes und der Moral aufgelöst wurden, damit sich die Bevölkerung überschwänglicher Lustigkeit und zuchtloser Fröhlichkeit hingeben konnte. Der Karneval des Altertums feierte Saturn, den Gott der Saat und Landwirtschaft.[227]

Obgleich die närrischen Tage inzwischen vielerorts zu oberflächlicher Zerstreuung verblasst sind, so haben sie doch bis heute teilweise anarchischen Charakter. Für viele Narren fühlt es sich gut an, mal die Zügel von Anstand und Moral schleifen zu lassen, bevor zu Beginn der Fastenzeit das alte soziale Gefüge wieder hergestellt wird. Auf die Zeit der Ekstase folgen im Kirchenjahr sechs Wochen strenge Askese.

Auf der Suche nach Intensität

Obwohl die Relevanz kirchlicher Rituale hierzulande zusehends schwindet, ist der menschliche Zeremonienbedarf an den Wendepunkten des Lebens ungebrochen: Neugeborene werden auf der Erde ohne Taufe feierlich begrüßt, Frischverheiratete geben ohne Segen schöne Versprechen voreinander in festlichem Rahmen ab, Tote werden ohne Priester mit Unterstützung professioneller Grabredner würdig beigesetzt. Heute gibt es eine Reihe neuer Formen im Umgang mit den dramatischen Zäsuren des Lebens und dem Unverfügbaren von Dasein, Geschichte und Kosmos.

Aber wie schon den christlichen Übergangsriten fehlen den säkularen Übergangsfeiern die wilden sinnlichen Ekstasen, wie sie für die liminalen Rituale archaischer Stammeskulturen charakteristisch waren. Gleichwohl kennt der heutige Mensch heikle Phasen voller Intensität. In der modernen Gesellschaft gibt es spezielle Orte, wo das Anarchische alter Kulturen in abgewandelter Form fortexistiert. Zwar hat sich das Liminale in unserer Gesellschaft von religiösen Kulten weitgehend befreit, dafür aber sind ganz neue Erlebnisräume entstanden. Diese stehen weder in Zusammenhang mit zyklisch wiederkehrenden Übergangsriten noch mit magischen Praktiken oder mystischen Offenbarungen. Deshalb spricht man mit Bezug auf diese neuen Formen auch von Liminoidem, was soviel heißt, wie dem Liminalen ähnlich zu sein. Dem Liminoiden fehlt jede höhere Botschaft mit magischer Qualität. Es behauptet nicht, mit übernatürlichen Mächten in Kontakt treten zu können. Mystische Wahrheitsansprüche bleiben suspendiert. Gleichwohl eignet dem Liminoiden ein ganz eigener Zauber. Das Ende des religiös Magischen bedeutet nicht das Ende des existenziell Zauberhaften. Beim Liminoiden geht es nicht mehr um mystische Einswerdung mit Gott, dem Ur-Einen oder der All-Natur, sondern lediglich um die volle Intensität des Begehrens, das aus allen religiösen, kunstmagischen und politischen Verschalungen herausgenommen wird. Solche dichten Erfahrungen, welche die rationale Fassungskraft und den vertrauten Alltag übersteigen, erheben keinerlei Wahrheitsansprüche mehr. Liminale Berufe üben Zen-Meister, Schamanen, Magier, Wunderheiler und Priester aus, liminoide dagegen Sportler, Clowns, Künstler und DJs.

Das Verlangen nach der vollen Intensität des Lebens hat den Menschen seit jeher erfinderisch gemacht. Auch wir Heutigen suchen Erlebnisräume, die uns verzaubern sollen. Das Zauberhafte ist ein Gestaltungsraum, der immer wieder neu modelliert werden möchte. Wie gerne experimentieren wir doch mit unseren schöpferischen Kräften und gebrauchen den eigenen Körper als Quelle ganz verschiedenartiger Genüsse. Wir lassen uns von Bildern, Worten und Tönen in Bann ziehen, fesseln uns an musikalische Klänge, guten Sex oder die schöne Natur. In der säkularen Welt schaffen sich die Menschen ihre eigenen Festzeiten und heiligen Orte: Sportstadien, Konzertsäle, Technoclubs, die Natur oder Bar, an der man sein erstes Rendezvous mit seiner späteren großen Liebe hat. Im Gegensatz zur Teilnahme an den liminalen Stammesritualen ist die Beteiligung an der liminoiden Eventkultur freiwillig. Sie ist individuelle Freizeitbeschäftigung.

Zwischen dem Liminalen und Liminoiden angesiedelt ist die Hippiebewegung, die aus der bestehenden Sozialordnung ausstieg, um eine Gemeinschaft Gleicher zu bilden, für die psychedelische Drogen, sexuelle Freizügigkeit und außerkirchliche Religiosität eine große Rolle spielten. Im schwachen Sinne liminoid sind Jungesellenabende und Abiturfeiern, bei denen Dampf abgelassen und über die Stränge geschlagen wird. Ausgesprochen liminoid sind dagegen Konzertsäle, Technoclubs und Popkonzerte, wo die Menge voller Begeisterung kocht, johlt und kreischt; außerdem große Fußballspiele und andere Sportveranstaltungen, wo das Publikum vor Anspannung zischt, stampft und grölt; enthemmte Karnevalsorgien oder heiße Sexpartys, auf denen das pralle Leben tobt und bebt; jede Kunst, die fesselt, berührt und begeistert oder einfach das gemütliche Spazieren durch schöne Landschaften und neugierige Flanieren durch bunte Großstädte. Hier wie dort kann es zu exaltierter Verzauberung und euphorischer Verzückung kommen. Von religiösen, politischen und künstlerischen Überfrachtungen befreit, erhebt dieser Zauber keine Wahrheitsansprüche mehr.[228] Liminoider Zauber vermittelt lediglich eine sinnliche Dichte, in der fantastische Bildwelten entstehen, die wie mystische Erlebnisse durch ihre Intensität mit einem endlosen Verschwimmen von Imagination und Realität, zerfließenden Empfindungen und Einbildungen an die Grenzen der Mitteilbarkeit heranreichen. Sie erzeugen „profane Erleuchtungen", um es mit Walter Benjamin zu sagen, an denen auch Marihuana, Koks, MDMA, der Hauptwirkstoff von Ecstasy, und sonstige Drogen beteiligt sein können.

Rausch ohne Wahrheit

Nach Lage der Dinge wird die Menschheit niemals ohne „künstliche Paradiese" auskommen. Rauschartige Ekstasen sind praktisch in allen Kulturen anzutreffen. Seit jeher ist die Lust groß, in Akten äußerster Hingabe und Selbstverschwendung das in sich verkapselte Ich aufzubrechen. Novalis schreibt in den *Hymnen an die Nacht*: „Aus dem Bündel Mohn / In süßer Trunkenheit / Entfaltest du die schweren Flügel des Gemüts / Und schenkst uns Freuden / Dunkel und unaussprechlich / Himmlisch wie du selbst bist / Freuden, die uns / Einen Himmel ahnden lassen."[229] Liminale Rauscherkenntnisse sind fragwürdig, liminoide Rauscherlebnisse nicht. Drogen können dramatische Veränderungen im Erleben der inneren und äußeren Welt hervorrufen – ein unerhörtes Farben- und Formenspiel auslösen, das Licht tanzen lassen, Klänge und Gestalten schärfer, genauer und detaillierter konturieren, bunte phantastische Gebilde mit eigentümlicher Strahlkraft, eben synästhetische Impressionen hervorbringen. Farben beginnen zu riechen, Geräusche zu leuchten, die gewohnten Umrisse der Alltagswelt zersetzen sich. Hierbei ändern sich das Raum- und Zeitempfinden, sei es, dass sich das Umfeld dehnt, sei es, dass der Eindruck entsteht, Minuten vergingen wie Stunden oder Stunden wie Minuten. Vor allem aber erzeugen zahlreiche Drogen eine lebhafte Heiterkeit bis Albernheit. Sie wirken enorm stimulierend und euphorisierend, einige aber auch einschläfernd und betäubend. Eine Reihe psychoaktiver Substanzen kann das sexuelle Begehren ins Unermessliche steigern. Blockaden und Hemmungen werden gelockert und teilweise außer Kraft gesetzt. Noch bis vor kurzem ging man davon aus, dass Psychedelika wie LSD, DMT oder Psilocybin die Reizfilter des Hirns schwächten, so dass mehr Aspekte der Realität zu Bewusstsein kämen. Heute herrscht die Auffassung vor, dass unser Bild von der Welt eine Hirnkonstruktion ist, die im Rausch teilweise zerfällt. Unter Drogeneinfluss werden die konstruktiven Tätigkeiten des Hirns so durcheinander gewirbelt, dass die vertrauten Konturen der Dinge verwischen, die Grenzen zwischen Innen und Außen, Realität und Imagination verschwimmen.

Allgemein können liminoide Erlebnisse im Club, beim Sex, im Sportstadion oder auf Konzerten das Lebensgefühl bis zu dem Punkt steigern, wo sich die eigene Individualität in überwältigenden Emotionen gleichsam auflöst. Doch geht es in den säkularen Erlebnisräumen nur noch um Erlebnisintensität, die zwar durch ihre hohe Dynamik und ihren Rausch mystischen Gefühlszuständen ähnelt. Doch eröffnet sie dem Ekstatiker keine höheren Wahrheiten mehr. Solche Ekstasen bereichern das Leben auf wundervolle Weise. Zugleich schützen sie es vor partiell fanatischem Gotteskriegertum, grausamer Mordlust und brutalem Folterwahn, indem sie das überschäumende Verlangen auf sozial verantwortbare Weise befriedigen.

Theater und Anarchie

Wie die mystische Verzückung hat der anarchische Impuls der Aktionskunst liminalen Charakter. Anarchie ist vornehmlich ein politischer Begriff, mit dem Denker wie Proudhon und Bakunin den autoritären Sozialismus und alle sonstigen Staatsformen als Zwangsapparate kritisierten. Anarchisten wollen den Staat nicht übernehmen, sondern mit plötzlichen Gewalttaten brutal zerschlagen. Sie haben die utopische Hoffnung, dass sich auch ohne kommunistische Übergangsphase oder Diktatur des Proletariats spontan eine herrschaftsfreie Ordnung bilden würde: „Anarchie ist Ordnung ohne Herrschaft", schreibt Proudhon.[230] Nach Bakunin sollen gewaltsame Anschläge ein politisches Klima schaffen, das die Arbeiterschaft zu Aufständen reizt, die einen Umsturz herbeiführen könnten, woraus sich dann ganz neue Lebensformen entwickeln würden.[231] Georges Sorel, der gleichermaßen Lenin wie Mussolini bewunderte, empfahl in diesem Zusammenhang einen Generalstreik, der nicht bloß die bestehende Staatsordnung außer Kraft setze, sondern überdies die Menschen wie ein Mythos zusammenführe, gleichsam zur sozialen Revolution vereine.[232] Der Generalstreik ermögliche eine kollektive Erfahrung, aus der etwas unvorhersehbar Neues entstehe, welches das herunter gewirtschaftete Vergangene ersetzen könne. Gerade aus seiner Plötzlichkeit ergebe sich eine schöpferische Kraft, die den bisherigen Alltag umstürzen würde. Es käme zu einer unabsehbaren Umwälzung aller bisherigen Werte. Der Mensch soll wieder in jene Anarchie zurückfallen, aus deren Chaos einst die verabscheute Ordnung hervorging, damit eine neue, bessere Ordnung entstehen könne.

Nun ist eines die politische Anarchie, ein anderes die existenzielle, wie Bataille und einige Aktionskünstler sie befürworten. Hier wie dort haben wir es mit Ausnahmezuständen zu tun, die den Einbruch von etwas Außerordentlichem erwarten, das die Kontinuität der Alltagswelt sprengen soll. In der politischen wie existenziellen Anarchie wird dieses Außerordentliche als kreative Kraft gefeiert, die rohe Energien und unterdrückte Seelenkräfte freisetze, welche die Menschen gleichermaßen befreien und erfüllen könnten. Allerdings geht es Sorel wie einigen Surrealisten und Skandalkünstlern hauptsächlich um politisches Aufbegehren, während es hier vor allem um existenzielles Begehren geht.

In der Sprache der Ethnologie gesprochen, ermöglicht auch die moderne Aktionskunst Schwellenerfahrungen. Sie vermittelt extreme ästhetische Erlebnisse, bei denen die Beteiligten ihre vertraute Alltagswelt für eine gewisse Zeit hinter sich lassen. Wie das archaische Ritual und die traditionelle Mystik verfügen anarchische Theateraktionen zwar auch über eine die Zuschauer verwandelnde Kraft, liefern sie diese doch an ihre enthemmten Triebkräfte aus. Dabei verändern sie aber weder die gesellschaftliche Stellung des Einzelnen noch bringen sie ihn in Berührung mit göttlichen Mächten. Das anarchisch anmutende Aktionstheater besitzt liminoide Qualitäten, die umso deutlicher hervortreten, je mehr es sich von seinen politischen und lebensmystischen

Überformungen befreit. Im Chaos der gestammelten Worte und krassen Aktionen zeigt sich vor allem das dunkle Begehren. Dieses wird entfesselt, damit der Reichtum des Lebens ungehindert hervortreten kann. In ungebremster Hingabe an den sinnlichen Lebenswillen, der nicht zweckrationalen Ordnungs- und Handlungsmustern gehorcht, gilt es die ganze Fülle des Daseins auszuschöpfen.

Solche Erwartungen zielen nicht einfach nur auf neuartige Erfahrungen. Ebensowenig propagieren sie eine jugendgefährdende Verrohung des Lebens. Darüber hinaus erheben sie auch nicht vorrangig politischen Einspruch gegen eine Vernunft, die sich lediglich am Nützlichen orientiert. Die Ausschaltung verinnerlichter Zensuren und Befreiung unterdrückter Seelenkräfte zielen hauptsächlich auf neue Formen der Intensität. Hiermit übereinstimmend werden Drogen heute kaum noch zu politisch-revolutionären oder religiös-mystischen Zwecken eingesetzt. Diese sollen weniger die verhärtete Kruste der abendländischen Kultur aufweichen und deren Institutionen ins Wanken bringen, als vielmehr dem Einzelnen zu körperlichen Erfahrungen abseits der Grenzen bürgerlicher Normalität verhelfen.

In früheren Zeiten haben bereits die Kirchenväter die liminoiden Qualitäten des Theaters allgemein erahnt, als sie, allen voran Tertullian und Augustinus, die Schauspielerei verdammten.[233] Die auf der Bühne dargestellten Leidenschaften könnten sich leicht auf die Zuschauer übertragen und sie in ähnlich sündige Zustände versetzen. Sahen die Kirchenväter in dieser Ansteckungsgefahr eine Bedrohung für das Seelenheil der Gläubigen, so hinterfragt im 18. Jahrhundert Rousseau solche Gefühlsinfektionen, weil sie das innere Gleichgewicht der Theaterbesucher bedrohten. Sie würden deren Gemüt schwächen, ja entnerven und ihnen so die Kraft nehmen, starken Leidenschaften zu widerstehen. Dagegen sehen Diderot, Lessing und Schiller im Theater eine ethische Anstalt, die den Zuschauer moralisch bessern kann. Im Gegensatz hierzu betont Victor Turner, dass Theateraufführungen ähnlich wie Konzerte und Sportveranstaltungen die Zuschauer auch in liminoide Schwellenzustände versetzen können, wie Augustinus und Rousseau befürchteten. Turner jedoch befürwortet diese Funktion. Bühnendramen und Tragödien können Gefühle der Langeweile oder des Überdrusses vertreiben. Sie können die Besucher emotional berühren und aufwühlen, sie mit den eigenen dunklen Seiten konfrontieren und dadurch zur Intensivierung ihres bewussten Lebens beitragen.[234] Vor allem aber können Theater wie Krimis und Clubs, Sportstätten oder Konzerthallen die katastrophale Verausgabung regelloser Impulse partiell erübrigen, weil sie bereits den dunklen Begierden ein gewisses Maß an sozialverträglicher Erfüllung bieten.

Gezügelte Raserei

Das dunkle Begehren ist zu stark, als dass sich der Einzelne ihm vorbehaltlos ausliefern kann, ohne sich selbst und seine Mitbürger zu schädigen. Wie die weltweiten Orgien blutiger Gewalt beweisen, ist die Angst berechtigt, das feurige Potenzial der Menschen könne deren Dasein und jede Gesellschaft zerstören. Deshalb dürfen das berechtigte Verlangen nach Intensität, das Bedürfnis nach Selbstverausgabung und die Lust auf Exzesse bloß eingeschränkt ausgelebt werden.

Grenzziehungen

Nietzsche unterscheidet zwischen dem Apollinischen und Dionysischen. Ersteres steht für Ordnung, Maß und Form, Letzteres für Rausch, Übermaß und Ekstase. Sollte ein apollinischer Mensch in dionysische Orgien geraten, so würde er hierüber nicht bloß staunen, meint Nietzsche. Er würde überdies zu spüren bekommen, „dass ihm jenes Alles doch eigentlich so fremd nicht ist, ja dass sein apollinisches Bewusstsein nur wie ein Schleier diese dionysische Welt vor ihm verdeckte".[235] Der dionysische Exzess untergräbt die apollinische Ordnung, insbesondere wenn Intensifikatoren wie Musik oder Rauschmittel ins Spiel kommen, um das bunte Treiben anzuheizen. Dann ergreift Dionysos, der Gott der trunkenen Ekstase und wilden Kampfeslust, von den Menschen stürmisch Besitz. An seinen Verführungskünsten drohen die Menschen unterzugehen, wenn sie diesen keine Grenzen setzen.

Aber Nietzsche, Artaud und Bataille unterscheiden nicht zwischen sozialverträglichen und sozialunverträglichen Exzessen. Sie empfehlen, sich vom düsteren Sturm des Begehrens in unersättliche Raserei stürzen zu lassen und dabei die tragischen Seiten des Lebens anzunehmen, selbst wenn sie einen zerreißen, quälen oder zerstören sollten. Diesem Plädoyer Nietzsches für eine begeisterte Hingabe ans dunkle Begehren sei hier deutlich widersprochen.

Erstens wird die vorbehaltlose Bejahung des archaisch Wilden zulasten der zahmen Zivilisation abgelehnt, läuft sie sonst doch auf Krieg und Zerstörung hinaus. Darum restringieren, zivilisieren und kontrollieren Recht und Moral die Willkür des Abenteurers. Ohne Zivilisation mit humanem Antlitz gibt es kein Überleben von Mensch und Gesellschaft. Allerdings bedarf es Reservate, in denen die Menschen, von Experimentierlust gepackt, ihre wilden Impulse exzessiv ausleben dürfen. Diese sollen die geordnete Alltagswelt nicht ersetzen, sondern lediglich ergänzen. Solche Refugien der Leidenschaft sind unverzichtbar. Denn zum einen lassen sich die starken Begierden, die „Instinkte der Grausamkeit", nicht einfach abschaffen. Das zivilisierte Haustier trägt das wilde Raubtier weiterhin in sich. Dies zu leugnen wäre gefährlich. Darum sollten genug Räume zur Verfügung stehen, in denen sich die Menschen austoben können. Zum anderen bereichert die Rückkehr in die Barbarei das Leben auf einzigartige Weise. Menschen genießen es, ihr dunkles Begehren ausschöpfen zu können und gelegentlich über die Stränge schlagen zu dürfen. Ausschweifungen werden seit jeher gemocht. Deshalb sollte der Einzelne sein wildes Fleisch zum Erglühen bringen dürfen, ohne sich allerdings zu sehr daran zu verbrennen.

Zweitens ist Nietzsches undifferenzierte Bejahung der aufbrausenden Temperamente deshalb zurückzuweisen, weil die von ihm propagierte Kultur gleichermaßen entgrenzte Sexpartys zum Beispiel wie kriegerische Massaker umfasst. Aber so sehr der Einzelne in den Reservaten der Wollust seine schmutzigen Wünsche auskosten darf, grundsätzlich sollten nur sozial verantwortbare Spiele und Experimente erlaubt sein. Nietzsche zieht solche Grenze nicht.

Zweideutigkeiten

Jede Verherrlichung grausamer Gewalt ist inakzeptabel. Wie Nietzsches vorbehaltlose Begeisterung für die grobfleischigen Naturen muss deshalb auch Batailles verschwommenes Plädoyer für das Ausleben luststeigernder Triebimpulse mit Einschränkungen versehen werden. Das ungehemmte Erleben sinnlicher Intensitäten ist für Bataille der wahre Sinn des Lebens. Der Mensch existiere, um sich explosiv zu verschwenden. „Erotik kann man bestimmen als das Jasagen zum Leben bis in den Tod."[236] Dabei übersieht Bataille nicht nur bisweilen, dass ohne restriktive Regeln weder Gesellschaft noch Individuum existieren kann. Er unterscheidet auch nicht genug zwischen exzessiven Sexpartys beispielsweise und brutalen Hinrichtungen. Aber so sehr sich Bataille für eine Begrenzung der Vernunft ausspricht und erst in den zufriedenen Gesichtern blutlechzender Schlächter die entfesselte Triebnatur des Menschen zu erkennen glaubt, im Alltag hält er meistenteils am Vorrang des Realitäts- vor dem Lustprinzip fest. Nach Sigmund Freud streben die Menschen von Natur aus nach uneingeschränktem Lustgewinn. Allerdings zwinge die Realität ihnen Erfahrungen der Unlust auf, woraufhin sie ihr Luststreben einem Verhalten unterordneten, das Selbsterhaltung und Sicherheit garantiere. Hieran anknüpfend, ist der Mensch zu spalten in einen Teil, der sich in sexuellen und sonstigen Exzessen preisgeben möchte, und in einen Teil, der diese Formen des Selbstverlusts überleben will. Auch wenn Bataille im leidenschaftlichen Aufschreien des bebenden Fleisches den Höhepunkt des Daseins erkennt, so entlässt er den Menschen doch nur teilweise in den schwindelerregenden Taumel seiner Gelüste. Aber obwohl er das Leben „unter einem ganz und gar bejahenden Blickwinkel"[237] preist, weisen seine Empfehlungen eine Reihe zerstörerischer Züge auf.

So bleibt Bataille in der Frage nach Maß und Maßlosigkeit zweideutig, widersprüchlich, hin- und hergerissen. Einerseits gibt er dem unstillbaren Verlangen nach ekstatischen Delirien nach, welche die Leidenschaft bis an die Grenzen des Todes treiben, andererseits wieder nicht. Das Streben nach Selbsterhaltung und der Drang zur Selbstverausgabung halten sich die Waage. Doch darf die Gefahr mangelnder Sorge ums eigene Wohlergehen im Augenblick exzessiver Leidenschaft nicht unterschätzt werden.

Wenn Jean Genet in seinem berühmten Roman *Querelle* wie Nietzsche und Bataille Mord und Gewalt als heilig und schön verklärt, indem er sich mit den Außenseitern der damaligen Gesellschaft, mit Schwulen, Verbrechern, Huren und Strichjungen verbündet, geht er gleichfalls zu weit.[238] In dem umstrittenen Roman umstricken dunkle Begierden den Matrosen Querelle, der seine Grenzüberschreitungen, Mord, Raub und Verrat, als göttliche Freiheit erlebt. Das Verbrechen sei die Seele der Geilheit, meint Genet. Ähnliches steht im *Immoralist* von André Gide: „Die Bande der übelsten Leute war mir die liebste Gesellschaft. Wozu brauchte ich ihre Sprache zu verstehen, wenn ich sie mit allen Fasern meines Körpers genoss. Selbst die leidenschaftliche Brutalität nahm dort in meinen Augen einen heuchlerischen Schein von Gesundheit, von Kraft an."[239] Dem pflichtet Nietzsches *Zarathustra* vorbehaltlos bei: „Alle Grenzsteine und Bilder warf ich um, den gefährlichsten Wünschen lief ich nach – wahrlich, über jedes Verbrechen lief ich einmal hinweg."[240] Aber so wunderbar es sich anfühlen mag, die niedrigsten Gelüste auszuleben, sozialunverträgliche Gewalttätigkeit bleibt inakzeptabel.

Doch indem Genet Wüstlingen einen Heiligenschein anheftet, macht er wie Nietzsche und Bataille auf einen wichtigen Punkt aufmerksam, der bejaht werden darf: Es gibt ein dunkles Begehren, ein züngelnd-verzehrendes Feuer, eine Leidenschaft, die, wenn sie nicht mit hemmungslosen Liebesspielen zusammenfällt, doch damit verwandt bleibt und ins Grenzenlose strebt. Die Sünde ist eine himmlische Bereicherung des Lebens. Darum ist der Sünder auch dem Heiligen meist haushoch überlegen: Er kennt das Leben besser.

Trotzdem ist Nietzsche, Genet und Bataille gegenüber auf die Sozialverträglichkeit alles Exzessiven zu bestehen. Sportveranstaltungen, Technopartys oder Sexorgien sind nur solange akzeptabel, wie sie sich nicht in blutige Infernos verwandeln. Lustgetränkte Opferbereitschaft kann eine aufgeklärte Zivilisation ebensowenig hinnehmen. Persönlicher Opfermut mag dem Bedürfnis nach Lebenssteigerung entsprechen, er widerspricht aber dem wohlinformierten und urteilsfähigen Interesse des Betroffenen.

Spielerische Raserei

Statt das Leben auf der Suche nach intensiven Augenblicken leichtfertig und waghalsig aufs Spiel zu setzen, sollte vielmehr das spielerische Moment bei der unproduktiven Verausgabung kultiviert werden. Allgemein werden Spiele von der Alltagswelt getrennt. Das Gegenteil von Spiel heißt nicht nur Arbeit, Ernst und Sorge, sondern auch Gewalt. Als unterhaltsames Vergnügen setzen Spiele eine Entlastung von Hunger, Durst und Not voraus, welche die Lust am Spiel blockieren. Auch wenn Spiele ihre Belohnung aus vergnüglicher Intensität schöpfen, sind sie nur scheinbar überflüssig und nutzlos. Sie verschaffen dem Einzelnen klare Überlebens- und Fortpflanzungsvorteile. Denn sie trainieren Muskeln, Bewegungen und Sinneswahrnehmungen genauso wie soziale

Rollen, Konkurrenzkampf und komplexes Denken. Zugleich werden im Spiel überschüssige Energien verprasst. Gespielt wird zur Vertreibung von Langeweile wie auch aus bloßer Freude.

Es ist ein Irrtum zu glauben, dass die durchschaute Illusion der Begeisterung fürs Spielen abträglich sein muss. Das Gegenteil ist der Fall. Gerade weil die Spielbeteiligten nichts voneinander zu befürchten haben, kann es zur febrilen Raserei kommen, wie sie für große Musik-, Tanz- und Sportveranstaltungen oder für experimentierfreudigen Sex kennzeichnend ist. Im sorgenfreien Spiel kann sich die Lust am stärksten entfalten.

Denn gerade wo fast nichts ernsthaft riskiert wird, kann man sich dem Spiel gänzlich überlassen, bis man selbst zu dessen Spielzeug geworden ist.[241] Man kann sich ins Delirium stürzen, gerade weil das Spiel keinen wirklichen Kampf darstellt, in dem die eigene Existenz gefährdet wäre. So stellen spielerische Aktivitäten, in denen das Bedürfnis nach Erregung, Spannung und Abenteuer bis zur Grenzberührung ausgelebt wird, zwar bisweilen gewalttätige Aktionen nach, ohne aber wirklich gewaltsam zu sein. Denn sie sind nicht realer Ausdruck von Feindseligkeit, die den anderen vernichten oder abwerten möchte.

Aggressive Impulse beim liminoiden Sex beispielsweise haben lediglich mimetischen, das heißt nachahmenden Charakter. Sie reichen von sanftem Kratzen und leichtem Beißen über wildes Stoßen bis zur sadomasochistischen Zufügung lustvoller Reize. Hier wird auf sozialverträgliche Weise die Sozialordnung für Augenblicke aufgehoben, um animalische Gelüste auszuleben, die normalerweise verborgen bleiben.

Beim liminoiden Paintball beschießen sich die Spieler mit Farbkugeln aus Druckluftwaffen. Deutschlandweit gibt es inzwischen eine Reihe von Paintball-Anlagen, die sich großer Beliebtheit erfreuen. Der eigentliche Inhalt dieser Spiele ist zwar ähnlich wie in computerbasierten Killerspielen die realitätsnah simulierte Tötung von Mitspielern. Aber das Interesse an solchen Gewaltszenen ist nicht unbedingt mit Menschenverachtung verbunden, sondern vielmehr mit Lust auf Spannung, deren Bewältigung und Auflösung.

In der Aktionskunst insbesondere Hermann Nitschs wird die animalische Lust am Töten nicht mehr hinter grausamen Kriegen und sozialunverträglichen Gewaltausbrüchen versteckt, sondern spielerisch in kollektiven Lammzerfleischungen zur sozialverträglichen Aufwallung gebracht.

Im normalen Leben wird das dunkle Begehren als belastend empfunden. Darum untersteht es für gewöhnlich der Selbst- und Affektenkontrolle. In den Enklaven der Lust wird es dagegen mit angenehmen Empfindungen verbunden. Aggressive Kräfte haben im Spiel eine andere Qualität, Färbung und Tönung als im wirklichen Leben. Sie haben ihren Stachel verloren. Ihnen fehlt die Schärfe und Bedrohlichkeit der entsprechenden Handlungen in der Realität. Wie der Prankenschlag eines spielenden Löwen nicht gefährlich ist, weil seine Krallen eingezogen bleiben, wird in menschlichen Kampf- und Sexspielen niemand absichtlich verletzt. Die Akteure gleichen spielenden Hunden mit Beißhemmung. Dem entsprechend geht es in den Enklaven der Lust lediglich um sozial verantwortbare Delirien, die dem sinnlichen Verlangen nach der vollen Intensität des Lebens gerecht werden wollen. In letzter Beziehung werden diese seltsamen Aktivitäten nicht von Gewalt, sondern von Respekt getragen.

Wildnisähnliche Reservate

So sehr der moderne Körper gezähmt erscheinen mag, seine dionysischen Impulse brodeln weiter. Wir Menschen wollen mit unseren Organen der Ekstase, dem Nervensystem oder Gehirn, experimentieren. Die exkommunizierte Lust am Exzess lässt sich zwar unter Quarantäne stellen, deren Internierung gelingt aber niemals vollständig. Leidenschaft ist die Feuerform unserer Existenz. Deshalb kommt es darauf an, katastrophale Auswüchse von Lustexzessen durch sozialverträgliche Genussmöglichkeiten zu vermeiden. Wir sollten das Tier im Menschen nicht in Kriege und Terrorcamps ziehen lassen, sondern in Clubs, auf Sportplätze oder zum Sexabenteuer schicken. Bildhaft formuliert, sollten „72 Jungfrauen" und „72 Jünglinge" nicht erst im Jenseits, sondern bereits im Diesseits zur Verfügung stehen. Es gibt ein ungemein breites Spektrum an sozialverträglichen Möglichkeiten, sich am Leben in seiner ganzen wollüstigen, gefährlichen Schönheit zu laben.

Aus guten Gründen hat die moderne Zivilisation den Rückweg in die freie Wildnis verbaut, dafür aber wildnisähnliche Reservate mit speziellen Spielregeln eingerichtet: Fußballstadien, Boxringe, Swingerclubs, Sexorgien, Festivals, Karnevalsbälle. Auch die genauso maßlose wie Maß volle Bierseligkeit auf der Münchner „Wiesn" und dem Cannstätter „Wasen" gehört hierzu. Alle Kirmesveranstaltungen sind aus religiösen Kirchweihfesten zu Ehren des Kirchenpatrons entstanden, zu denen früher Wunderdoktoren, Feuerschlucker, Zauberer und Possenreißer herbeieilten, um die Menschen mit kurzweiligen Darbietungen zu erfreuen. Obwohl solche liminoiden Vergnüglichkeiten mit immer spektakuläreren Karussellen heute oft nur oberflächliche Reize setzen, durchbrechen auch sie Alltagsschranken. Das wilde Tier darf im kämpferischen Sport, auf ausgelassenen Festen und bei abenteuerlichen Sexspielen fast ohne jede Tarnung wüten. Diese bilden die zoologischen Gärten der Lüste unserer Zeit, die dem gewaltbereiten Menschen einen kurzen Abstecher in den Urwald seiner sonst gebändigten Begierden auf sozialverträgliche Weise gestatten. Solche Ausbrüche in die dunklen Abgründe des Begehrens können sein Dasein auf einzigartige Weise befriedigen, indem sie ihm erlauben, seine tierisch-wilden Züge auszuleben. Sie sind zivilisierte Formen der Rückkehr in die Wildnis, die solange gutgeheißen werden dürfen, wie sie sich nicht in völlig spielregellose Höllen verwandeln.

Offenbar geht es nicht ohne urwaldähnliche Reservate. Die menschliche Lust ist im Ursprung exzessiv und bleibt an ihren Ursprung gefesselt. Darum brauchen wir bisweilen Freiräume zum ungestörten Ausleben heftiger Reizspannungen in lustvollem Taumel mit Intensifikatoren wie Musik, Alkohol, Drogen, Sexspielzeugen und Ähnlichem mehr. Solche Möglichkeiten leisten einen wesentlichen Beitrag zur Gewalteindämmung. Unbescholtene Bürger werden diese Bedürfnisse sicherlich bestreiten. Doch hilft ihnen die mangelnde Gelegenheit zu geordneten Tumulten lediglich, ihrem dunklen Begehren auszuweichen. Allerdings genügt ein günstiger Moment allein noch nicht, um seine Lustchancen zu erkennen und zu nutzen. Hierzu bedarf es auch eines Gespürs für die eigenen Abgründe – ohne jede Ausflüchte.

Tabus, Kicks und Thrills

Die Hölle weckt heute kaum noch Assoziationen an einen jenseitigen Ort. Damit verbinden wir eher Vorstellungen von irdischen Katastrophen, brutalen Gewalthandlungen und menschlichen Abgründen. Mit diesen düsteren Seiten des Lebens beschäftigen sich Bilder von Pieter Brueghel und Francisco Goya über Edvard Munch und Francis Bacon bis zu Max Beckmann, Otto Dix und Max Ernst. „Die Hölle – das sind die Anderen", schreibt Sartre in *Geschlossene Gesellschaft*,[242] nachdem August Strindberg bereits in *Nach Damaskus* festgestellt hatte: „Die Hölle ist nichts, das uns bevorstünde, sondern dieses Leben hier."[243] Allerdings gibt es auch Höllen, welche die Menschen bis heute faszinieren. Andeutungsweise verherrlichen die Rolling Stones das Teuflische in *Sympathy for the devil*, während sich Bands wie Black Sabbath ganz offen mit dem Image des Satanismus spielen.

Reiz des Verbotenen

Wenn der Körper als Sitz vielfältiger Intensitäten von prickelnden Reizen durchzogen wird, kann dem Verlangen nach kribbelndem Sinnenkitzel nicht mehr ohne weiteres die Zustimmung verweigert werden. Mit flackernder Nervosität und gereizter Ungeduld stürmt der Abenteurer los. Obwohl er weiß, dass seine schäumende Leidenschaft die Moral auf den Kopf stellt, ist sein Interesse an Mäßigung oft nicht stark genug, um Gebotsübertretungen zu verhindern. Mit einem Male verfolgt der Schwärmer Ziele, von denen er genau weiß, dass sie Probleme bringen werden. Von Gier und Wagemut besessen, hat er die Macht über sich verloren und versteht sich selbst nicht mehr.

In seinen anstößigen Arbeiten rebelliert Bataille, ein Bürgerschreck mit gepflegtem Aussehen und auffälliger Eleganz, gegen konventionelle Werte. Er propagiert die Schändung und Beschmutzung des harmonisch Schönen. Das Wesen der Erotik sei die Besudelung des Reinen. Dessen Entweihung und Beschmutzung könnten überaus reizvoll sein.[244] Zum Reiz wahrer Schönheit gehört immer eine gewisse Verderbtheit, betont Oscar Wilde: „Es gibt Laster, welche beinahe unwiderstehlich denjenigen anlocken, welcher Schönheit über alles liebt."[245] Bataille glorifiziert geradezu die Überschreitung moralischer Verbote und humanistischer Ideale. Seine Schriften rechtfertigen grausame Blutrituale bis hin zu kannibalistischen Orgien. Seit jeher besitzen Tabubrüche eine verführerische Kraft. Wer das Land der erotischen Euphorie betreten möchte, muss die Grenzen des Alltags hinter sich lassen können.

Wie Marquis de Sade begrüßt Bataille Tabus lediglich als geeignete Kanäle zum Abführen überschüssiger Energien, reizten sie doch zu Verstößen gegen moralische und soziale Regeln. Solche Überschreitungen begleiteten oft prickelnde Lustgefühle, in denen sich Freude und Angst mischten. Allerdings sucht das dunkle Begehren nicht bloß Grenzen, um sie übertreten zu können. Manchmal wird es überhaupt erst durch Grenzen geweckt, wie es schon im *Römerbrief* von Paulus heißt: „Ich wüsste nichts von der Begierde, wenn das Gesetz nicht sagte: Du sollst nicht begehren."[246] Statt aber die Befolgung des Gesetzes zu empfehlen, befürwortet Bataille wie schon Oscar Wilde dessen Übertretung: „Der einzige Weg, sich einer Versuchung zu entledigen, ist ihr nachzugeben. Widerstehen Sie ihr, und ihre Seele wird krank vor Sehnsucht nach den Dingen, die sie sich selbst verboten hat."[247] Erst die Sünde erschließt die reizvollen Seiten des Lebens. „Sünde ist das einzige, wofür zu leben sich lohnt."[248]

Angstlust und Erregung

Dem elementaren Bedürfnis nach Ordnung und Sicherheit steht eine starke Neigung zu aufregenden Abenteuern entgegen, die zur normalen Ausstattung des Menschen ebenso gehört wie der Rachedurst zu Orestes, die Versuchung zum Heiligen Antonius und der Liebeswahn zur Salomé. Die Verletzung sozialer Normen übt seit jeher eine große Faszination aus. Freilich sind nicht alle dauernd auf der Suche nach neuen, intensiven Reizen. Vielen genügen bereits ungefährliche Gefühlsanregungen: die risikoarmen Stimulationen der Medien, die, ohne unsere Schutzansprüche zu verletzen, mit grausamen Action- und Horrorangeboten das weitverbreitete Bedürfnis nach Erregung zu befriedigen vermögen. Gewalthaltige Programme sind deshalb so attraktiv, weil sie das im Alltagsleben abgeflachte Spannungsniveau mit fiktiven Gefährdungen kurzzeitig heben können. Solcher Erregungen wegen setzen sich die Menschen gerne fiktiven Gefahrensituationen aus, in die sie im realen Leben niemals geraten möchten. Der entlastete Mensch ist geradezu süchtig nach Belastungen, sei es durch Extrem- oder Fitnesssport, sei es durch Joggen, das nicht nur als Ausgleich zum bewegungsarmen Alltag oder zur Stärkung der körperlichen Abwehr, sondern ebenso zur Hebung des persönlichen Wohlbefindens betrieben wird. Menschen unternehmen gerne Action, die sie am Arbeitsplatz und in den Routinen des Alltags vermissen. Action erfordert meistens Risikobereitschaft. Wie bei einem Spiel kann man gewinnen oder verlieren. Man geht ein Wagnis ein. Es gilt Herausforderungen zu meistern, die leicht zu Überforderungen werden können – ob Bergsteigen, Tiefseetauchen, Wellenreiten, Fallschirmspringen oder Seitensprünge. Wie das Leben eines Kriminellen ist auch die Arbeit im Hochbau fortwährend Risiken ausgesetzt. Nicht Art und Inhalt einer Tätigkeit entscheiden darüber, ob sie als Action eingestuft werden kann. In erster Linie zählt deren Intensität. Entscheidend ist der Nervenkitzel. Selbst bei Gewaltexzessen geht es hauptsächlich um starke Erregung, Intensität, Angstlust, das Niederreißen konventioneller Barrieren, um aufgepeitschte Sinne. Hiermit verhält es sich fast so wie mit dem Achterbahnfahren, mit Extrem- und Mannschaftssportarten. Sie alle befriedigen unser „Sensation-Seeking", das heißt unser Verlangen nach neuen Reizen, und sie sind Orgien blutiger Gewalt vorzuziehen.

In diesem Zusammenhang ist heute oftmals von Kick und Thrill die Rede, zwei Begriffe, die meist gleichgesetzt werden, obgleich sie nicht dasselbe bedeuten. Thrill lässt sich am besten mit Nervenkitzel übersetzen, was soviel wie lustvolles Schaudern, grausiges Vergnügen, also ein gemischtes Gefühl aus faszinierter Erregung und erzitterndem Abscheu ausdrückt. Dessen besondere Attraktivität liegt im Kontrast dieser Empfindungen, die bestimmte Sportarten, Jahrmärkte und Erlebnisparks leicht hervorrufen können.

Im Gegensatz zum Thrill ist der Kick eine starke Gefühlsaufwallung von nur kurzer Dauer, ein vorübergehender Rauschzustand. Spannungsgeladene Erlebnisse zwischen Angst und Lust, Thrills also, enden häufig mit extremen Hochgefühlen, Kicks. Sportliche Aktivitäten können beides genauso hervorbringen wie zarte Flirts, leidenschaftliche Affären, aber auch Kartenspiele, Raufereien und Bungeejumping. Wie häufig fasziniert es die Zuschauer bereits, Schauspieler im Film exzessive Moralverstöße begehen zu sehen.

Aber wie kann etwas gleichermaßen erschrecken und angenehm wirken? Wie ist ein vergnügliches Grauen möglich? Woher diese sonderbare Anziehung von Ereignissen, die man unter realen Bedingungen furchtbar fände? Edgar Allan Poe sprach von der „lebhaftesten Neugierde, den Strudel selbst zu schauen. Ich verspürte geradezu den Wunsch, seine Tiefen zu erforschen, mochte es mich auch das Opfer kosten, das ich zu bringen im Begriffe stand."[249] Offensichtlich gibt es einen Drang, der eigenen Selbsterhaltung entgegen zu wirken, um mit der Gefahr des Absturzes spielen zu können. Aber worin besteht dieser Reiz des Gefährlichen? Worin liegt die Faszination einer Gratwanderung, die den Abenteurer auf der Klippe ebenso neugierig wie schaudernd in die Tiefe blicken lässt?

In der Tradition von Aristoteles bis Edmund Burke herrscht die Auffassung vor, dass dem frohen Schrecken ein Wechsel von Verkrampfung und Entspannung zugrunde liegt, der zur Reinigung des Körpers von beschwerlichen Störungen führe, was als überaus angenehm empfunden werde. In der Tradition von Immanuel Kant, Friedrich Schiller und Arthur Schopenhauer hingegen gilt der Mensch als ein Wesen, das es genießt, sich über verstörende, gruselige Situationen erheben zu können, weil es hierdurch seine Überlegenheit über die bedrohliche Welt zu spüren bekomme. Dieses bereite dem Menschen höchste Lust.

Alle Abenteurer eint die Mobilisierung ihrer Körperkräfte im Augenblick einer Hochspannung oder Gefahr. Sie führt zu vermehrter Ausschüttung von Endorphinen und anderen Botenstoffen, die es so schön prickeln lassen. Diese können ekstatische Augenblicke, schaurige Wonnen und atemberaubende Glücksgefühle auslösen. Doch werden solche leider erst möglich, wenn der Körper in den roten Bereich seines inneren Drehzahlmessers getrieben wird.

Stierkampf

Je weniger Aggression im ernsten Alltag benötigt wird, umso mehr darf sie im Sport und beim Sex ohne Personen schädigende Wirkung zum Einsatz kommen. Aggression kann sich zur Lustquelle entwickeln. Jede sportliche Betätigung ist hierzu in der Lage, wie Laufen, Schwimmen, Turnen und Klettern beweisen. Speziell bei diesen Sportarten wird der biologisch programmierte Bewegungsdrang – ursprünglich für Nahrungsbeschaffung, Flucht und Angriff vorgesehen – in den Dienst menschlicher Selbstverwirklichung gestellt. Zugleich imitieren viele Sportdisziplinen ursprüngliche Kämpfe um begrenzte Ressourcen wie zum Beispiel um Nahrung, Brutplätze, Geschlechtspartner oder gegen Raubfeinde und andere bedrohliche Naturmächte. Hierzu zählen Risikosportarten wie Bergsteigen, Brandungssurfen und Wildwasserfahren, wo der evolutionär programmierte Selbstbehauptungswille ebenfalls für die menschliche Selbsterfüllung dienstbar gemacht wird. Das Gleiche gilt für Kampfsportarten, in denen einzelne Personen oder Gruppen gegeneinander antreten wie etwa beim Fußball, Boxen, Ringen oder Stierkampf.

Der Stier steht im Mittelpunkt des antiken Mithras-Kultes. Sein Gehörn soll die Sichel des Mondes repräsentieren, die regelmäßig zu- und abnimmt. Hierdurch symbolisiert der Stier die Vergänglichkeit aller Dinge, Wachsen und Vergehen, während die Sonne Sinnbild alles Beständigen sei. Die kultische Opferung des Stiers huldigt der Sonne, die Macht über Leben und Tod habe.[250]

Überdies steht der Stier im Zentrum des orgiastischen Dionysos-Kultes. Seiner körperlichen Stärke und großen Genitalien wegen wurde er bei den alten Griechen als heiliges Tier verehrt. Im Dionysoskult wurde er, wie ausgeführt, gleichermaßen als schöpferische wie auch zerstörerische Kraft verherrlicht. Zügellose Bacchantinnen oder Bakchen ließen sich von ihm in ekstatischen Taumel versetzen. Dionysos wurde in Gestalt eines Stiers von den Titanen bei lebendigem Leibe in Stücke zerrissen. Doch ist mehr als fraglich, ob antike Vorstellungen die Entwicklung des spanischen Stierkampfs beeinflusst haben.

Seit dem 17. Jahrhundert unterteilt sich die spanische Corrida in drei Akte. Im ersten Teil dieses liminoiden Ereignisses verletzen berittene Picadores mit ihren Lanzen den Stier an den Schultermuskeln, um ihn kampfeswütig zu machen. Im zweiten Akt stoßen sogenannte Banderilleros dem angereizten Tier drei Eisenspieße in jede Seite der Nackenmuskulatur, um so die Einstichstelle für den Degen des Matadors zu markieren, der im Mittelpunkt des dritten Akts steht. Mit rotem Tuch und Degen reizt dieser erst den Stier in einem tänzerischen Spiel, bevor er seinen Degen in den Nacken zwischen den Schulterblättern treibt. Die Stierkämpfer aller drei Akte werden Toreros genannt. In Spanien gibt es nach wie vor rund 500 Arenen, die bekanntesten in Madrid und Sevilla.[251]

Natürlich ist der spanische Stierkampf umstritten. Viele verurteilen ihn als abscheuliche Metzelei. Nicht bloß die Stiere würden im Kampf brutal geopfert, sondern auch die hieran beteiligten Pferde erlitten häufig schwere, ja tödliche Verletzungen. Eine Reihe von Stierkämpfern kam in den letzten Jahrhunderten in den Arenen ums Leben. Dennoch übt dieses grausame Spektakel eine ungeheure Faszination auf die Menschen aus, wie Ernest Hemingway in seinen Büchern *Fiesta, Tod am Nachmittag* und *Gefährlicher Sommer* eindrucksvoll darlegt. Den gleichen Eindruck vermitteln Radierungen von Francisco de Goya und der Kinofilm *Matador* von Pedro Almodóvar. Der Stierkampf ist ein morbides Ritual männlicher Dominanz und Potenz, in dem es um Leben, Leidenschaft und Tod geht. Im Stierkampf wird die Lebensgefahr zum vergnüglichen Zeitvertreib. Wie aber kann ein blutiges Schauspiel ein lebensfrohes Fest sein? Wie können anständige Menschen ein Vergnügen an sadistischen Veranstaltungen finden?

Hemingway beschreibt den Stierkampf als unterhaltsames Kunstereignis, als fesselndes Ballett im Angesicht des Todes. Mit eindrucksvollen Worten stellt er den Stierkämpfer als kreativen, geschickten Künstler dar, der sich mutig und stolz in Lebensgefahr begibt. Geflissentlich sucht der Matador die Todesgefahr, indem er den Stier dicht an sich heranlässt, um ihn anschließend mit anmutigen Bewegungen nach allen Regeln der Kunst zu dirigieren, dominieren und zu guter Letzt zwischen seinen Hörnern aufzuspießen. Aber so sehr Mut, Geschicklichkeit und Eleganz bei den Kämpfen brillieren, ein blutiges Spektakel bleiben sie doch, und genau hierin liegt ihr besonderer Reiz. Als Symbol des lustvoll bezwungenen Lebens ist der Stierkampf bis heute für viele Spanier ein aufregendes Kampfspiel.

Die Geschicklichkeit und Todesverachtung der Stierkämpfer, die bewusst riskieren, buchstäblich aufs Horn genommen zu werden, erregen und begeistern die trunkene Menge. Nirgendwo anders ist das Leben spürbarer als im Angesicht des Todes, weshalb der Stierkampf auch Bataille zu faszinieren vermochte. Stets läuft der Matador Gefahr, kunstvoll auf dem Horn gedreht zu werden. Mit unvorhersehbaren Reaktionen des wilden Tiers muss jederzeit gerechnet werden. Erst das Todesrisiko verleiht dem Schauspiel seine besondere Dramatik, die Aura einer Tragödie, einen Thrill und Kick. Wie der Matador in seinem Degen trägt der Stier in seinen Hörnern den Tod. Jeden von beiden kann es treffen.

Je näher der Matador den Stier an sich heran lässt, umso stärker verspüren die Zuschauer einen Nervenkitzel, der bisweilen an die Grenzen des Erträglichen heranreicht. Dieser Reiz des Risikos wühlt die Menschen auf. Im Publikum entsteht „Emoción". Das ebenso anmutige wie schaurige Schauspiel kann die Menge sogar in trunkene Ekstase versetzen, wenn der Torero mit einem Höchstmaß an Geistesgegenwart das Tier auf gefährliche Weise neckt, als ob er sich über den Tod lustig machen wollte. Immer wieder kommt es bei diesem seltsamen Kräftemessen zweier Säugetiere zu irrsinnigen Anspannungen, explosiven Mischungen aus rasender Ungeduld und würgenden Beklemmungen. Vor dem Todesstoß herrscht in der Arena gewöhnlich wie vor dem Höhepunkt heiliger Handlungen gespannte Ruhe. Die Zuschauer halten den Atem an, bevor der Matador dem Stier den Todesstoß versetzt. Stierkämpfe können für Toreros und Zuschauer zur Obsession werden. Wie bei archaischen Opferritualen oder modernen Fußballspielen kann die aufgewühlte Menge ein wahres Fieber ergreifen.

Außer der Corrida genießt die Encierros besondere Popularität in Spanien, bei der Stiere vor dem Kampf durch enge Gassen in Gehege neben der Arena getrieben werden, während junge Männer vor ihnen herlaufen. Natürlich kommt es hierbei regelmäßig zu Unfällen, doch weniger durch die Stiere als durch die Unachtsamkeit der Läufer. Das bekannteste Stiertreiben findet in Pamplona statt. Aber so sehr Stiertreiben und Stierkämpfe flammende Begeisterung entfachen, selbst in Spanien hat mittlerweile der Fußball beidem den Rang abgelaufen.

Fußball

Das Fußballspiel ist ein dem Bogenschießen vergleichbarer Schießsport. Es gehört in die Geschichte der Überlebenskämpfe mit Geschossen. Nicht zufällig spricht man von „Torschützen" und „Tore schießen". Gleichzeitig ist Fußball als Mannschaftssport ein Reflex der ursprünglichen Zusammenschlüsse von Menschen zu Gemeinschaften. Solche fanden statt, weil eine gemeinsame Verteidigung geteilter Ressourcen geringere Kosten für den Einzelnen verursachte als der einsame Kampf ums Überleben. Außerdem vermag eine Gruppe frühzeitiger als ein Einzelner zu erkennen, wenn sich ein Raubfeind nähert. So kann sie eher angreifen, fliehen oder sich verteidigen. Regelmäßig führt die Knappheit der Ressourcen zu Konflikten zwischen den Gruppen, die zwar innerhalb der eigenen Herde kooperieren, aber mit benachbarten teilweise aggressiv konkurrieren. Im Mannschaftssport werden diese ursprünglichen Kämpfe nachgeahmt. Sportkämpfe sind außer Kraft gesetzte Überlebenskämpfe, die aufgrund ihrer Entschärfung in den Dienst menschlicher Selbsterfüllung treten konnten.

Die angedeuteten bodenständigen Temperamente sind in der modernen Welt keineswegs ausgestorben. Sie sind ein natürliches Erbteil aus früheren Entwicklungsstadien. Die humanistische Kultur vermochte den Menschen bislang nur partiell in ein zahnloses Raubtier ohne Biss zu verwandeln. Zahlreiche archaische Impulse prägen nach wie vor seine Gefühle und Handlungen, sobald bestimmte Reize ihm eine Gelegenheit hierzu verschaffen.

Insbesondere den Zuschauern bieten Fußballspiele und Stierkämpfe liminoide Feste, auf denen sie ihre unbändigen Energien spielerisch austoben können, sobald die dazu notwendigen Lustzentren aktiviert und die entsprechenden Botenstoffe freigesetzt sind. Darum sind Sportkämpfe sozialverträgliche Alternativen zu Orgien grausamer Gewalt.

Von der Dorfschlägerei zum Hardcorekonzert

Traditionelle Gesellschaften verfügten über eine Reihe sozialverträglicher Gelegenheiten, sich auf Kräfte messende Rangeleien einzulassen. Imponiergehabe, Drohung und Prahlerei mit der eigenen Stärke sind typisch für männliche Jugendliche. Diese wollen beweisen, dass sie etwas drauf haben, und deshalb sind sie zu allem bereit. Sie lieben es, Normen zu übertreten, ohne hierdurch die soziale Ordnung zu gefährden. Solche geduldeten Abweichungen waren früher hochgradig ritualisiert. Dadurch blieben sie sozialverträglich. Die Beteiligten kannten die Grenzen ihrer Rempeleien und Schlägereien, die als eine Art freundschaftlicher Austausch galten, selbst wenn sie zu blauen Flecken, geschwollenen Lippen, blutenden Nasen, Prellungen und Blutergüssen führten. Oftmals fanden solche liminoiden Balgereien im Rahmen von Initiationsriten, Karnevalsfeiern und Dorffesten statt. Sie wurden als altersgemäße Raufereien hingenommen, bei denen die Jugendlichen ihre Körperkräfte bis zur Erschöpfung erprobten. Auf spielerisch brutale Weise versetzten sie einander Schläge in Kirmeszelten und Wirtshäusern wie Cowboys in Saloons, um besser ihre Männlichkeit spüren zu können, die virile Posen voraussetzt. Allerdings waren solche sozialverträglichen Ausschreitungen nur an bestimmten Orten und Zeiten erlaubt. Diese rahmten gleichsam die Durchbrüche des Wilden, Dämonischen und Exzessiven.

Heute finden liminoide Rangeleien vor allem auf Hardcorekonzerten statt, welche wie die brutalen Kämpfe von Hooligans potenter Männlichkeit eine Bühne geben. Auf solchen Veranstaltungen geht es um lustvolle Selbstverausgabung, intensive Körpererfahrung, gemeinsam erlebten Spaß. Gerne werden hier Ritual und Spiel mit Gewalt vermischt. Ebenso ausgelassene wie schweißgebadete Tänzer springen aufeinander, prallen aneinander, rempeln sich bewusst an und schubsen einander weg. Es findet Körperkontakt statt. Häufige Berührungen, triefender Schweiß, große Hitze und eine hohe Energiedichte sind für Hardcorekonzerte charakteristisch. Es wird männliche Potenz demonstriert. Unter dem Einfluss hämmernder Bässe, wilder Gitarrenklänge und radikaler Schreigesänge wird spielerisch Gewalt inszeniert und als höchste Lust erlebt. Ohne Hassgefühle fallen die Tänzer übereinander her. Allerdings gelten ungeschriebene Gesetze, deren Einhaltung ernsthafte Eskalationen verhindern. Zwar schließen die Regeln schmerzhafte Blessuren nicht aus. Sie untersagen aber jede böswillige Zufügung von Schmerzen. Offenbar gibt es nicht nur bösartige, sondern auch gutartige Gewalt. So bieten auch solche Veranstaltungen dem menschlichen Bedürfnis, krass zu sein, eine Plattform, die eine sozialverträgliche Alternative zu kriegerischer Gewalt darstellt. Jedoch kann es auf liminoiden Konzerten des Heavy Metal und ähnlicher Richtungen wie auf allen emotional aufwühlenden Massenveranstaltungen leicht zu echten gewalttätigen Ausschreitungen kommen.

Für gewöhnlich aber greifen beherrschte Enthemmung und geordnetes Chaos ineinander. Friedliche Gewaltinszenierungen zelebrieren das dunkle Begehren. Auf derartigen liminoiden Festen möchten sich die Beteiligten lediglich bis zur Erschöpfung körperlich verausgaben, affektiv abreagieren, um das pralle Leben zu spüren. Sie befinden sich in einem existenziellen Ausnahmezustand. Dabei entstehen nicht nur intensive Gemeinschaftserlebnisse,[252] sondern gleichfalls enthusiastische Glücksmomente. Gerade mit Musik lassen sich innere Anspannung und Euphorie ebenso gut steuern wie steigern.

Verführerische Klänge

Wäre Musik für zärtliche Liebkosung und laszive Leidenschaft ein unerheblicher Zierrat, mit dem lediglich die unerwünschte Teilhabe der Nachbarn am ekstatischen Gestöhn des eigenen Liebeslebens verhindert werden soll, gäbe es keine erotischen Spielzeuge, die sich an Musikgeräte anschließen und im Rhythmus ihrer Klänge bewegen lassen. Doch es gibt sie. Tatsächlich passen Sex und Musik vorzüglich zueinander, geistliche Gesänge und elektronische Sphärenklänge eingeschlossen. Jedoch bleibt es Geschmackssache, welche Musik beim Sex bevorzugt wird, was auch von der Art des Liebesspiels abhängt, das die jeweiligen Tonfolgen durchaus beeinflussen können. Je nach Gemütslage, Klangfigur und Takt kann Musik die Zuhörer aufputschen und fröhlich stimmen, ihnen aber genausogut süße Traurigkeit vermitteln. Ebenfalls vermögen musikalische Laute den sexuellen Sinnenzauber anzuheizen, ja zu lenken, bisweilen ins Schweben zu bringen, aber ebenso abzutöten. Wie traurig anmutende Lieder manchmal bewusst zur Steigerung des Liebeskummers gehört werden, so können aufputschende Melodien gezielt gegen Erschlaffung und als Reizmittel beim Liebesspiel eingesetzt werden.

Neuere Studien belegen, dass bestimmte Klangfolgen die gleichen neuronalen Lustzentren wie Sex und Drogen aktivieren und deren stärkere Durchblutung stimulieren.[253] Musik, Sex und Drogen verstärken sich gegenseitig, wie schon im Hit *Sex, Drugs and Rock'n Roll* von Ian Dury aus dem Jahre 1977 angedeutet wird. Erst diese drei zusammen füllen die Stunden der Lust am stärksten. Seit den Zeiten der Hippies werden regelmäßig Drogen zur Intensivierung der sexuellen Ekstase genommen. Unter Einfluss von Koks, Marihuana, MDMA und anderen psychoaktiven Substanzen erfährt die wonnevolle Verzückung eine ungeahnte Steigerung.

Musik als Laster

So merkwürdig es für heutige Ohren klingt: Musik wurde in der europäischen wie islamischen Kulturgeschichte immer wieder als Mittel für vernunftlose Vergnügen verächtlich gemacht.[254] Sinnliche Klangreize schmeichelten nicht nur den Ohren und lähmten den Verstand, von ihnen gehe sogar eine die Triebe bestrickende und den Einzelnen ins Verderben stürzende Wirkung aus. Aus diesem Grund ließ bereits Homer Odysseus die Ohren seiner Schiffsruderer mit Wachs verstopfen, damit sie den verführerischen Gesängen der Sirenen nicht lauschen konnten. Er selbst hörte zwar ihren Melodien zu, ließ sich aber an den Mastbaum seines Schiffes binden, um den lockenden Versuchungskünsten erliegen zu können, ohne daran zugrunde zu gehen. Schon damals glaubte man, dass der ohrenbetäubende Lärm der Musik die Menschen zur Zügellosigkeit verführe. Musik erschien als bloßer Ohrenkitzel, der – das vergnügungssüchtige Gehör umschmeichelnd – sich nach und nach des gesamten Menschen bemächtige. Als unverbindliches Spiel und gehaltlose Gaukelei widersprächen Musikstücke der einzig gültigen Sprache des Menschen: der Vernunft, für die sie toter Schall seien.

In diesem Sinne kritisierte schon Demokrit (5. Jhd. v. Chr.), fast jede Art von Musik als Laster, das, aus Überfluss geboren, verderblichen Einfluss auf die Menschen ausübe. Viele folgten seiner Meinung, allen voran Platon, der als einer der ersten reine Instrumentalmusik als gehaltloses Formspiel und hochmütigen Reizgenuss ablehnte. Diese Geringschätzung blieb bis ins 18. Jahrhundert erhalten: Viele Philosophen verurteilten die Instrumentalmusik entweder als unentschieden, nichtssagend, als leeres Geräusch oder als wertlose, dumpfe Sinnenlust.

Da Musik die Zuhörer zu ungezügeltem Sinnenvergnügen verführen könne, sei sie imstande, sogar die Staatsordnung in Gefahr zu bringen. Deren Fortbestand hänge in erster Linie von der Besonnenheit der Bürger ab. Darum ist es kein Zufall, dass sich Platon und Aristoteles über Musik ausschließlich in ihren politischen Schriften äußerten.

Die Unterordnung der Musik unter das Wort, dessen gehorsame Magd sie sein soll, bestand im christlichen Mittelalter fort. Zusätzlich blieben Gebärde und Tanz als Kunst, Klänge in Bewegung umzusetzen, aus der christlichen Liturgie und geistlichen Tonkunst ausgeschlossen. Zwar kennt das Alte Testament den ekstatischen Tanz zu Ehren Gottes und als Ausdruck demütiger Lebensfreude,[255] aber die christliche Tradition hat alles Tänzerische aus ihren kultischen Handlungen verdrängt. Das Gleiche gilt für den Islam bis heute, in dem Musik und Tanz tendenziell als lasterhaft verworfen werden.

Schon seit Beginn der abendländischen Geschichte befand sich die Musik in einer prekären Lage: Einerseits galt sie als Vermittlerin religiöser und dichterischer Worte, andererseits stand sie im Verdacht, mit gefühlstriefenden hohlen Phrasen bloß flüchtigem Ergötzen und sinnlichem Verlangen, der unersättlichen Gier der Menschen nach wortlosem Reizgenuss zu dienen. Dementsprechend empfahl der Kirchenvater Aurelius Augustinus (4. Jhd.), auf der einen Seite die Musik als Dienerin des religiösen Wortes und wies ihr gottesdienstliche Aufgaben zu. Auf der anderen Seite lehnte er Musik als verführerische Gewalt und betörende Sinnenlust ab. Er empfahl an ihrer Stelle das schmucklose Gebet. Ein zum Lobe Gottes angestimmter Gesang könne leicht zu wollüstiger Sinnenfreude verkommen.

Augustins zwiespältiges Verhältnis zur Musik, hin- und hergerissen zwischen faszinierter Hinwendung und entsetzter Abneigung, spiegelt die Position vieler Gelehrten wider. Dante Alighieri vertritt in der *Göttlichen Komödie* die Auffassung, dass schöne Klänge eine verwirrende Gefahr für die heilsuchende Seele bedeuteten.[256] Wie er misstrauten zahlreiche muslimische und christliche Intellektuelle den flüchtigen Reizen musikalischer Erlebnisse und setzten dabei Musik gott- und geistlosem Sinnengenuss gleich.

Selbst Rainer Maria Rilke, der in *An die Musik* deren gebändigte Form und sinnliche Geistigkeit lobte, näherte sich ihr noch mit großer Scheu, da er sie als existenzielle Bedrohung empfand. Nur sah er in Musik keine Gefährdung seines jenseitigen Heils mehr, sondern vielmehr eine Gefahr für die innere Stabilität seines diesseitigen Lebens. In einem Brief an die Pianistin Magda von Hattingberg schrieb er: „Musik fürchtete ich fast, wenn sie nicht in einer Kathedrale vor sich ging, geradenwegs an Gott hinan, ohne sich bei mir aufzuhalten –, und in Ägypten ließ ich mir erzählen und verstand es, dass im Alten Reich die Musik (so vermutet man) verboten war; sie durfte nur vor dem Gotte hervorgebracht werden, nur um seinetwillen, als ob er allein das Übermaß und die Verführung ihrer Süße ertrüge, als ob sie jedem Minderen tödlich sei."[257]

Ähnliches kann man in Leo Tolstois *Kreutzersonate* lesen: „Musik überhaupt ist etwas Furchtbares! (...) Man sagt, Musik wirke erhebend auf die Seele. Das ist nicht wahr, das ist Unsinn! Sie wirkt furchtbar –, aber keineswegs erhebend. Sie erhebt die Seele nicht, sie zerrt sie herab, sie stachelt sie auf und hypnotisiert sie."[258]

So verstanden wäre Musik trotz aller Wohlgeordnetheit aufgepeitschte Erotik, dionysische Verzückung, eine Art geregelter Wahnsinn. Sogar als Gesetz, Ordnung und Form verlocke sie zu anarchischer Hemmungslosigkeit, regellosem Chaos, bacchantischer Unvernunft, schreibt Thomas Mann in *Doktor Faustus*. Trotz ihrer logisch-mathematischen Strenge gehöre sie einer „Geisterwelt an, für deren unbedingte Zuverlässigkeit in Dingen der Vernunft und Menschen ich nicht eben meine Hand ins Feuer legen möchte".[259] Musik sei aufreizende Wollust, wilde Verlockung, das Dämonische. Dessen unumschränkter Herrscher sei „der Teufel, der wahre Herr des Enthusiasmus".[260] Darüber hinaus sei Musik als das Reinsinnliche auch das „Gemeine" und somit eine „Gefahr für die Kultur", vor der schon Platon warnte.[261]

Statt triebbeladen und sinnlich soll Musik deshalb rein geistig, das heißt: streng gesetzlich sein. Thomas Mann spricht von „Moralismus der Form" – und fragt: „Was bleibt von dem ganzen Kling-Klang dann übrig, wenn man den rigorosesten geistig-moralischen Maßstab anlegt? Ein paar reine Spektren von Bach. Es bleibt vielleicht überhaupt nichts Hörbares übrig."[262] „Aber wieviel besser ist es doch, habe ich mir oft gesagt, der Welt Vertrauen einzuflößen, als ihre Leidenschaften zu erregen! Wieviel besser, ihr gut, als ihr schön zu erscheinen!"[263]

Letztlich bleibt jedes Klangmaterial berückend, da selbst noch das „strengste Werk, ein Werk äußerster Kalkulation, zugleich rein expressiv"[264] ist und bei aller „gesetzlichen Abkühlung" immer noch genug „Eigenwärme, Stallwärme, Kuhwärme"[265] besitzt. Allerdings ist diese durchaus berechtigt, meint Gerda in Thomas Manns *Buddenbrooks*, indem sie sich den giftsüßen Melodien von Richard Wagners *Tristan und Isolde* hingibt. Gerade diese Oper macht die enge Verbindung zwischen sinnlicher Leidenschaft und Musik für Auge und Ohr vernehmbar in der sprühenden Begeisterung und dem Fiebergestammel der Entrückten. Ganz vergeblich suchen Tristan und Isolde den dämonischen Zauber der sexuellen Lust abzuwehren. Wagners Musik lässt die Zuhörer das Aufflammen der wollüstigen Sehnsucht beider bis zur überschwänglichen Vereinigung in der Liebesnacht spüren. Die Romantiker verherrlichen oft die Nacht als Heimat trunkener Liebe, ob Friedrich Schlegel in

Lucinde oder Novalis in *Hymnen an die Nacht*. Hier taucht zum ersten Mal der Begriff „Nacht-Geweihte" auf, eine Formulierung, mit der später Richard Wagner Tristan und Isolde charakterisierte. Im Dunkel der Nacht lässt sich nicht nur besser über heimliche Sehnsüchte sprechen, wie Stefan Zweig meint.[266] Das „Wunderreich der Nacht" vermag auch die Trennungsqualen der Liebenden aufzuheben, wie gleichfalls Thomas Mann in der Erzählung *Tristan*[267] und Octavian im *Rosenkavalier* von Richard Strauß betonen. Die Nacht vereint die Liebenden, die der Tag voneinander trennt.

Im singenden Schluchzen, Erschauern und Erbeben der Begierde, die den begeisterten Zuhörern spätromantischer Opern förmlich Gänsehaut über den Rücken jagen, liegt etwas Lasterhaftes, Gefährliches, Maßloses, das die Ordnung bedroht, wie der Organist Edmund Pfühl in den *Buddenbrooks* kritisch gegen Richard Wagner einwendet: „Das ist keine Musik! Dies ist das Chaos! Dies ist Demagogie, Blasphemie und Wahnsinn! Dies ist ein parfümierter Qualm, in dem es blitzt! Dies ist das Ende aller Moral in der Kunst!"[268] Jedoch geht es gar nicht um Moral, sondern vielmehr um Ordnung, Form und Maß, die das ekstatische Delirium von Musik, Sex und Liebe aus der Balance bringen kann. Diese stehen für entfesselte Anarchie, regellosen Aufruhr, maßlose Turbulenz, die üblicherweise in der Ausnüchterungszelle der Moral zur Klarheit gebracht werden. Obgleich sich die Menschen oftmals selbst vor dem wilden Leben durch freiwillige Begrenzung schützen, zieht es sie doch auch an.

Mit Nietzsche gesprochen können Sex und Musik rauschhaftes Glück zum Aufblühen bringen und dadurch den „Geist der Schwere" vertreiben. Sie können den Menschen eine lebensfrische Leichtigkeit schenken, so als ob ein singender Gott durch ihren Körper tanzen würde.[269] Verständlicherweise wird hinter enthusiastischem Klangkonsum gerne eine Flucht aus dem beschwerlichen Alltag vermutet. Zahlreiche Menschen versuchen mit Musik den Zumutungen ihres täglichen Einerlei für einige Zeit zu entfliehen. Tatsächlich hat sich Musik als Fluchthelfer aus Existenzekel, Weltschmerz und Lebensüberdruss bewährt. Zugleich aber dient sie der Intensivierung des Lebens, sofern sie seinem dunklen Drängen wundervolle Gelegenheiten bietet, sozialverträglich jubeln zu können.

Born to be wild

Die meisten Opern handeln vom Liebeswahn, ob Verdis und Puccinis Werke oder Richard Strauss' *Salomé* und *Daphne*. Richard Wagners *Tannhäuser* befasst sich sogar mit dem Konflikt zwischen Geistlichem und Sinnlichem, hoher Minne und genusssüchtiger Wollust. In einem Großteil aller Musik, einfache Schlager und Schnulzen eingeschlossen, geht es um Sex und Liebe. Nur werden diese Themen vom gut gekleideten Konzert- und Opernpublikum in den Musentempeln eher träumerisch nachempfunden, als wirklich ausgelebt.

Dagegen kommen sich Sex und Musik in der heutigen Club- und Discoszene sehr nahe. Als wichtigste Geräte haben sich hier der digitale Sampler (elektronischer Klangerzeuger), das Mischpult, der Computer, der jeden Sound speichern, manipulieren und wiedergeben kann, und der Dat-Rekorder (Digital Audio Tap) erwiesen. Der wahre Beherrscher der Disco-Bühne ist der Disc-Jockey, DJ, der mit Hilfe seiner Geräte aus verfügbarem Tonmaterial kurze Passagen oder kleinste musikalische Einheiten, sogenannte „Loops" herausschneidet, um diese anschließend mit Elementen anderer Tonträger zu eigenwilligen Collagen, den „digitalen Tracks", zu kombinieren. Der DJ ist der Dirigent der liminoiden Disco- oder Clubszene, in der es ausschließlich ums Feiern geht. Er beherrscht nicht nur die Technik dieser besonderen Klangproduktion, sondern auch die gute Laune der entrückten Tanzgemeinschaft, die sich hauptsächlich an Wochenenden bis in den nächsten Tag gleichsam die Seele aus dem Leibe tanzt.

Freier Tanzstil, der in den sechziger Jahren des vorigen Jahrhunderts gegen den regulierten Standardtanz entstand, dominiert die heutige Szene. Deren Entwicklung verläuft zu immer höherer Lautstärke, Rhythmik und Geschwindigkeit, wobei eine Steigerung der dumpf dröhnenden Bässe kaum noch vorstellbar ist. Dabei dreht sich alles um Spaß und Erotik, Flirten, Feiern, Anmachen, angeheizt durch verschwitzte nackte Oberkörper und freizügige Tops.

In den 60er Jahren, als sich nach dem Rock'n Roll die Hippie-Szene zur Massenbewegung entwickelte und die Popmusik ein größeres Publikum erreichte als jede andere Musikart zuvor, hieß der Gegenbegriff zum Establishment noch „Liebe". Um das damalige Motto mit einem Hit der Beatles auszudrücken: *All you need is love*. Wie jede Subkultur besaß die auf „Liebe" eingestellte Hippie-Bewegung ihren eigenen Lebensstil, eine besondere Kleidung, Frisur und Sprache. Jene zelebrierte sich 1969 auf dem Woodstock-Festival mit Regen, Schlamm, Musik und psychedelischen Drogen wie Haschisch oder LSD. Das Symbol der langhaarigen, buntbekleideten Beat-Generation war die Blume. Mit „Flower Power" kämpften die Jugendlichen gegen spießige Biederkeit, Vietnamkrieg und Klassenunterschiede sowie für mehr Frieden auf Erden: „Make Love, Not War". Dabei standen hinter ihrer Blumenseligkeit außer „love" gleichfalls „drugs and music" – psychedelische Sounds, welche die schon drogenberauschten Blumenkinder in noch größere Trance versetzten. Die Kultfiguren jener Zeit hießen Joan Baez und Bob Dylan ebenso wie Mick Jagger, Jimi Hendrix, Led Zeppelin, Frank Zappa, Jim Morrison oder Janis Joplin, die schon bald mit härteren rhythmischen Impulsen an die Öffentlichkeit traten.

Auch in den 70er Jahren, dem Jahrzehnt des Synthesizers oder des jamaikanischen Reggaes, etablierte sich eine musikalische Subkultur fernab aller Konventionen. Beeinflusst von „klassischen" Komponisten wie Claude Debussy und György Ligeti entstand eine Art Sphärenmusik, welche teilweise die Rolle der Drogen übernahm; man denke nur an Keith Jarrett, Pink Floyd, Tangerine Dream oder Mike Oldfield.

In den 80er Jahren war dann die Blumenseligkeit endgültig vorüber. Die Haare wurden kurz, die Kleider grau und schwarz. Die sadomasochistische Ästhetik der Punkszene war entstanden. An die Stelle der „blauen Blume der Romantik" traten die „Blumen des Bösen" von Charles Baudelaire. Heroin und Speed lösten Mescalin, Psilocybin und LSD ab, die anschließend wiederum von Mixturen aus euphorisierendem Kokain, Crack, einer rauchbaren Variante von Koks, verdrängt wurden. Hinzu kamen Ketamine wie Special K sowie antriebsteigernde Amphetaminderivate wie Ecstasy, MDMA, bis hin zum heutigen Cristal Meth. Anfang der neunziger Jahre entstand dann die sogenannte House-Music, genannt nach der Chicagoer Discothek *The Warehouse*, und die Techno-Bewegung. Beide lassen bis heute die tätowierten und gepiercten Leiber der nachtschwärmerischen „Raving-Society" in Hochstimmung kommen und im Club ihren Alltag vergessen. „Raver" nennen sich die Fans der Technoclubs. Die Bezeichnung Club verdrängte den Ausdruck Discothek. Im Club feiert die „Celebration Generation"[270] ihr liminoides Tanzflächenglück mit House, Techno und ähnlichen Klanggestalten abseits aller sozialen Utopien.

In den letzten Jahren brachten elektronische Klangexperimente auch zahllose langsame, entspannendere Tonfolgen, sogenannte Trance-, Chillout- und Lounge-Musik hervor. Am meisten jedoch fasziniert Techno, eine äußerst kompromisslose Form reiner Elektromusik mit teilweise hitzigen Schallbewegungen und mächtigen Basseinschlägen. Für gewöhnlich herrscht in den Clubs ein unbeschreiblicher Lärm. Rhythmus scheint die wichtigste Botschaft dieses Klanginfernos zu sein, in dem Melodie und Gesang eine eher untergeordnete Rolle spielen. Die ungeheure Lautstärke und unnachgiebige Härte der Klänge faszinieren die feiernde Masse der Techno- und House-Kathedralen. Den nüchternen Besucher dieser verhältnismäßig ungeordneten Freiräume der bürgerlichen Gesellschaft brüllen, springen und greifen sie dagegen regelrecht körperlich an.

Techno und House, auch Drum'n Bass und HipHop, um zwei weitere Stilrichtungen zu nennen, bringen die spärlich bekleideten oder in Fetisch-Kostümen gehüllten Nachtschwärmer derart in Spannung, gleichsam unter Strom, dass sie sich einfach bewegen, ihren Körper durchschütteln, dessen Energien in freier tänzerischer Selbstinszenierung ausleben müssen. Das rohe Pulsieren der auf die Raver einhämmernden Bässe entfesselt eine wahnsinnige Vitalität auf der Tanzfläche, als ob die sich hier austobende halbnackte Menge direkt an die dröhnenden Lautsprecher angeschlossen wäre. Alles vibriert. Solch kompromissloses Klanginferno eignet sich nicht nur gut als Anreiz zu exzessivem Sex. Es ist exzessiver Sex. Denn die emotional aufwühlenden Tonfolgen regen genau die Hirnregionen und Ausschüttung jener Botenstoffe an, die auch beim Sex eine große Rolle spielen und die sich gleichfalls durch Drogen aktivieren lassen. Sie dringen direkt in die Gehirntiefen vor, um dort einen Cocktail aus Dopamin und Endorphinen zu mixen. Wie jedoch Musik und Sex im Einzelnen zusammenhängen, darf hier offen bleiben. Allein die Tatsache, dass sich guter Sex mit der richtigen Musik noch besser anfühlt, belegt schon zweifelsfrei, dass bestimmte Klänge und Rhythmen wohl genau die neuronalen Zentren stimulieren und die Freisetzung jener Botenstoffe veranlassen, auf die auch unsere Gefühle rauschhafter Leidenschaft zurückgehen. Nur deshalb können technosüchtige Raver den harten Clubsound bereits als blanke Lust empfinden. Anständige Bürger werden spätestens hier ihre Stirne runzeln und die Nase rümpfen. Dabei sollten sie aber nicht übersehen, dass solche liminoiden Exzesse brutaler Gewalt keine Chance geben, weil sie alles Begehren in pralles Leben verwandeln, das im Club sozialverträglich verausgabt wird. Was man nicht bändigen kann, muss man feiern!

Drogen, Sex und Clubbing

Alles darf sein – außer gewöhnlich! Außergewöhnliches verspricht Intensität. Selbst belanglose Feste haben ihre Berechtigung, solange hierdurch die gute Laune gesteigert und die Stimmung gehoben wird. Häufig ist der Tagesablauf bis zum Schlafengehen durchgeplant, mit Routinen ausgefüllt, die unverzichtbaren Halt und willkommene Entlastung bieten. Trotzdem spüren die Menschen bei Gelegenheit zehrende Sehnsüchte aufleben und aufblühen, die am ehesten liminoide Partys sättigen können. Stillstand beunruhigt die Lebenslust, die es deshalb zu nervöser Rastlosigkeit treibt.

Wenn Pille und Pulver im Hirn tanzen

Erotische Abenteuer und exzessive Ausschweifungen sind wichtige Bestandteile des Freizeitsektors unserer Zeit, der auf Zerstreuung und Kurzweil ausgerichtet ist. Darin wird fast jedes Mittel als willkommen begrüßt, das die Grenzen der körperlichen Erlebnisfähigkeit erweitern kann. Gerade der Sinneslust scheinen Stoppregeln wesensfremd zu sein; ein Mehr bleibt immer denkbar. Keine Markierung legt fest, dass genug Lust zu einem bestimmten Zeitpunkt erreicht wäre. Im Lustgenuss ist eine Steigerung zum Rausch angelegt. Sinnliches Luststreben gleicht einem Motor ohne Bremsvorrichtung. Dies macht jedes Vergnügen anfällig für Drogen, die einen Zuwachs an Erlebnistiefe, Enthemmung und Ausdauer versprechen. Die Skala der Motive zur Einnahme psychoaktiver Substanzen reicht von religiöser Ergriffenheit bis zu sexueller Aufwallung. Überschäumende Tanzpartys mit toxisch bedingten Exzessen über viele Stunden sind in den europäischen Metropolen, den USA und anderen Teilen der Welt keine Seltenheit.

Heute gehören zu den beliebtesten Sex- und Feierdrogen – außer Cannabisprodukten wie Haschisch und Marihuana – Aufputschmittel wie Kokain und Speed, Halluzinogene wie LSD und Magic Mushrooms. Außerdem besteht eine große Nachfrage nach Designerdrogen wie MDMA oder GHB, Special K(etamin) und N-Bomb, aber auch nach destruktivem Crystal Meth, häufig nach Poppers, um nur einige Rauschstoffe zu nennen. Diese können den Enthusiasmus der

Wollust regelrecht aufschäumen lassen. Allerdings wirken die Substanzen teilweise sehr unterschiedlich: Poppers und Special K zum Beispiel hemmen die Schmerzwahrnehmung und bewirken einen Rausch. Die meisten anderen vertreiben die Müdigkeit und verlängern so die Wachheit; viele euphorisieren; wieder andere wie Kokain und LSD wirbeln die konstruktiven Arbeiten des Hirns so durcheinander, dass der Anschein einer Reizüberflutung entsteht; einige entgrenzen das Verlangen, indem sie die erglühte Gier unersättlich werden lassen. Hierzu zählt vor allem das zerstörerische Crystal Meth, auch Tina genannt. Speziell Ecstasy gilt als Liebes- und Sexpille, obgleich sie beim Mann die Erektion dämpft, der häufig mit „Viagra", „Cialis", „Levitra" oder Generika entgegensteuert. Erektionshelfer sind inzwischen zur Lifestyle-Droge geworden. Sie werden sogar von Männern ohne Erektionsstörungen eingenommen. Denn sie können sowohl zur zeitlichen Verlängerung als auch zur Verstärkung der Liebesspiele beitragen. Außerdem gleichen sie die dämpfende Wirkung etlicher Drogen auf das sexuelle Verlangen aus. MDMA, als Ecstasy bekannt, ist ein aufputschendes Amphetaminderivat und mit dem Halluzinogen Meskalin verwandt. In den Hirnzellen bewirkt es eine größere Ausschüttung des Neurotransmitters Serotonin. Dieses Glückshormon steuert menschliche Gefühle und reguliert außer den assoziativen und sensorischen auch die motorischen Hirnzellen. Dadurch ermöglicht MDMA eine mehrstündige Partyseligkeit. Zusätzlich lässt es eine intensive Nähe zum Sexualpartner, ja sogar ein Gefühl starker Verliebtheit aufkommen. Außerdem löst dieser innige Taumel scheinbar unaufhörlicher Euphorie die Zunge für exaltierte Gespräche. Niemals sonst hört man Menschen so begeistert, so mitreißend reden. Ecstasy bedeutet mehr Offenheit, Freundlichkeit und Leichtigkeit.

Deshalb werden die Pillen wie andere Aufputschmittel massenweise in Techno-Clubs konsumiert. Einige von ihnen sind für sexuelle Freizügigkeit bekannt, wie das Berliner *Kitkat* oder das Amsterdamer *Wasteland*, um zwei Beispiele zu nennen. Der brave Bürger hat in der Regel keine Ahnung von den heutigen Feierwelten in den nächtlichen Metropolen am Wochenende. Obwohl sich selbst der Spießer schmutziger Abenteuer für fähig hält und in sich Überbleibsel romantischer Poesie verspürt, übersteigen diese Partys vermutlich seine Vorstellungskraft.

Damit die Fans des chemisch stimulierten Wohlbehagens euphorisch durch ihre Gelüste und ferne Galaxien rauschen können, müssen Setting und Set stimmen. Drogen, Musik und Sex führen nicht automatisch zu sinnlichen Hochgefühlen oder mystischen Visionen. Unter Setting wird das äußere Umfeld, die Atmosphäre, Raumgestaltung einschließlich Musik, kurz, der Rahmen verstanden, in dem sich eine Session abspielt. Licht, Sound und Umgebung tragen wesentlich zum Gelingen künstlicher Grenzüberschreitungen bei. Darum werden die Vorbereitungen im Club so auf die Raver abgestimmt wie Gottesdienst und Kirchenmusik auf die Gläubigen. Das Set bezeichnet die psychische Verfassung, genauer, die mit dem Setting harmonierenden Einstellungen, Erwartungen, Gefühle, auch die Veranlagung zur Ekstase oder Vision. Man muss nicht einen ausgeprägten Hang zum Exzess haben, um bewusstseinsverändernde Drogen, intensiven Sex, psychedelischen Sound oder religiöse Rituale genießen zu können. Doch in Stimmung hierfür muss man schon sein, wenn diese Intensifikatoren wirken sollen.

Into the wild

Eine besonders intensive Form des sozialverträglichen Lustexzesses ist das Clubbing, wie es sich in den Clubmailen der Feiermetropolen Amsterdams, Barcelonas, Berlins, Ibizas oder Londons ereignet. Tausende von Ausgehtouristen von überallher zieht es an Wochenenden in die Clubs der Großstädte; Billigflüge machen es möglich. Heute „chattet" man nicht nur mit der ganzen Welt, sondern „jettet" auch in die ganze Welt. Allgemein versteht man unter Clubbing ein Gemisch aus aufreizender Musik, am liebsten House oder Techno, aufputschenden Drogen und erotischen Überschreitungen. Im Dunkel stillgelegter Werkshallen wird ganze Nächte durchgefeiert mit zuckenden Stroboskopblitzen bei hundert Dezibel. Hier tritt eine gloriose Selbstverausgabung an die Stelle der katastrophalen Selbstentgrenzung in Kriegen, wo bis heute Abermillionen Menschenleben zerstört werden.

Die Berliner Clubs *Berghain*, *Kitkat*, *Gretchen*, *Kater Blau*, *Ritter Butzke*, *Sisyphos*, *Wilde Renate*, *Watergate* oder *Golden Gate*, um nur einige Beispiele zu nennen, sind Inbegriff dieses sinnlichen Ausnahmezustands. Hier wird über viele Stunden gefeiert. Die Clubs öffnen

Samstagnacht und schließen manchmal erst wieder Montagabend, weshalb einige Partygänger auch erst am Sonntagmorgen losziehen, wenn im Sommer die Sonne schon hoch steht. Andere halten mit den richtigen Aufputschmitteln und Designerdrogen schon mal 24 Stunden und noch länger durch. Clubbing wird nicht nur von durchgeknallten Jugendlichen, Studenten und Großstadtjunkies praktiziert, sondern gleichfalls von Durchschnittsbürgern wie Angestellten, Beamten, Bankern und Managern unterschiedlicher Altersstufen. Sie alle möchten zeitweilig extensiv intensiv leben, für lange Augenblicke in die Leidenschaft der Grenzerfahrung eintauchen, im Delirium einen Höhenrausch wagen, kurz: mal durchdrehen und es sich so richtig geben dürfen. Hier dringt der Einzelne in Bereiche des menschlichen Daseins vor, die sich rationalem Zugriff entziehen. Er genießt es, sich einmal bewusst daneben benehmen zu dürfen mit Unterstützung von Musik, Alkohol und Drogen, die integraler Bestandteil des Clubbing sind.[271] Freundlich lächelnd inhaliert die schwitzende Masse mit geschlossenen Augen und in die Höhe gereckten Armen die kompromisslosen Techno-Klänge, die sie gänzlich überwältigen. Dabei konkurrieren manchmal das markerschütternde Pfeifen und gellende Kreischen der auf engstem Raum tanzenden Raver mit den satten Bässen. Im Taumel solcher Euphorie, die gleichsam den Verstand pulverisiert, weiß niemand mehr, was noch real und schon imaginär ist. Der Kopf ist auf Berg- und Talfahrt geschaltet. Empfindungen schießen wirr und wild durcheinander – gemäß dem Song: „My head is a jungle".

Es wird geschwitzt, gejubelt und geschrien. Eine starke Lebenssucht hält die zuckende Masse bei ihren Expeditionen auf die höchsten Berge sinnlicher Exzesse in ihren Fängen. Dort einmal angekommen, möchten die Raver nicht mehr zurück zum Basislager oder zur Bodenstation des Alltags. Sie können nicht genug vom Ausgehen kriegen. Dieses Verlangen nach Verlängerung gehört zur Gier des momentanen Bebens. Die Angst ist groß, die Blase schöner Gefühle könne schon bald wieder platzen. Plötzliche Ruhe würde die Stille unerträglich machen. Darum muss die Erschöpfung des Körpers weiter verzögert werden. In dieser Situation ist jedes Mittel willkommen, das die Grenzen von Zeit und Sinneslust hinauszuschieben vermag.

Drogen, Sex und Clubbing

Türsteher vor den Clubs bewachen die Schwellen zwischen der profanen Alltagswelt und dem sakralen Raum der Ekstase. Sie gleichen den Schutzgeistern vor christlichen Basiliken und buddhistischen Tempeln, an deren Toren oft grauenerregende Fratzen böse Mächte und Ungläubige abwehren sollen. Ähnlich lassen die Türsteher vor den Clubs nur Gäste ein, deren Auftreten und Bekleidung vermuten lassen, dass sie die Rituale in den heiligen Tanzkathedralen beherrschen.

Ohne solche Intensifikatoren wie Drogen und Techno könnte die „Celebration Generation" gar nicht so lange durchhalten und so hoch abheben im Klanggewitter. Nur weißes Pulver und bunte Pillen, die über das Nervengeäst ins Bewusstsein vorstoßen, können über viele Stunden die Gier befriedigen, die nicht genug kriegen kann. Wenn ein Funkenregen flüchtiger Glücksmomente auf die Tanzenden herabfällt, zählt allein der flüchtige Augenblick, der durch die Intensifikatoren vor Sinnlichkeit geradezu birst. Fast alle Hemmungen sind in diesen Momenten unter der chemisch induzierten Gefühlslawine begraben. Man lässt seinen Gelüsten freien Lauf, der nirgends Halt macht und ins Grenzenlose strebt. Techno, Drogen und Tanz bilden eine stimmige Einheit im exzessiven Nachtleben der groovenden Raverszene, die sich dem Leben von der leidenschaftlichen Seite her nähert.[272]

Klassische Lieder, Opernarien, Schlager und Popsongs wirkten schon immer als Gefühlsverstärker – weniger ihrer Texte als vielmehr der Melodien oder des Sounddesigns wegen. Dies gilt erst recht für Techno, House und Ähnliches, kombiniert mit Partydrogen. Aufreizende Musik und aufheizende Rauschmittel können Reflexionen mit spiralförmigen Drehungen auslösen und vorübergehend das nüchterne, sachliche Denken kappen. Sie sind Wegbereiter visionärer Gefühlserlebnisse, „Magic Trips", die Einblicke in fiktive Bereiche außerhalb des normalen Wachbewusstseins zulassen.

Das Lusttier ist an die Oberfläche des Bewusstseins vorgedrungen, wo sich seinem Blick fantastische Bildwelten eröffnen, in denen das Imaginäre über das Reale triumphiert. Hier wird mit Inbrunst zum Angriff gegen die Vernunft geblasen, um deren Kehrseiten ans Licht zu ziehen, die der Einzelne in seinem disziplinierten Alltag bedächtig verborgen hält. Der Körper ist der Austragungsort dieser infernalischen Schauspiele, zu denen auch die Suche nach freier Liebe gehört.

So kommt es zu flüchtigen Flirts und dem Verlangen nach handfestem Sex oder zärtlichem Kuscheln mit dem Partner, Fremden, zu zweit oder mit mehreren, ob in der Ecke, an Orten minderer Qualität, im Auto, Park oder Zuhause. Im erotischen Theater der Dauererregung können bis dahin Unbekannte sich in einer Intensität kennenlernen wie sonst nur enge Freunde oder intime Partner, obwohl sie sich vielleicht nie mehr wiedersehen werden. Das fröhliche, liebestolle, tanzwütige Treiben nimmt bisweilen surreale Züge an. DJs bewahrheiten den Song „God is a DJ", gleichen sie doch Schamanen, welche die Raver zur kollektiven Ekstase bringen. Der makabre Karneval des liminoiden Clubbing besteht aus Ritualen, die man bislang nur aus Beschreibungen von Ethnologen kennt.

Heute beklagen zahlreiche Raver, dass die alternative Partykultur ihre chaotische Spontaneität wieder verloren habe im „wilden" Berlin, das nach dem Mauerfall zur Welthauptstadt des kreativen und exzessiven Feierns aufgestiegen war. Ende des letzten Jahrhunderts konnte das Verlangen nach der vollen Intensität des Lebens in provisorischen Bars und Clubs, die in verlassenen Werkshallen wie aus dem Nichts aufgetaucht waren, exzessiv ausgelebt werden. Inzwischen aber hätten sich starre Ordnungen herauskristallisiert und kommerziell ausgerichtete Betriebe etabliert. Zwar könne man auch in solchen Lokalitäten mit seinen Gelüsten und Begierden obsessiv experimentieren. Alles in allem aber sei die lustvolle Sprengkraft und spielerische Anarchie der ersten Jahre nach dem Mauerfall verbraucht. An deren Stelle sei eine profitorientierte Event- und kommerzielle Konsumkultur getreten, in der die sinnliche Entgrenzung auf vorgezeichneten Bahnen den Weg ins Weite suche.[273]

Abgesehen davon, dass selbst unter diesen Bedingungen immer noch intensives Clubbing möglich ist, gilt es zu erkennen, dass es nahezu zwangsläufig zu einer solchen Entwicklung kommen musste, mag sie vielleicht auch nicht wünschenswert sein. Wie Georg Simmel in *Tragödie der Kultur* vermerkt, gerinnt alles vibrierende, überschäumende, ins Grenzenlose verfließende Leben zunächst zu elastischen Kulturformen, in denen es sich fast ungehemmt entfalten kann. Irgendwann aber werden die dehnbaren Gehäuse hart und starr, so dass es zu Reibungen zwischen dem Lebensdrang und den sich daraus entwickelten Gestalten kommt. Die wilden Kräfte kristallisieren sich zu geordneten Gebilden, in die sie zwar weiter strömen, in denen es ihnen aber bald zu eng wird. Nun würde das Leben erschlaffen, verkümmern oder absterben, wenn nicht neue Impulse die etablierten Konventionen und Institutionen wieder durchlöcherten.

Solche Kristallisationen scheinen sich seit einigen Jahren in Berlin zu ereignen. Darum klagen die Raver der ersten Stunde, dass die Party inzwischen vorüber sei. Allerdings geht die Party unter veränderten Bedingungen durchaus mit flügelschlagender Abenteuerlust weiter.[274] Im Gegensatz zu Simmel empfiehlt Ernst Cassirer, diese Entwicklungsgesetze nicht zu beklagen, sondern gelassen zu akzeptieren, da sie das Leben genauso davor schützen, sinnlos zu zerfließen, wie davor bewahren, endgültig zu erstarren.[275]

Absolute Sinnlichkeit

Irgendwann endet jeder Rausch, jede Feier, jeder Exzess – zumeist mit dunklen Augenrändern, rissigen Lippen, mahlenden Kiefern, tanzenden Pupillen, gespenstischer Blässe und Schlafdefizit. Die Lust am Exzess hat ihren Preis. Die Nachwirkungen bekommt man in den nächsten Tagen zu spüren, wenn die narkotische Intensität tristem Stumpfsinn weicht und ein übler Kater folgt. Der vorübergehende restlose Verbrauch der körpereigenen Glückshormone führt fast automatisch zu Gefühlen der Leere, Schwermut und Müdigkeit. Wiederholter Konsum von Aufputschmitteln und Designerdrogen ruft Entzugserscheinungen, Nervosität, Schlaf- und Konzentrationsstörungen hervor. Wer Höhepunkte erleben möchte, muss Täler durchschreiten können! Regelmäßig betrieben, machen die Wonnen des Rauschs den Einzelnen kaputt. Sie rufen dauerhafte Beeinträchtigungen seiner körperlichen Gesundheit und Geisteskraft hervor. Künstliche Paradiese können sich leicht in reale Höllen verwandeln. Abzustürzen ist nur schön, solange man nicht hart aufschlägt!

Die Gefahr ist groß, in einen Strudel der Gier gerissen zu werden, die am eigenen Ruin arbeitet. Denn die anfängliche Euphorie lässt sich schon nach kurzer Zeit nicht mehr wiederholen. Es treten Gewöhnungseffekte auf. Dauerhafter Drogenkonsum bewirkt Toleranzen, woraufhin fast automatisch die Dosis erhöht wird. Viele Drogen entwickeln schnell Toleranzen, so dass es immer größerer Mengen bedarf, um weiter den erwünschten Effekt zu erzielen. Was dem Leben zunächst Erleichterung versprach, entwickelt sich so plötzlich zur schweren Last. Auf der vergeblichen Suche nach dem ursprünglichen Kick kann sich das Leben leicht verzehren. Bei einigen Rauschmitteln wie Cristal Meth kommt noch ein hohes Suchtrisiko hinzu.

Sowohl Thomas de Quinceys *Bekenntnisse eines englischen Opiumessers* als auch Charles Baudelaires *Künstliche Paradiese* warnen vor regelmäßigem Drogenkonsum und machen auf dessen Kostenseite aufmerksam, ohne allerdings Rauschmittel gänzlich zu verwerfen. Bis zuletzt behielten sie ihre Faszination für beide. „Die Dosis allein macht das Gift", sagten die alten Römer. Viele Schriftsteller wie Edgar Allan Poe, Georg Trakl oder Henri Michaux experimentierten mit Drogen. Doch meistens blieb ihr Verhältnis psychoaktiven Substanzen gegenüber ambivalent. Bereits in den *Blumen des Bösen* ist der Rausch ein Schlüsselmotiv, dessen schreckliche Kehrseite Baudelaire allerdings erst in den *Künstlichen Paradiesen* offen beim Namen nennt. Bedrohliche Schreckensvisionen, Freiheitsverlust, Angstzustände, Abstumpfung, Aushöhlung des Geistes und Verwahrlosung des Lebens gehören hierzu. Nach dem Rausch erwacht man häufig in einem noch graueren Alltag als zuvor. Denn hat man erst einmal im Rausch sein gewohntes Leben hinter sich gelassen, ekelt es einem womöglich fortan davor. Zwar schenken psychoaktive Stimulanzien beglückende Visionen und euphorisierende Ekstasen. Aufgrund eigener Erfahrungen wussten jene aber auch um die hiermit verbundenen Gefahren.

Dazu schwächt eine Reihe von Drogen wie Crystal Meth oder Kokain wichtige Zensurleistungen des Hirns, was einerseits auf wunderbare Weise befreiend wirkt, andererseits auf unverantwortliche Weise die Begierde vor die Vorsicht setzt. Das Zusammenspiel von Drogen und Sex birgt hohe Risiken. Es bewirkt einen Kontrollverlust, eine Senkung der Schmerzschwelle und Steigerung des Lustverlangens. Infolgedessen nimmt die Wahrscheinlichkeit erheblich zu, dass man sich selbst oder seinen Sexualpartner nicht mehr ausreichend vor einer Infektion mit HIV, Hepatitis C oder anderen sexuell übertragbaren Erkrankungen schützt. Die Gefahr steigt, sich mit lebensgefährlichem Leichtsinn ins Partyleben zu stürzen.

Darum empfahl Aldous Huxley die Suche nach einer idealen Droge, die den Menschen ohne unerwünschte Nebenwirkungen, dauerhafte Schädigungen und öffentliche Störungen hin und wieder Fluchtmöglichkeiten aus dem Alltag bietet und himmlische Freuden beschert. Doch gibt es solche risikolosen Türöffner bis heute nicht. Dabei übersah Huxley keineswegs die Missbrauchsgefahr: In seinem Bestseller *Brave New World* dient die chemische Ekstase, die das psychoaktive „Soma" auslöst, dem totalitären Staatsapparat zur Entmündigung seiner Bürger, die, ihres eigenständigen Denkens und der freien Willenskraft beraubt, sich in sinnentleerter Glückseligkeit widerspruchslos mit den totalitären Verhältnissen aussöhnen.[276] Demgegenüber empfiehlt Huxley im Roman *Eiland* die fiktive Droge „Moksha" als Mittel für visionäre und lustvolle Erlebnisse wie auch zur Bewältigung schwieriger Lebenssituationen.[277]

Beim Erkunden des eigenen Inneren in der Spannweite seiner Möglichkeiten kann es leicht zur Verabsolutierung der Sinnlichkeit kommen. Feinschmecker der Lust laufen Gefahr, ihre Party-, Sex- und Rauschmündigkeit zu verlieren. Es gibt Menschen, die ihr Leben fast ausschließlich sinnlicher Lust widmen. Außer intensiven Ausschweifungen ist für sie nichts mehr real. Doch richtet die verabsolutierte Sinnlichkeit den ruhelosen Abenteurer früher oder später zugrunde.

In solcher Situation ist ein hohes Maß an Misstrauen gegen die Steuerkraft der Vernunft angebracht, die oft genug vergeblich an den Ufern ekstatischer Sehnsüchte patrouilliert, um sie von der Alltagswelt fernzuhalten. Hier wie sonst ist es naiv zu glauben, man müsse der Vernunft nur das Brautbett aufschlagen, damit sie sich mit dem Denken, Fühlen und Handeln der Menschen vermähle. Hierauf sollte man sich besser nicht verlassen. Im Gegenteil begünstigt jede drogenunterstützte Verabsolutierung der Sinnlichkeit nachweislich Rücksichtslosigkeit, Korruption und Kriminalität. Überdies führt sie zur bloßen Aneinanderreihung flüchtiger Glücksmomente, die aufgrund permanenter Übersättigung und zunehmender Lustgewöhnung erbarmungslos nach immer stärkeren Reizen verlangen. Wie oft geht mit unersättlichem Glücksverlangen ein Gefühl wachsender Leere einher! Regelmäßig folgt aufs verschwenderische Schlemmen ein emotionaler Absturz. Das Risiko ist groß, sich mit der verschwenderischen Fülle seines Lebens unbedacht dem Begehren hinzugeben und in eine Sackgasse zu geraten.

Gut drauf sein

Es ist nicht alles schweres Versäumnis, was nicht auf ein unvergessliches Abenteuer hinausläuft. Jedoch berauscht nichts mehr als die plötzliche Erfüllung eines glühenden Wunsches. Darum kann die überraschende Gelegenheit zu einmaligen Erlebnissen leicht das Gefühl erzeugen, sie unbedingt nutzen zu sollen. Doch möglicherweise hat man Angst, die geläufigen Routinen und Regeln zu durchbrechen. Zugleich verspürt man den Wunsch, seinem Begehren mal freien Lauf und an die Stelle der föhnigen Windstille des Alltags stürmische Springfluten treten zu lassen. Mit Recht warnen Durchschnittsbürger, die nichts von den nächtlichen Eruptionen des Clubbing ahnen, vor sinnlichen Exzessen. Es steckt einfach zu viel schmutzige Wollust und Rauschgier im dunklen Begehren, als dass die öffentliche Ordnung dieses bunte Treiben uneingeschränkt zulassen und die Bürger aufs Geratewohl seinen Verlockungen überlassen könnte. Doch mögen sich die Abenteurer auch nicht an die Maßregelungen halten und sich selbst sowie das Gemeinwesen großen Gefahren aussetzen, so soll Clubbing hier dennoch weder existenziell noch moralisch oder rechtlich skandalisiert werden. Stattdessen soll der Blick auf die Faszination der „Party am Abgrund"[278] gelenkt werden, die viele jüngere Menschen trotz hohem Suchtpotenzial und beunruhigenden gesundheitlichen Nebenwirkungen in Bann zu schlagen vermag.

Freilich beruhen Clubbing und Drogengebrauch auch auf eskapistischen Motiven. Sie dienen als Fluchthelfer aus der bedrückenden Enge des Lebens, unerträglichem Überdruss und fadem Ennui. Sie verheißen einen Kurzurlaub von Krisen und Problemsituationen, den Bedrängnissen eines schwierigen Alltags. Honoré de Balzac sieht in *Opium* eine bessere Alternative zum herkömmlichen Dasein. Wo die Menschen ein Leben von der Stange führen, ist schon oft der Wunsch laut geworden, auszubrechen. Junkies sind weder genießende Abenteurer noch neugierige Erkenntnissucher oder revolutionäre Welterneuerer. Oft sind sie deprimierte Deserteure, die sich den Anforderungen ihrer Umwelt nicht gewachsen fühlen und im Drogenrausch oder Clubbing ihren Problemen einfach entfliehen möchten. Manchmal jedoch suchen sie auch bloß Zerstreuung wie der Titelheld von William Burroughs Roman *Junkie*, der zur Droge greift, weil ihn die trostlose Banalität des Alltags quält und ihm sinnvolle Lebensziele fehlen.

Kritiker werfen Junkies vor, im Rausch einer billigen Zuflucht nachzujagen, die ihnen die Mühe erspart, sich mit ihren Leiden ernsthaft auseinanderzusetzen. Statt ihre Sorgen zu bearbeiten, zauberten sie diese mit chemischen Fluchthelfern einfach für ein paar Stunden von der Bildfläche. Sie klickten ihren öden Alltag weg. Die Betroffenen halten dagegen, dass sich nur im Rausch der scheußliche Alltag aushalten lasse.

Nun lässt sich das Bedürfnis nach Clubbing, Rausch und Euphorie aber nicht ausschließlich auf eskapistische Motive zurückführen. Man macht es sich zu einfach, wenn man Clubbing nur als kranken Ersatz für ein erfülltes Leben in gesunder Umgebung, als Realitätsflucht der Entwurzelten, Gescheiterten und Lebensuntüchtigen abtut. Nicht jeder Ekstatiker ist ein lebensunfähiger Weltflüchtling oder Emigrant aus zerrütteten gesellschaftlichen Verhältnissen. Anknüpfend an Arthur Schopenhauer, dem zufolge menschliches Leben ständig zwischen Not und Langeweile pendelt, lässt sich kaum leugnen, dass jeder gelegentlich der Betäubung und Beglückung bedarf, um mit dem Leben fertig zu werden. „Zwischen Gier und Langeweile schaukelt unsere Ungeduld", schreibt André Gide.[279] Und Friedrich Schiller mahnt in der *Braut von Messina*: „Etwas fürchten, hoffen und sorgen muss der Mensch für den kommenden Morgen, auf dass er die Schwere des Daseins ertrage und das ermüdende Gleichmaß der Tage."[280] Sonach geht es um zweierlei:

Erstens mögen selbst ausgeglichene Persönlichkeiten drogeninduzierte Exzesse und sexbesessene Delirien in periodischen Abständen. Das hängt damit zusammen, dass diese für Augenblicke vom allgemeinen Daseinsdruck befreien. Auch das Leben eines starken Menschen in harmonischen Verhältnissen ist anstrengend. Darum sehnt sich selbst der Gesunde, Erfolgreiche, Gutgelaunte bisweilen nach Atempausen, Erholungskuren, Betäubungen, den Wonnen der Ekstase. Jeder möchte gelegentlich über sein alltägliches Selbst hinaus getragen werden, um den warmen Hauch der Sorglosigkeit atmen zu können. Da gibt es weder Vergangenheit noch Zukunft; die Zeit verschwindet. Man lebt voll im Jetzt. Nach Immanuel Kant besteht in Existenzentlastung der eigentliche Nutzen von Rauschmitteln. Sie könnten „den Menschen die Last, die ursprünglich im Leben überhaupt zu liegen scheint, vergessen machen".[281] Aus demselben Grund hält auch Sigmund Freud Rauschmittel für unentbehrlich: „Das Leben, wie es uns auferlegt ist, ist zu schwer für uns, es bringt uns zuviel Schmerzen, Enttäuschungen, unlösbare Aufgaben. Um es zu ertragen, können wir Linderungsmittel nicht entbehren. Es geht nicht ohne Hilfskonstruktionen, hat uns Theodor Fontane gesagt: Solcher Mittel gibt es vielleicht dreierlei: mächtige Ablenkungen, die uns unser Elend gering schätzen lassen, Ersatzbefriedigungen, die es verringern, Rauschstoffe, die uns für dasselbe unempfindlich machen. Irgendetwas dieser Art ist unerlässlich. (...) Auf erniedrigtem Niveau sagt Wilhelm Busch in der 'Frommen Helene': Wer Sorgen hat, hat auch Likör."[282] Aus existenzialistischer Sicht steht also Clubbing im Dienst menschlicher Selbstbehauptung. Hiernach finden wir bei Drogen, Sex und Tanz tröstliche Erleichterungen als Gegenmittel zum beschwerlichen Alltag unseres sorgenvollen Daseins, ohne die es leicht als zu hart, aufreibend und mühsam empfunden werden könnte.

Zweitens dient das liminoide Clubbing aber auch dem menschlichen Verlangen nach der vollen Intensität des Lebens. Aus hedonistischer Sicht werden Cannabis, MDMA, Kokain und andere psychoaktive Substanzen in der Technoszene bloß zur Verstärkung guter Gefühle konsumiert. Dabei geht es weder um Weltverbesserung noch um Existenzflucht, sondern einfach nur um Lebensfreude. Der hedonistische Raver möchte spielen und einige Stunden nichts mehr ernst nehmen müssen. Statt tiefgründiger Wahrheit wird in den drogeninduzierten Überschreitungen des Alltags lediglich Genuss gesucht. Erkenntnisse werden vom Rauscherleben nicht mehr erwartet. Heute zieht kaum noch jemand eine Linie oder wirft sich eine Pille ein, um Gott zu schauen. Die risikobereite Feiergemeinde möchte nicht in ungeahnte Tiefen abtauchen, sondern einfach nur gut drauf sein. Sie ist liminoid ausgerichtet. Dementsprechend suchen die Raver bei Drogen, Sex und Tanz lediglich aufwühlende Erregungen als Gegenmittel zum gleichförmigen Alltag, ohne die das Leben leicht als fade erscheinen könnte. Gottfried Benn schreibt: „Existenz heißt Nervenexistenz"[283], und deshalb benötigt der Mensch, mit Ernst Jünger gesprochen, „Nervenkost"[284]. Die Motive zum liminoiden Clubbing sind in erster Linie kulinarischer Art, weniger politisch, religiös oder psychopathologisch. Darum wird Clubbing ja auch bisweilen vorgeworfen, die Jugendlichen zu entpolitisieren und zu kommerzialisieren.

Aber Jubelfeiern intensiver Lust mit orgiastischen Ausschweifungen sind unwiderstehlich. Sie werden so sehr gemocht, weil sie den Körper mit Endorphin-, Serotonin- und anderen Botenstoff-Wellen überfluten, die sich einfach wunderschön anfühlen. Das ist alles.

Künstliche Paradiese

Nach alledem stellt sich die Frage, ob chemisch erzeugte Glücksgefühle nicht als unecht disqualifiziert werden müssen. Sie sind doch künstlich. Jedoch steht die Vorzugswürdigkeit des Natürlichen vor dem Künstlichen keineswegs fest. Als Gegenentwürfe zum romantischen Naturkult sind künstliche Paradiese durchaus berechtigt. Nach Lévi-Strauss bezeugen schon die Gesichtsmalereien archaischer Stammesangehöriger eine ungeheure Abscheu vor der lehmigen Erde und Natur insgesamt.[285] Damit übereinstimmend entwarfen Charles Baudelaire, Oscar Wilde und Joris-Karl Huysman, letzterer in seinem Roman *Gegen den Strich*, dekadente Kulturwelten, die entgegen jeder Naturverklärung das Künstliche idealisierten.[286] Auch das Künstliche kann glaubwürdig sein. Aus der Erlebnisperspektive sind chemisch erzeugte Glücksgefühle schon deshalb echt, weil sie empfunden werden.

Trotzdem könnten sie voller Unwahrheiten stecken, weil sie etwas vortäuschen, das gar nicht existiert. Obwohl die Gefühle also echt sind, könnten sie doch unangemessen sein, weil sie nicht zur übrigen Lebenssituation passen. Eine chemisch hervorgebrachte Intensivierung von Liebesgefühlen für den Partner, in den man schon im nüchternen Zustand verliebt ist, ergibt selbstverständlich ein stimmiges Bild. Hier verstärken die Drogen lediglich die Empfindungen, die schon zuvor bestanden. Allerdings scheint solch künstlich erzeugte Intensität nicht auf die Person zu passen, die man gerade erst kennengelernt hat, nicht wirklich liebt und mit der man nur gemeinsamen Party- und Sexspaß haben möchte. In diesem Falle spielen die Drogen dem Raver etwas vor. Seine rauschbedingte Unfähigkeit, Sex und Liebe noch voneinander trennen zu können, macht den ernüchterten Raver besonders verwundbar.

Ähnlich stimmt jede chemisch hervorgerufene Sorglosigkeit nur schwer mit einem sonst eher bedrückenden Leben überein. Folglich kommt es beim Abklingen der Drogenwirkung oftmals zu existenziellen Dissonanzen, Irritationen und Depressionen. Allerdings hängt der emotionale Absturz nach dem Rausch auch mit der erwähnten Entleerung der Glückshormonspeicher zusammen, die erst nach ein paar Tagen wieder gefüllt sein werden.

Feinschmecker der Lust nehmen solche vorübergehenden Verstörungen und Verstimmungen geflissentlich in Kauf, um für ein paar Stunden unter dem Einfluss von Drogen euphorische Verliebtheit, Geilheit und Sorglosigkeit empfinden zu können. Sie zahlen freiwillig die Zeche, weil sie ein mit vielerlei Sorgen belastetes Dasein haben oder gerade weil sie ein verhältnismäßig unbeschwertes Leben führen. In der drogenkonsumierenden Partyszene tummeln sich Menschen mit allen nur erdenklichen Schicksalen. Die Frage, ob ihre drogeninduzierten Ekstasen angemessen sind, interessiert die experimentierfreudigen Partygourmets nicht. Es genügt ihnen, sie zu haben.

Das Gleiche gilt, wenn etwa eine ansonsten eher schüchterne Person nach der Einnahme von Partydrogen plötzlich redselig, tanzfreudig und kommunikativ wird. Deren impulsive Hochstimmung, Offenherzigkeit und Gewandtheit im Club wirken jetzt aufgesetzt, unpassend, obgleich sie doch in diesen Augenblicken echt sind. Dennoch scheinen diese Gefühle ihr „wahres Selbst" zu verdecken. Nur wer kann ausschließen, dass sie nicht dessen Hervortreten erst ermöglichen oder begünstigen? Gibt es überhaupt ein „wahres Selbst"? Im Grunde genommen ist die Frage für die Betroffenen fast ohne jede Bedeutung. Sie genießen die chemisch induzierten Gefühle als zeitweilige Befreiung unliebsamer Zwänge und Einschränkungen, was sogar zu einem positiven Selbstverhältnis beitragen kann. Jedoch ist gerade dann die Gefahr groß, psychisch abhängig zu werden und der Realität zu entfliehen. Jedoch wollen die Menschen manchmal anders sein, als sie sind. Sie fühlen sich nicht immer eins mit sich, ahmen Vorbilder nach und legen sich gerne deren Eigenschaften zu.

Die hiermit verbundenen Probleme seien nicht banalisiert, aber genausowenig dramatisiert, um das Augenmerk besser auf die entscheidenden Punkte lenken zu können: Allen gegenteilig lautenden Urteilen zum Trotz ist drogenunterstütztes Clubbing nicht von vornherein künstlicher, kranker Ersatz für natürliche, gesunde Glückserfahrungen. Im Gegenteil kann liminoides Clubbing eine Quelle sinnlicher Erfüllungen sein, die auf andere Weise nicht zu erreichen sind. Die „göttlichen Gifte" können den Garten der Lüste auf einzigartige Weise bereichern. Kein anderer Augenblick der Freude kommt diesen Momenten gleich. Möglicherweise wird drogenunterstützter Liebessex und Partyspaß einmal das Beste von allem gewesen sein, das man jemals genießen durfte. Dazu hält die drogeninduzierte Selbstverausgabung beim Clubbing die Beteiligten vor blutigem Fanatismus und brutalen Gewaltorgien fern, indem sie die hierfür notwendigen Lebensimpulse durch intensives Feiern exzessiv verbrauchen.

Abenteuer Liebesspiel

Unter den klassischen Standardtänzen ist der Tango der erotischste aufgrund der Bewegungen der Tanzpartner zueinander hin und voneinander weg. Durch dieses Spiel von Nähe und Distanz, Anziehung und Abstoßung werden Paarung und Verweigerung wie auch Dominanz und Devotion erotisch simuliert. Lüsterne Bilder ziehen an den Köpfen der Tänzer vorüber und wecken schmutzige Gedanken. Wie im Tango kommt die ausschweifende Ekstase im realen Leben oft nur entschärft und angedeutet vor. Denn eines sind die rastlose Suche und Sehnsucht nach erotischen Abenteuern, ein anderes der Mut und die Fähigkeit, sie mit schmutziger Liebe und reinem Sex zu füllen.

Kunst des Begehrens

Vielen Menschen fehlt es an sexueller Meisterschaft. Sie überlisten ihre Gefühle, indem sie alles Extreme von sich fernhalten. Das ist verständlich, weil das sexuelle Begehren eine Macht besitzt, die das Nervensystem zu verrenken und in den Wahn zu treiben vermag. Deshalb gibt es gute Gründe, den Drang zur wilden Ekstase nur eingeschränkt zu entfalten. Gleichzeitig aber ist es töricht, sich jeden fulminanten Furor zu versagen, können doch wollüstige Ausschweifungen das Leben mit einzigartigen Glücksmomenten bereichern. Nicht selten werden animalische Aufwallungen und obszöne Spiele als vollkommene Freiheit erlebt, obwohl das Delirium, das sich der gesamten Existenz bemächtigt, den Einzelnen hiervon eher zu berauben scheint. Damit unsere erotischen Wunschträume in Erfüllung gehen können, ist eine neue Sexualkultur vonnöten, die dem verbreiteten erotischen Analphabetismus ein Ende setzt.

Guter Sex geht über die Natur hinaus. Er überschreitet nicht nur bürgerliche Konventionen, sondern auch biologische Vorgaben. Als experimentelles Kunsthandwerk ist er stets auf der Suche nach neuen Intensitäten. Experimentell heißt hierbei, festgefügte Formen zu sprengen, alte Grenzen zu überwinden, neue Reize zu erproben und einzuüben. Das alles ist nur schwer vorstellbar für Menschen, deren Leben mit keinem Schritt das Gewöhnliche überschreitet. Doch seit jeher gehören zu den elementaren Botschaften des Körpers etwas Rohes, Wildes, das Laster, das die Sprache des Unrats, das Vulgäre und Obszöne anzieht. Es sind die verzückten Grimassen der lüsternen Erregung und die entrückten Fratzen des bebenden Fleisches, die im Lustrausch die Kehrseiten des Anstands in friedfertiger Euphorie zum Klingen bringen. Bei alledem geht es nicht bloß um Befreiung unterdrückter Triebe, noch weniger um Entschlüsselung tieferer Wahrheiten, sondern vielmehr um neue Formen der Lust, die Erfindung körperlicher Genüsse, von denen man bis dahin noch nichts ahnte.[287] Das sinnliche Begehren bietet ein liminoides Trainingsfeld, das regelmäßig neu bespielt werden möchte. Allerdings erfordert die Pflege der Lust viel Geduld, Übung und Einfallsreichtum. Sie ist schöpferische Arbeit, die genauso natürliche Begierden zum Leben bringt wie neue ins Leben ruft. Kreativer Sex ist Entdeckung und Erfindung zugleich. Die menschliche Anfälligkeit für brutale Gewalt wird hierdurch drastisch gesenkt.

Feuerwerk der Sinne

Häufig ist das Verlangen früher da als die begehrte Person. Im Hirn sitzt die Quelle aller sexuellen Erregung. Aber die auslösenden Reize hierfür entstammen größtenteils den fünf Sinnen. Treffend bezeichnet Kurt Tucholsky das Seh-, Gehör-, Geruchs-, Geschmacks- und Tastgefühl als die fünf Laternen, die uns die dunklen Pfade der Welt erleuchten. Der Mensch ist ein „Rendezvous von Sinnesempfindungen", schreibt André Gide.[288]

Hautreize, die gleichermaßen der Entspannung wie Geilheit dienen, sind wichtige Lustquellen. Zärtlicher Hautkontakt, Kuscheln und Streicheln einerseits, leidenschaftliches Kratzen, Beißen und Aufeinanderprallen der verschwitzten Körper andererseits regen die Aktivität der Sexualhormone beim Liebesspiel an. Nicht bloß die Genitalien, der gesamte Körper ist ein Sexualorgan, das nach Berührung verlangt: „Touch me!" Einfühlsame Berührungen machen überall erogene Zonen ausfindig. Jeder Körperteil sucht Kontakt mit der Haut des Partners.

Viele bevorzugen Sex im Halbdunkeln, wo das Sehvermögen herabgesetzt ist. So verwischen die räumlichen Konturen, was die Fantasie beflügelt und die Intensität des Tastsinns erhöht. Manche lassen sich sogar Augenbinden anlegen, um sich besser auf die übrigen Sinne und ihre imaginären Bilder konzentrieren zu können.

Allerdings kann Augenkontakt das Entzücken durch Berührung auch steigern. Die meisten empfinden *Schaulust* als besonders prickelnd. Begierig tauschen sie Blicke aus, „liebäugeln" miteinander und werden füreinander zur „Augenweide". Taktile und visuelle Empfindungen nehmen beim Liebesspiel häufig eine Vorrangstellung ein. Alles, was das Auge sieht, möchte aber nicht nur die Hand berühren, sondern auch der Mund schmecken! Das Auge hält bei aller Nähe noch Distanz. Dagegen macht der Tastsinn das Begehrte unmittelbar zugänglich. Haut und Hand kommen ganz dicht an den Körper heran. Doch erst der *Geschmackssinn* stellt den engsten Kontakt zu ihm her. Es kommt zu Verzehr und Aneignung, gewissermaßen zur Einverleibung. Menschen haben sich bisweilen zum „Fressen" gern. Sie möchten aneinander knabbern, sich gegenseitig mit Küssen überhäufen, ja verschlingen. Den stärksten Geschmack vermittelt beim Liebesspiel das Küssen, wenn der keuchende Atem auf den vorgestülpten Lippen spürbar wird, bevor die Zungen im Mund einander begegnen, voreinander zurückweichen und wieder vorschnellen. Allerdings steht hier gar nicht so sehr der Geschmack im Vordergrund. Küssen ist ein Beispiel für tastendes Erleben. Der bekannte Verhaltensforscher Irenäus Eibl-Eibesfeldt führt Küssen auf die Mund-zu-Mund-Fütterung zurück. Jedoch stößt bei jedem gelungenen Liebesspiel die Zunge nicht bloß in den Mund, sondern in fast alle Körperöffnungen vor, nachdem sie zuvor den gesamten Körper begierig abgeleckt hat.

Dazu muss man den Sexualpartner *riechen* können. Gerüche werden als anziehend oder abstoßend empfunden. Viele Tiere finden ihre Sexualpartner über sogenannte Geruchsbotenstoffe, auch Sexuallockstoffe genannt, die Pheromone, die bei uns Menschen allerdings nur schwach ausgeprägt sind. Deshalb zeigen sie bei der Partnersuche nur geringe Wirkung.

Wie man einander riechen können muss, wenn man zueinander finden möchte, muss man auch die *Stimme* seines Partners mögen – den Klang seiner Sprache wie seiner Leidenschaft, sein Stöhnen, Seufzen und Schreien beim Liebesspiel. Bekanntlich kann der Ausstoß schriller Schreie bis zum schluchzenden Wimmern die ekstatische Verzückung erheblich steigern. Schon bei zahlreichen Wirbeltierarten wie Igeln oder Breitrandschildkröten begleiten intensive Lustlaute den Paarungsakt.

Alle fünf Sinne verschmelzen mit zärtlicher Liebe und ungebändigter Wollust. Wenn sich das Ohr dem Klang der Lust öffnet, die Haut sich der Berührung des Körpers hingibt, das Auge dessen Konturen verfällt, die Zunge sich seinem Geschmack überlässt und die Nase seinem Geruch ergibt, dann kann das Liebesspiel schnell an Fahrt gewinnen.

Handwerk der Erotik

Einerseits halten selbst heute noch viele Sex nur in einer romantischen Beziehung für gerechtfertigt. Sex soll der Nähe zweier Liebenden, die füreinander Lebensmittelpunkt sind, eine körperliche Weihe geben. Andererseits wird Sex nicht nur mit dem Ziel der Liebe, geschweige der Fortpflanzung vollzogen, sondern hauptsächlich zu bloßer Lustgewinnung. Obwohl der Impuls zu begehren häufig den fünf Sinnen entspringt, stehen im Mittelpunkt allen sexuellen Verlangens die Genitalien. Geile Körper drängen und dringen ineinander. Aber viele jüngere Männer sind einseitig auf eine schnelle Reizanschwellung und Ejakulation fixiert. Ihr sexuelles Verlangen ist bisweilen aufdringlicher als Hunger und Durst. Kaum ist Ruhe eingekehrt, entstehen neue erotische Szenen im Kopf. Dem männlichen Begehren wohnt häufig eine gärende Ungeduld inne, die wie eine Flutwelle unaufschiebbar und gebieterisch nach dem Höhepunkt verlangt. Vor Gier erbebend, treiben sie ihren Phallus mit wachsender Wucht in die feuchte Scheide, um möglichst schnell jene Reizung zu erzeugen, die zum Höhepunkt führt. Aber so bedeutsam sexuelle Orgasmen für das Lustempfinden sind, die Fixierung hierauf bedeutet eine starke Verkürzung des hautnahen Glücks, das auf diese Weise leicht zu mechanischer Akrobatik verkommt. Heute ist nicht mehr unterdrückter Sex das Problem, sondern sexuelle Unzufriedenheit, die einer starken Orgasmuszentrierung zur Last gelegt werden muss. Hier rächt sich die Ausbürgerung des Exzessiven aus der bürgerlichen Gesellschaft, die nur wenig für spielerisches Begehren übrighat.

Guter Sex erfordert viererlei: schmutzige Gedanken, kreative Experimentierfreudigkeit, verfeinerte Spieltechniken und genügend Energie.

Dem Einfallsreichtum beim Ausreizen des Körpers im stundenlangen Spiel sind fast keinerlei Grenzen gesetzt. Solche Intensivierung wird nur dadurch möglich, dass sich das Begehren von der Fantasie inspirieren lässt. Die Einbildungskraft erfindet immer neue Arten sexuellen Vergnügens. Erst das freie Zusammenspiel von Verlangen und Imagination öffnet den Raum für liminoide Exzesse. Mit dem Liebesspiel verhält es sich wie mit dem Musizieren: Es bedarf zwar keines besonderen Geschicks, einzelne Töne auf einem Klavier hervorzubringen, aber virtuoser Kunstfertigkeit, um ihm schöne Melodien zu entlocken.

Wirklichen Genießern gibt schon das spielerische Bearbeiten der Brüste und Nippel einen Kick, der zur vermehrten Ausschüttung von Oxytocin führt, was intensive Lustgefühle auszulösen vermag. Selbstverständlich gehören zur Liebeskunst auch Fellatio und Cunnilingus, die oral-genitale Stimulierung der männlichen und weiblichen Geschlechtsorgane mit Lippen, Zunge und Zähnen. Hinzu kommt das harte, ausdauernde Penetrieren von hinten, in der sogenannten Hundestellung, Doggystyle; außerdem Facesitting und Rimming, was soviel heißt wie, auf dem Gesicht des anderen sitzend, den After hemmungslos mit der Zunge zu bearbeiten oder bearbeitet zu bekommen.

Mit abwechslungsreichen Spielen treiben sich experimentierfreudige Sexgourmets gelassen an den Rand eines Orgasmus, ohne sich entladen zu müssen. Gerade im sehnsüchtigen Noch-Nicht, diesem seligen Zögern, das den Höhepunkt, die genitale Energie-Eruption in sich trägt, sie aber noch versagt, verschiebt und vorenthält, liegt die Kunst der Begierde: *Ars erotica*. Allerdings fällt es insbesondere reizverwöhnten jüngeren Männern schwer, die sexuelle Erregung ausdauernd am Siedepunkt zu halten und die Auflösung der Reizspannung bewusst hinauszuzögern. Eine bessere Kontrolle der Beckenbodenmuskulatur kann Männern und Frauen zu einem verzögerten Höhepunkt und erfüllteren Sexualleben verhelfen.

Sexuelle Muntermacher

Selbstbefriedigung vermag einen wesentlichen Beitrag zur sexuellen Genussfähigkeit zu leisten. Frauen lernen hierdurch, wie sie beim Sex am ehesten zu einem Orgasmus kommen. Bewährte Hilfsmittel sind

Dildos und Vibratoren. Viele Frauen verspüren den Wunsch, neue Wege beim Sexspiel zu gehen, auch beim Masturbieren bis zum Orgasmus, ja vielleicht bis zum „Squirt", was soviel wie „spritzen" heißt. Am besten übersetzt man es mit „weiblicher Ejakulation", die während der Orgasmusphase erfolgt und den Höhepunkt um ein Vielfaches steigert. Irrtümlicherweise wird das stoßweise Abspritzen der Frau in höchster Erregung mit einem spontanen Urinabgang gleichgesetzt. In Wahrheit aber wird beim Squirt ein Sekret der Paraurethraldrüse freigesetzt. Dieses wird nicht nur nach außen, sondern auch nach innen abgegeben, so dass es ebenfalls im Urin nachgewiesen werden kann. Auffälligerweise sind viele Frauen, die solche Ejakulationen haben, zu multiplen Orgasmen fähig. Nur wenige Männer haben bislang solche Geständnisse körperlicher Lust aus ihren Partnerinnen hervorzulocken vermocht. Hierzu bedarf es außer gleichmäßig steigernder Stimulation insbesondere der Klitoris vor allem großer Ausdauer und Geduld.

Nach Lage der Dinge können Frauen alle Merkmale physischer Erregung aufweisen, ohne psychisch Lust zu verspüren, wohingegen Männer fast immer wollen, aber nicht immer können. Frauen benötigen keine „Viagra" ähnlichen Muntermacher, weil sie nahezu immer könnten, wenn sie wollten; nur wollen sie nicht. Während die häufigsten sexuellen Funktionsstörungen des Mannes vorzeitiger Samenerguss und Erektionsprobleme sind, leiden Frauen häufig an fehlendem Sexualverlangen. Hiergegen gibt es neuerdings in Amerika das Psychopharmakum „Flibanserin". Dieser Lusthelfer wirkt nicht auf die Blutgefäße im Genitalbereich, sondern auf das zentrale Nervensystem. Denn die weiblichen Lustdefizite sollen weniger ein Unterleibsproblem als vielmehr eine Kopfsache sein. Aber vielleicht sind auch schlechte Liebhaber mit wenig ansprechendem Äußeren eine Ursache.

Auf die Frage, woher die auffälligen Unterschiede zwischen weiblicher und männlicher Sexualität herrühren, gibt es verschiedene Vermutungen. Jahrhunderte lang galt es als besonders sündhaft und verwerflich, wenn Frauen intensive Lust beim Sex verspürten. Diese psycho-sozialen Barrieren seien selbst heute noch nicht gänzlich beseitigt. Daneben gehen biologische Erklärungen von einer starken Verbreitung hässlicher Vergewaltigungen in der frühen Menschheitsgeschichte aus. Diese konnten die Frauen besser überleben, wenn ihre Körper fast alle Merkmale physischer Erregung bereitstellten, obgleich sie sich nicht erregt fühlten. Nach einer anderen Erklärung geben Frauen den Merkmalen körperlicher Erregung darum nicht gleich mit sexuellem Verlangen nach, um zuvor die möglichen Liebhaber sorgfältiger auf ihre Partnertauglichkeit prüfen zu können. Dagegen müssten die Männer jederzeit bereit sein für den Fall, dass ihr Werben erwidert werde. Genaueres weiß man jedoch nicht.

Pure Intensität

Zum zeitlich gedehnten Liebesspiel mit oder ohne chemische Lusthelfer gehören auch Unterbrechungen, Pausen, in denen sich die Spielgefährten nicht nur neu sammeln, sondern auch eine zu starke Fixierung auf den Orgasmus brechen können. So gewinnen sie mehr Zeit für den Liebesakt. Denn so wichtig der kurze Höhepunkt ist, genauso schön ist das dauerhafte Spiel der Lustgewinnung aus allen Körperzonen. Hierzu zählen auch die Suche und Stimulation des sexualwissenschaftlich umstrittenen G-Punkts (benannt nach dem Gynäkologen Ernst Gräfenberg), der in der vorderen oberen Scheidenwand liegen soll.

Man kann auf vielfältige Weise ins sinnliche Begehren eintauchen, bevor sich aus dem bis zum Bersten gespannten Körper explosionsartig Jubelschreie der Lust sprengen. Schon der römische Dichter Ovid schreibt in seiner *Liebeskunst*, dass „auf tausend Arten die Liebeslust zum Ausdruck kommen" kann, bei der „es weder an Lauten noch an helfenden Worten fehlen" darf, und „das Bettgestell soll von den wollüstigen Bewegungen erzittern".[289] Die Freisetzung sexueller Energien versetzt den Einzelnen in einen Ausnahmezustand, in dem er sich bisweilen nicht mehr wiedererkennt und doch ganz eins mit sich ist.

Sexgourmets sind ausgesprochene „Gegenwartsmenschen"[290]. Sie können im Rausch des Augenblicks gleichermaßen Vergangenheit und Zukunft ausblenden. In den Momenten höchsten Sinnenglücks, wenn die erotischen Abenteurer füreinander erglühen, gibt es nur noch den einen Wunsch: möglichst lange im wunschlosen Delirium verharren zu dürfen. Doch wenn die sexuellen Spielgefährten in liminoide Raserei verfallen, dann sehnen sie sich zugleich auch nach dem Höhepunkt.

Nach weitverbreiteter Auffassung ist alles Begehren unstillbar. Jacques Lacan zufolge liegt diese unerfüllbare Begierde sogar allem metaphysischen Streben nach universaler Harmonie, sozialen Utopien, der mystischen Sehnsucht nach absoluter Verschmelzung sowie dem Heimweh nach einem verlorenen Paradies zugrunde. Doch erfüllte Lust ist erreichbar, wie André Gide mit Recht betont: „Es gibt einen Grad der Entzückung, über den hinaus der Mensch sich schwer steigern kann."[291] Wenn Anblick, Berührung und Erregung des Sexualpartners zur selbstvergessenen Hingabe an die eigene Erregung führen, Voyeurismus und Exhibitionismus sich so verschränken, dass der Körper zu immer neuen Exzessen getrieben wird, dann bleibt nicht nur in der Vereinigung die Spannung erhalten, sondern flammt in der Sehnsucht zugleich die absolute Erfüllung auf. Hier verliert das Wort „unmöglich" mit einem Schlage seine Bedeutung.

Außer verantwortbarer Hemmungslosigkeit und verfeinerten Spieltechniken setzt ein gelungenes Liebesspiel eine Art Intelligenz im Sinne feinfühliger Beobachtungsgabe voraus. Wer sagt „Dumm fickt gut", sollte vielleicht mal das Gegenteil ausprobieren! Es ist ein Irrtum zu glauben, Denken und Sprechen seien Erzfeinde der Leidenschaft. Nur wenn die Spielgefährten sich trauen und fähig sind zu sagen, was sie gerne machen oder erleben möchten, wird es ihnen am ehesten gelingen, ihre sexuellen Fantasien auszuleben. Hierzu gehören möglicherweise erotische Werkzeuge und Rollenspiele ebenso wie obszöne Beschimpfungen, sogenannter Dirty-Talk. Mit der Leidenschaft geht oft eine ausgesprochen starke Neigung zum Vulgären einher. Die höchsten Lüste sind zugleich die niedrigsten. Geistig niveauvolle Orgasmen gibt es nicht. Schon der römische Dichter Catull bediente sich einer schlüpfrigen Vulgärsprache, um nur ein Beispiel zu nennen: „O Memmius, genüsslich und lange hast du mir, während ich auf dem Rücken lag, mit deinem ganzen Balken in aller Ruhe in den Mund gefickt."[292] Würden Gotteskrieger, von blindem Fanatismus getrieben, und gewaltbereite Radikale jeglicher Couleur mehr Gelegenheit zu experimentierfreudigem, hemmungslosem Sex haben, würde ihr blutrünstiges Feuer möglicherweise bald von selbst erlöschen.

Verdeckung statt Enthüllung

Heute bekommt man öfter zu lesen, dass die menschliche Erotik in einer tiefen Krise steckt. Lustvolles Stöhnen ist zwar an allen Ecken zu hören und erotische Bilder mit nackter gebräunter Haut in Illustrierten, im Internet, auf Reklamefotos und TV-Clips allenthalben zu sehen. Auch gehören Oben-ohne- und Beischlafszenen im Fernsehen mittlerweile zum Normalen. Darüber hinaus gibt es eine Bilderschwemme dauerkopulierender Pornostars mit strotzender Potenz und stets willigen Körpern – zum Nulltarif für jedermann zugänglich auf „youporn. com" oder „xhamster.com", um nur zwei Anbieter zu nennen. Doch mit knisternder Erotik hat das alles so wenig zu tun wie die vom Tageslicht ausgeleuchteten Körper an FKK-Stränden, die nur in seltenen Fällen reizvoll aussehen. Unmittelbare Sinnlichkeit, Triebbefriedigung ohne Aufschub, orgasmusfixierter Sexualverkehr hemmen sogar die Lustfantasie. Heutzutage geht es immer gleich um das „Eine": die ungebremste Befriedigung augenblicklichen Verlangens. Wahre Erotik spielt sich dagegen vor dem Sex als Flirt in sprachlichen Anspielungen und körperlichen Andeutungen ab. Sie äußert sich vorrangig als knisternde Spannung, wenn feine verschwiegene Zeichen ausgetauscht werden, flüchtige Körperkontakte ein sanftes Begehren wachrufen, Finger sich unversehens berühren oder Knie, die sich unter dem Tisch begegnen, sich nicht wegspreizen. Erst solche Verlockungen lassen der Fantasie die Zügel schießen. Wer hingegen gleich alles zeigt, zeigt einfach zu viel, und das ist zu wenig!

Das Gegenteil schwelender Erotik ist der Pornofilm. Dementsprechende Fotografien unterscheiden sich von erotischen durch die Abwesenheit „blinder Flecken". Pornofilme haben keine Leerstellen. Nichts bleibt darin verborgen. Alles ist enthüllt, nichts auch nur halb verdeckt. Die Arrangements der Gliedmaßen ermöglichen die detaillierte Zurschaustellung eines Geschlechtsakts. Das geht mittlerweile so weit, dass der Penis vor dem Höhepunkt aus Vagina, Mund oder Anus herausgezogen und das Kondom abgestreift wird, damit das Sperma gut sichtbar auf den Oberkörper oder ins Gesicht spritzen kann. Die stimulierende Wirkung solcher Detailaufnahmen auf den Betrachter ist groß, verfehlt aber die Erotik.

Sicherlich war diese schwebende Kunst einstmals weiter verbreitet als heute, obwohl Kettchen am Beinknöchel oder Piercings am Bauchnabel noch immer betören. Jedoch darf bei aller berechtigten Klage über den Verlust erotischer Anspielungen nicht vergessen werden, dass es vor der „sexuellen Befreiung" keine Möglichkeit zu unkompliziertem Geschlechtsverkehr gab. Die einstmalige Kunst der Erotik war hauptsächlich einer restriktiven Sexualmoral geschuldet. Der Preis hierfür war hoch. Heute hat sich die „alte Erotik" als das Spiel von Haut- oder Augenkontakt mit anschließend nach außen demonstrierter Gleichgültigkeit, Angriff und Rückzug zwar noch nicht überlebt, aber sie hat tatsächlich an Bedeutung verloren. Jedoch mag die vorsexuelle Erotik auch in einer noch so tiefen Krise stecken, auf die innersexuelle Erotik trifft dies nur teilweise zu, bei der fantasiereiche, hemmungslose, ausdauernde Liebesspiele an die Stelle einfacher Lustbefriedigungen treten.

Zweifellos verdanken wir der Sexualität als der natürlichen Quelle unserer Existenz mit die schönsten Erlebnisse. Heutzutage ist es eher möglich als früher, offen über seine sexuellen Vorlieben zu reden und ohne Zwangsjacken nach seinen Neigungen zu leben. Das exzessive Ausleben tief verwurzelter Sehnsüchte und Begierden ermöglicht eine Art von körperlicher wie gefühlsmäßiger Befriedigung, die fast jede sozialunverträgliche Wildheit erübrigt.

Wollust und Grausamkeit

Wörtlich übersetzt heißt „Pornografie" soviel wie „über Huren schreiben". Erst seit den 1980er Jahren ist Pornografie hierzulande rechtlich zulässig. Pornohelden vertrauen auf die ansteckende Kraft ihrer sexuellen Betätigungen. Gute pornografische Inszenierungen üben eine stark erregende Wirkung aus. Dieses Ziel erreichen sie dadurch, dass sie den Geschlechtsakt bis in die letzte Ritze ausleuchten. Diese stimulierende Kraft lässt anfängliche Scheu schon bald in Schaulust umschlagen. Feinsinnige Bürger werden hierdurch irritiert, weil sie aggressive Sexualität als menschenverachtend ablehnen, ja als krankhaft vom Zulässigen ausschließen. Dennoch kreisen die privaten Fantasien vieler Menschen um pornografische Praktiken, die sich außerhalb des Gewöhnlichen bewegen und nicht zu den Mäßigungen gesellschaftlicher Konventionen passen. Der herzensreine, völlig unverdorbene Mensch ist eine Illusion.

Wie ausgeführt bietet die Kriegsgeschichte eine ungezählte Fülle von Beispielen für die gefährliche Mischung aus Wollust, Grausamkeit und Erfindungsgabe. Eine Menge Gewaltverbrecher wurde Beute grausamer Fantasien und verfiel dabei in sexuellen Taumel. Für Marquis de Sade ist der Koitus sogar identisch mit Grausamkeit, der Höhepunkt eine schäumende Raserei, die aggressiver Wut gleiche. Lust- und Wutanfälle ließen sich kaum auseinanderhalten. Allerdings ist Marquis de Sade weder der erste noch der letzte, der den inneren Zusammenhang von Gewalt und Eros aufspürte. Bereits die römischen Kaiser Nero und Caligula sowie Gilles de Rais trieben die Wollust ins Maßlose und inszenierten grausame Exzesse. Bestimmt hat sich fast jeder schon einmal dabei ertappt, physische Grausamkeit oder abstoßende Dinge als erotisch reizvoll zu empfinden. Solche Wahrnehmungen sind ganz natürlich. Sie machen deutlich, wie sehr Wollust und Grausamkeit miteinander verschwistert sind. Darum kann sexueller Drang leicht zu grausamen Handlungen führen, wie umgekehrt der Anblick wüster Gewaltexzesse sexuell zu stimulieren vermag. Die sozial verantwortbare Variante dieses krassen Begehrens ist der Sado-Masochismus, der all jenen ans Herz gelegt wird, deren wilder Drang das durchschnittliche Maß überschreitet.

Extreme Begierden

Vergewaltigung ist sozialunverträgliche aktive leidenschaftliche Unterwerfung. Sie ist eine sexuell motivierte Gewalttat im ethischen und rechtlichen Sinne. Im Gegensatz dazu kann eine sozialverträgliche aktive leidenschaftliche Unterwerfung ein Teil von gutem Sex sein. Verantwortbar sind solche sexuellen Rollenspiele dann, wenn die passive Unterwerfung von beiden Seiten nachdrücklich gewollt und als lustvoll erlebt wird. Sie darf von den Betroffenen nicht als verletzender Übergriff empfunden werden. Set und Setting müssen stimmen. Wie manche ein starkes Bedürfnis verspüren, jemanden wild zu überwältigen, anzueignen, einzuverleiben, so sehnen sich andere danach, von einem einfühlsamen Rohling heftig genommen, verschlungen und kämpferisch bezwungen zu werden. Beide möchten manchmal abwechselnd beides.

Kinky und Vanilla

Welche Frau und welcher Mann träumen nicht gelegentlich von ausgefallenen Sexspielen, obgleich es in der Gesellschaft noch immer an Verständnis für außergewöhnliche Vorlieben mangelt? Deshalb werden sie schnell als Perversionen missbilligt, wobei etymologisch gesehen „pervers" lediglich „verdreht, verquer, auf dem Kopf stehend oder aus der Reihe tanzend" bedeutet. Vielleicht geschieht unter der Bettdecke unserer Nachbarn nichts Aufregendes, aber in der Fantasie vermutlich mehr als man denkt, selbst wenn ihre Wunschträume meist ins Leere flattern. Doch nicht nur in der Vorstellung verfließen die Grenzen zwischen Kinky, als Hardcore bekannt, und Softcore, auch Vanilla genannt. In der Realität verschieben sie sich mittlerweile gleichfalls, bedenkt man nur, dass sich gepolsterte Handschellen, Streichelpeitschen, Liebeskugeln, Latex-, Lack- und Lederbekleidung inzwischen ebenso in den Spielzeugkatalogen für Vanillas finden. Ein Großteil des heutigen Erotikzubehörs hat seine Wurzeln in härteren Sexualpraktiken, was auf Piercing, Branding, Cutting (Zufügen von Narben durch Schnitte mit einem Skalpell) oder Musikrichtungen wie HipHop und Heavy Metal ebenfalls zutrifft.

Wie von unauslöschlichem Durst gepeinigt, experimentieren seit jeher Sexgourmets mit ihrer Lust. Auf der Suche nach intensiven Sinneseindrücken verbinden sich ihre sexuellen Impulse regelmäßig mit kreativen Ideen. So probieren sie immer wieder neue erotische Kombinationen aus – nach dem Motto: Habe Mut, dich deines eigenen Körpers als eines Werkzeugs wollüstiger Genüsse zu bedienen! Dem Einfallsreichtum beim Ausreizen des Körpers sind fast keine Grenzen gesetzt.

Selbst feindselig anmutende Demütigung oder schmutzige Verachtung mit gegenseitigem Anspucken kann zum Liebesspiel gehören. An- und Ausspucken ist eine kulturelle Praxis der Erniedrigung mit biologischem Hintergrund. Stresssituationen rufen bekanntlich Alarm- und Angstreaktionen im Körper hervor. In angespannten Situationen mit erhöhtem Energieumsatz wird das Verdauungssystem mitsamt der Speichelproduktion weitgehend abgeschaltet. Angst führt zu Mundtrockenheit. Wer in einer bedrohlichen Situation dennoch Speichel absondert, beweist, dass er keine Angst hat. Deshalb bedeutet Speichel soviel wie Entschlossenheit und Tapferkeit. Die schon bei Homer belegte Geste, vor einem Feind auszuspucken, soll dem Gegner durch den nicht versiegten Speichelfluss anschaulich die eigene Furchtlosigkeit und Kampfbereitschaft zu erkennen geben. Anspucken beim Sex bedeutet, sich jemanden mit lustvoller Verachtung zu unterwerfen.

Gleichfalls fachen Wechselspiele zwischen Annäherung und Entzug das Begehren an. Hinzu kommen Positions-, Orts- und Partnerwechsel: One-Night-Stands im nächtlichen Park oder an Orten minderer Qualität. Besonders stimulierend wirken seit jeher Streitereien, nach denen der Beischlaf in der Regel stürmisch ausfällt. Zwei Männer, die sich wieder vertragen, gehen zusammen ein Bier trinken, zwei Liebende miteinander ins Bett! Im Streit entsteht leicht Verlustangst, die das Bedürfnis weckt, sich der Nähe seines Partners sexuell zu vergewissern. Ähnlich vermag Cuckolding neue Leidenschaft in ältere Beziehungen zu bringen, wenn der Gehörnte zuschaut, wie der Partner es sich von einem Dritten besorgen lässt. Rivalität verstärkt Geilheit, biologisch die Spermienkonkurrenz, aber auch die Eifersucht. Je stärker sich ein Mann vom Nebenbuhler bedroht sieht, umso mehr Sperma produziert sein Körper. Daraufhin will der Ausgeschlossene so schnell wie möglich mit seiner untreuen Partnerin Sex. Seine Verlustangst setzt sich zur

Wehr. Ähnlich wie nach einem Beziehungsstreit entflammt eine wilde, schmerzhafte Gier nach körperlicher Nähe.

Lustvolle Atemnot

Einige Grenzgänger der Lust suchen Hochgefühle durch autoerotische Atemkontrolle zu erreichen, auch „Asphyxie" genannt, was soviel wie „Erstickung" bedeutet. Absichtlich führen sie eine Sauerstoffunterversorgung im Gehirn herbei. Zwar kommt es bei zu wenig Sauerstoff schnell zu Bewusstlosigkeit, aber zuvor entsteht ein regelrechter Rausch. Dieser ergibt sich aus der Sauerstoffreduktion, die eine vermehrte Ausschüttung von Endorphinen auslöst. Deshalb werden Bergsteiger ohne Sauerstoffgeräte in Höhenlagen regelmäßig „high". Zugleich liegt hier vermutlich der Schlüssel zur sogenannten Nahtod-Erfahrung, in der Menschen, die knapp dem Tod entrinnen, ihren Körper zu verlassen glauben. Sie sehen sich durch einen dunklen Tunnel auf ein helles Licht zubewegen, begleitet von unbeschreiblichen Glücksgefühlen. Eine neurobiologische Erklärung hierfür lautet Sauerstoffmangel.

Ein solcher kann auch die sexuelle Erregung steigern, hemmungsloser machen und den Orgasmus in ein gigantisches Erlebnis verwandeln. Die wohl ungefährlichste und zugleich intimste Atemkontrolle geschieht beim „kosmischen Küssen". Wichtige Voraussetzung hierfür ist eine genaue Koordination des Atemrhythmus der beiden miteinander verbundenen und nach außen abgeschotteten Münder. So atmet der eine den Atem ein, den der andere ausatmet, der anschließend wieder den Atem seines Partners einatmet und so immerfort. Bei diesem Vorgang reduziert sich nach und nach der Sauerstoff. Daraufhin baut sich ein Hochgefühl auf, bevor der Sauerstoff ausgeht, so dass automatisch wieder frische Luft geschöpft wird.

Das „Würgen" ist eine weitere Form der Sauerstoffverknappung zur Luststeigerung. Hierbei darf der Daumendruck nicht auf den Kehlkopf, sondern lediglich auf die Halsschlagadern verlegt werden. Natürlich soll der Hals nicht zu stark und zu lange umgriffen werden, sonst wird aus dem Würgen versehentlich ein Erwürgen.

Eine wieder andere Form der autoerotischen Sauerstoffreduktion kann durch das Stülpen einer Plastiktüte oder etwas Ähnlichem über den Kopf bewerkstelligt werden. Aber die wohl krasseste Form der Sauerstoffverringerung bleibt das „Hängen", das bisweilen tödlich endet und zu den gefährlichsten Sexspielen zählt. Hier legt sich der sexuell Stimulierte beim Onanieren zur Erhöhung seiner Lust eine ihn drosselnde Schlinge straff um den Hals, bis der Orgasmus kommt. Der starken Erregung wegen verlieren gelegentlich Selbststrangulierer die Kontrolle über die Situation, so dass sie sich nicht mehr losbinden können. Deshalb sollten diese Atemkontrollspiele niemals ohne Aufsicht durchgeführt werden; am besten man unterlässt sie ganz.

Eine besonders in schwulen Kreisen verbreitete, chemisch induzierte Sauerstoffunterversorgung des Hirns zur Erzeugung von rauschhaftem Sex kommt durch das Inhalieren von Poppers, einem gefäßerweiternden Nitrit, zustande.

Alle genannten Formen der autoerotischen Asphyxie dienen der Hervorrufung ekstatischer Delirien. Natürlich drängt sich die Frage auf, ob solche erotischen Delikatessen nur skurrilen Fetischisten schmecken. Der Normalbürger fühlt sich gerne über solche „abartigen" Gelüste erhaben. Jedoch ist es schwierig, verallgemeinerbare Grenzen des gesunden Empfindens festzulegen. Auf alle Fälle machen derartige Exzesse bereits deutlich, „dass wir mit sehr komischen Dingen, sehr merkwürdigen Teilen unseres Körpers in sehr ungewöhnlichen Situationen Lust produzieren können", wie Michel Foucault vermerkt. Die extremste Ausprägung der Erotik heißt Sado-Masochismus, auch als BDSM abgekürzt. Diese Buchstaben stehen für drei Begriffspaare: Bondage und Discipline, Dominance und Submission, Sadism und Masochism.

Bondage und Discipline

Bondage ist die Kunst des erotischen Fesselns. Zu diesen sexuell erregenden Einschränkungen der Bewegungsfreiheit werden Seile, Ledergurte, Ketten, manchmal auch Klebebänder und Frischhaltefolie sowie spezielle Geräte wie Hand-, Daumen- und Fußschellen benutzt. Das kunstvolle Einpacken einzelner Körperteile und das sorgfältige Einwickeln des ganzen Leibes gehören zu solchen Sessions wie das Festbinden des fixierten Lüstlings an ein „Andreaskreuz" und sein Auseinanderspreizen vor Spiegelfronten von Wand zu Wand. Ballknebel im

Mund, Lederbinden vor den Augen, Gummimasken oder Lederkapuzen über dem Kopf und sogenannte Humbler, die den Hodensack strecken, erfreuen sich in dieser Szene ebenfalls großer Beliebtheit. Verschnürt wie ein Paket lassen sich manche Spieler sogar im Kofferraum ihres Autos an öffentliche Parkplätze oder in Wälder transportieren, um dort in völliger Übereinstimmung mit ihrem Lustwillen missbraucht, erniedrigt und gezüchtigt zu werden.

Mit Bondage geht oft eine Art Disziplinierung einher, bei welcher der passive Spielgefährte durch Schläge mit der flachen Hand oder mit Rohrstöcken, Lederpeitschen und Holzpaddeln traktiert wird, was Spanking heißt. Bevorzugt wird aufs entblößte Gesäß, den Rücken, auch auf Schamlippen, Penis und Hoden geschlagen. Die Lust zum Verprügeln treibt zuweilen seltsame Blüten.

Geschichtliche Vorläufer des Spanking sind rituelle Flagellationen, wie sie seit mehreren Jahrtausenden praktiziert werden. Flagellum bedeutet Peitsche und Flagellation soviel wie Selbstgeißelung. Es ist zu unterscheiden zwischen freiwilligen und unfreiwilligen Schlägen oder Auspeitschungen. In der Vergangenheit wurden die Leidensfähigkeit und Opferbereitschaft gequälter Märtyrer als Anzeichen für deren Glaubensgewissheit gewertet, wenn sie mit engelsgleicher Geduld schmerzhafte Torturen über sich ergehen ließen. Für den Märtyrer war sein geschundener Leib ein sichtbares Zeichen seiner Berufung und ein wichtiges Zeugnis seines Bekenntnisses.

Zu den Abgründen der menschlichen Natur gehört eine merkwürdige Lust, mit der die einen die Peitsche gegen die anderen führen, und ein unverkennbares Vergnügen vieler Menschen an solchen Exekutionen. Bis heute gibt es ein starkes Interesse an inquisitorischen Torturen. An solchen Spektakeln kann sich ein großes Publikum weiden, wie schon Octave Mirabeau im *Garten der Qualen* betont.[293]

Allerdings kommt es im religiösen Bereich auch regelmäßig zu Selbstgeißelungen. Hierbei fügen sich die Betroffenen selbst freiwillig Schmerzen zu, indem sie sich etwa Rücken oder Schultern blutig peitschen zur Überwindung ihrer Fleischeslust oder in der Nachfolge Christi. Jedoch ist dieser merkwürdige Brauch, mit Schlägen gegen den eigenen Körper um Gottes Gunst zu werben, auch in außer- und vorchristlichen Kulturen anzutreffen.

Dominance und Submission

Es gibt erotische Rollenspiele, bei denen einer die Herrschaft ausübt, Dominance, während für den gefesselten und gepeitschten Partner mit abgebundenen Hoden, Klammern an Nippeln, Klitoris oder Penis eine gehorsame Haltung, Submission, kennzeichnend ist. Manche treibt ein Wille zur Ohnmacht um. Der berühmteste Roman zu dieser Thematik stammt aus den 50er Jahren, als die detaillierten Beschreibungen freiwilliger Unterwerfung noch als skandalös galten: *Geschichte der O*, verfasst von Dominique Aury, veröffentlicht unter ihrem Pseudonym Pauline Réage.[294] Gerne spricht man in der Szene von befehlendem Herrn und gehorsamem Sklaven. Öfter jedoch wird der Aktive auch Top oder Dom, als Frau Domse, der devote, passive Spielgefährte hingegen Bottom oder Sub genannt. Im kommerziellen Bereich wird die aktive Partnerin als Domina, die passive als Zofe bezeichnet. Fast immer trägt sie Highheels und Reizwäsche aus Leder oder Gummi. Manchmal wechseln beide die Rollen, unter Umständen sogar mehrere Male, was dann Switchen genannt wird. Je nach Fantasie, Stimmung und Tagesform können solche Sessions mehrere Stunden dauern.

Genauer betrachtet sind die wahren Dominanten oft die Devoten und nicht die Aktiven, die häufig nur scheinbar dem eigenen Willen folgen. In Wahrheit jedoch gehorchen sie den Wünschen und Anweisungen der Passiven, welche die Spielregeln und Handlungsabläufe festlegen. Deren angeblicher Wille zur Ohnmacht ist ein verkappter Wille zur Macht. Denn die Dominanten sind eigentlich devot und die Devoten dominant, wenn sie sich ihrem Top beim Liebesspiel wehr- und hilflos unterwerfen. Hierbei lassen sie sich mal mit heißem Wachs beträufeln, mal mit Nadeln piksen oder mit Reizstrom stimulieren. Einige genießen es, im Sling, Gynstuhl oder auf verstellbaren Strafböcken gefistet zu werden. Ein Sling ist eine Lederschaukel, die mit Ketten an der Raumdecke hängt; Fisten bedeutet, den Anus mit einer Faust zu penetrieren. Die spezielle Liegeposition des Bottom im Sling ermöglicht dem Top einen flexiblen Vaginal- und Analverkehr.

Besonders krass sind Tierspiele, Petgames, bei denen der Bottom in die Rolle eines Tiers schlüpft, sich wie ein Pferd reiten oder wie ein Hund mit einem Lederband um den Hals an eine Leine legen und in einen Käfig sperren lässt. Der eigentliche Reiz hierbei besteht in der demütigenden Entmenschlichung. Noch erniedrigender aber ist die spielerische Auslieferung des Bottom an eine fremde Person, die mit ihm machen darf, was sie möchte. Bei dieser Art der sexuellen Unterwerfung, auch Abattage genannt, wird der Bottom gewissermaßen zur Ware. Hierzu passend werden gelegentlich Bottoms auch als Gebrauchsgegenstände benutzt. Bei solchen Forniphilie-Spielen verharren Bottoms nicht nur nackt und gefesselt in der Haltung etwa eines Fußhockers oder einer Sitzbank, sondern werden auch als solche gebraucht. Doch behält der gehorsame Sklave selbst hier noch die Macht über seine Herrin oder seinen Herrn, weil er in letzter Beziehung festlegt, was geschehen darf.

Außer in der beschriebenen faktischen Hinsicht entscheidet der Sklave über die Souveränität des Herrn auch in symbolischer Beziehung. Denn indem sich der Bottom spielerisch dem Top unterwirft, akzeptiert er dessen Macht, die es ohne diese Anerkennung nicht gäbe. Reale Gegenbeispiele bieten Märtyrer, welche die Quellen souveräner Macht dadurch zum Versiegen bringen, dass sie für ihr Bekenntnis ihren Lebenswillen und ihre Todesangst aufgeben. Hierdurch verliert der Folterer jede Macht über sie.

Umgekehrt kann ein Aktiver beim Liebesspiel verhältnismäßig sicher sein, als wirklicher Top zu agieren, wenn er sich den Passiven teilweise gegen dessen Verlangen unterwirft, was jedoch an Vergewaltigung grenzt. Solche Praktiken gehen über bloße Vergewaltigungsspiele hinaus, bei denen sich die Beteiligten von der gespielten Darstellung einer Vergewaltigungsszene erregen lassen. Allerdings gibt es Passive, die sogar genommen werden möchten, obwohl sie keinerlei Lust mehr verspüren. Vielleicht hatten sie eben erst einen Orgasmus, worauf sie sich lustlos fühlen. Mitunter wollen sie gerade in diesem Zustand weiter bezwungen werden. Doch die Tatsache, dass sie darum bitten, macht den Top auch hier wieder zum Handlanger des Bottom.

Sadism und Masochism

Im bereits angedeuteten Sinne bezieht sich das Kürzel BDSM auch auf sado-masochistische Obsessionen, bei denen es nur scheinbar um das Zufügen und Empfinden körperlicher Schmerzen geht. Das eigentliche Ziel heißt intensive Sinnesreize. Hier werden die Beteiligten von Szenen erregt, die sie im normalen Alltag nicht erleben möchten. Da im Zustand gesteigerter Erregung das Schmerzempfinden aber mehr oder weniger herabgesetzt ist, können härtere Reize bis zu BDSM als stimulierend empfunden werden. Selbst Läsionen bleiben hiervon nicht ausgenommen. Erst im Normalzustand werden sie als unangenehm und schmerzhaft wahrgenommen. Deshalb ist der in diesem Zusammenhang geläufige Begriff Schmerzlust genauso problematisch wie die Ausdrücke brutale Grausamkeit oder verrohende Gewaltverherrlichung, mag auch gekniffen, gebissen, gekratzt, der Hintern versohlt, an der Kehle gepackt und so manches Instrument mit viel Einfallsreichtum angewandt werden. Eine Erotik des Leidens, die bis an die Grenze der sexuellen Befriedigung geht, gibt es allenfalls für Täter, weniger aber für Opfer. Verstümmelungen und Verbrennungen schweren Grades möchte wohl niemand aushalten müssen. Die Physiologie steckt den Spielraum ab, innerhalb dessen sich sexuelle Reize entfalten können. Dieser liegt abseits unerträglicher Schmerzen in einer Zone aushaltbarer Lustempfindungen. Während die einen schon höchste sexuelle Erfüllung in leichten Liebesbissen und sanften Nippelbearbeitungen finden, brauchen andere sadistische Behandlungen. Das Set variiert. Aber auch der passive Sexmasochist sucht angenehme, nicht aber unangenehme Reize. Er fühlt sich paradoxerweise frei in seiner scheinbar ohnmächtigen Unterwerfung, die sein Lebensgefühl steigert und sein Bewusstsein erweitert.

Allerdings werden bei solchen fortschreitenden Entgrenzungen nicht irgendwelche Masken vom Fleisch herabgezogen, die das wahre Leben verdeckt halten. Sado-masochistische Praktiken dringen nicht zu ursprünglich verstellten Existenzschichten vor, wie manche glauben möchten. Überhaupt ist BDSM kein Königsweg, über den eine Annäherung an eine liminale Wahrheit erprobt werden könnte. BDSM vermittelt lediglich eine liminoide Erfahrungsdichte, in der Fantasie und Realität auf unfassbare Weise verschwimmen. Diese zerfließenden

Empfindungen, Bilder und Gedanken, die an die Grenzen der Mitteilbarkeit heranreichen, können ein Höchstmaß an ekstatischer Intensität schenken. Mithin ist der Körper des Opfers bei BDSM weniger eine Pforte zu liminalen Erkenntnissen als vielmehr ein Organ liminoider Lüste, die nicht empfunden werden könnten, wenn sie nicht neuronal abgedeckt wären.

Mittlerweile wird BDSM nicht mehr als krankhafte Triebstörung eingestuft. BDSM-Anhänger weisen nicht einmal gemeinsame Symptome auf, geschweige denn solche mit pathologischem Inhalt. Das Spektrum der Sado-Masos ist ebenso bunt wie deren Sexualpräferenzen. Aber obwohl BDSM nicht mehr als Krankheit bewertet wird, entwerten doch viele Menschen diese Szene nach wie vor mit markigen Sprüchen als abnormal. Allerdings können die Sado-Masochisten auf der Datenautobahn leicht passsende Partner für ihre extremen Vorlieben finden. Im Internet hat sich mittlerweile eine regelrechte Subkultur mit feinmaschigem Netzwerk, speziellen Clubs, kommerziellen Veranstaltungen und privat organisierten Partys gebildet.

Selbstachtung und Erniedrigung

Es gibt zahlreiche Gründe für die Abwertung von BDSM. Zum einen widersprechen die Rituale von Herrschaft und Unterwerfung unseren freiheitlich-demokratischen Grundwerten. Diese sind mit einer Erotisierung der Beziehung zwischen Herren und Sklaven unvereinbar. Zum anderen verstören die Normalbürger, dass militärische oder sakrale Kultzeichen von vielen Sado-Masos als erotisch empfunden werden. Es irritiert sie das Setting. Fortgeschrittene Sado-Masochisten sind Verkleidungskünstler, Choreographen und Schauspieler in außergewöhnlichen Rollenspielen. Sie tragen schwarze Stiefeln, Lederbekleidungen, Uniformen, Ketten. Manchmal benutzen sie Kruzifixe, schnüffeln Weihrauch, hören Gregorianische Gesänge und tragen Nonnen- oder Mönchskutten. Ein weiterer Grund für die Abwertung von BDSM liegt in dem Umstand, dass Henkermasken und Posen hündischer Unterwerfung automatisch Assoziationen an Hinrichtungen oder Folterungen wecken.

Häufig gleichen die Spielstätten richtigen Folterkammern, in denen absolute Gewalt über Menschen ausgeübt wird, die sich nicht verteidigen können. In der realen Welt sind Folteropfer voll und ganz ihren Peinigern ausgeliefert, damit sie Informationen preisgeben, ihre Schuld gestehen oder ihre politische Einstellung und ihr religiöses Bekenntnis verraten. BDSM-Spielzimmer erinnern an solche Stätten, an unsägliche Marter, die mit Hilfe von Streckbänken, Elektroden, Strickdrehungen bei hochnotpeinlichen Befragungen ausgeübt werden. Es lässt sich nicht verhindern, dass beim Anblick von BDSM-Spielzimmern und BDSM-Praktiken dem Durchschnittsbürger grausame Gewalttaten mit beklemmender Genauigkeit vor Augen stehen, obgleich beide Arten von Bildern unterschiedlichen Welten entstammen.

Anders als Folter zielt BDSM nicht auf die Zerstörung einer Person. Der Sklave oder Novize möchte von seinem Meister gedemütigt werden, weil die ersehnte Misshandlung ihm lustvolle Reize bietet. Selbst wenn er sich erniedrigt fühlt, wird er nicht erniedrigt. Denn seine Selbstachtung wird durch solche Torturen nicht beeinträchtigt oder gar verletzt, obwohl sein Top ihm klar zu verstehen gibt, dass er nichts zählt. Allerdings wird er nur so behandelt, als ob er nichts zählte. In Wahrheit verfügt der Top auch hier bloß scheinbar über den Bottom.

Solche sozialverträglichen Erlebnisse sind von rohen Gewaltverherrlichungen und luststeigernden Diskriminierungen zu trennen. BDSM demonstriert keine absolute Macht, für die uneingeschränkte Willkür charakteristisch ist. BDSM exekutiert nicht nackte Gewalt. Es wäre falsch anzunehmen, dass eine gefühl- und rücksichtsvolle Vorgehensweise beim Sex härtere Praktiken ausschließt.

Beim BDSM gelten besondere Anstandsregeln zur Bildung gegenseitigen Vertrauens. Diese fassen die englischen Begriffe „safe, sane and consensual" zusammen, die soviel heißen wie „sicher, vernünftig und einvernehmlich". Die drei Losungen dienen gleichsam als Rettungsseile am Abgrund und gehören zum Setting. Allerdings bietet freiwillige Zustimmung noch keinen ausreichenden Schutz. Hinzu müssen Kenntnisse über den wahrscheinlichen Verlauf der liminoiden Session und deren Folgen kommen. Deshalb sollten die Beteiligten sich vor Beginn über ihr Set, das heißt ihre Fantasien und Wünsche einerseits, Abneigungen und Grenzen andererseits austauschen. Darüber hinaus sollte langsam begonnen werden, weil sich Hardcore-Szenen im Kopf anders anfühlen als in der Realität. Widerruf und Abbruch müssen jederzeit möglich sein, ob mit einem vereinbarten Handzeichen, Signalwort oder anderen Verständigungsmittel.

Sadomasochistische Praktiken enthalten für das Begehren voyeuristischer Augen ein ungeheures Affektpotenzial. Inszenierte Unterwerfungen sind extrem sexuell aufgeladen. Die gnadenlose Gängelung eines Wunschopfers stimuliert jeden Sadisten; die erlittene Tortur goutiert der willige Masochist. Beide sind gleichwertige Partner eines außergewöhnlichen Beziehungsgeflechts. Statt BDSM moralisch zu verurteilen, sollte die Möglichkeit hierzu vielmehr begrüßt werden, bietet sie doch Menschen mit speziellen Neigungen eine Gelegenheit, diese sozial verantwortbar auszuleben, und hält sie so davon ab, grausame Wege auf anderen Pfaden zu beschreiten.

Marquis de Sade

Den Begriff „Sado-Masochismus" führte der Psychoanalytiker Isidor Isaak Sadger im Jahre 1913 ein. Bereits 1890 hatte der Psychiater Richard von Krafft-Ebing die Begriffe Sadismus und Masochismus gebildet, die sich von den Namen Sade und Sacher-Masoch ableiten. Nach Krafft-Ebing ist Sadismus „die Empfindung von sexuellen Lustgefühlen bis zum Orgasmus beim Sehen und Erfahren von Züchtigungen u.a. Grausamkeit, verübt an einem Mitmenschen oder selbst an einem Tier, sowie der eigene Drang, um der Hervorrufung solcher Gefühle willen anderen lebendigen Wesen Demütigung, Leid, ja selbst Schmerz und Wunden widerfahren zu lassen".[295] Marquis de Sade (1740–1814) führte ein ebenso religiös wie moralisch anstößiges Leben. Ausschweifende Experimente und skandalöse Orgien mit Prostituierten gehörten dazu. Dabei war er überaus gutmütig, gebildet und voller Angst vor dem Tod. Vehement bekämpfte der Altmeister obszöner Skandalschriften jede staatlich verhängte Todesstrafe, obgleich es in seinen Werken von Leidenschaftsmorden geradezu wimmelt. Beides war für ihn aber nicht dasselbe.

Sades Gesamtausgabe umfasst 15 Bände. Sein bekanntestes Werk ist der Doppelroman *Juliette und Justine*, der in mehreren Fassungen vorliegt.[296] Die Titelheldinnen sind Schwestern. Die eine ist tugendhaft, die andere lasterhaft. Juliette errichtet ihr Glück auf zerstörerische Verbrechen, aus denen sie ihre Lebenskraft zieht. Die anständige Justine schlittert dagegen von einer Vergewaltigung in die nächste, bevor sie am Ende von der eigenen Schwester grausam getötet wird.

Genauso berühmt sind Sades *120 Tage von Sodom* mit einem Spektrum von rund 600 gewalttätigen Sexualpraktiken.[297] Sades Wüstlinge werden von Exzess zu Exzess getrieben. Auffällig häufig stehen Kindesmissbrauch und Analpenetration auf der Tagesordnung. Pier Paolo Pasolinis gleichnamige Verfilmung aus dem Jahre 1975 hat sich besonders dieses Themas angenommen. In seinem *Sade oder die 120 Tage von Sodom* vergehen sich vier Würdenträger – ein Fürst, Bischof, Richter und Präsident – an Mädchen und Jungen in einem abgeschiedenen Anwesen.

Pornosophie statt Philosophie

Sade entwirft ein Gegenbild zur damaligen Gesellschaft, indem er Grausamkeit, Schmutz und Laster über Anstand und Religion stellt, die er in den Schlamm tritt. Im Unterschied zum liminoiden BDSM besitzt Sades Pornosophie einen kritischen Überbau. In Gott sieht er ein reines Hirngespinst. Moral und Religion seien bloße Chimären. Alles, was sich vermeintlich zieme, sei illusionär. Sein einziger Gott heißt Lebenslust, sein einziges Gut diesseitiger Sinnengenuss. Jedes Zartgefühl der Liebe löst er in sexuelle Begierde auf. Mit tiefsitzendem Widerwillen gegen alles Religiöse inszeniert Sade blasphemische Schändungen. Analverkehr ist für ihn der größte Protest gegen Gott. Doch mag ihm alles Kirchliche zuwider sein, so braucht er doch religiöse Verbote, um sie lustvoll übertreten zu können. Die Grenzübertretung ist für ihn der eigentliche Reiz der Sinnenlust. So ist die Rede von sexbesessenen Nonnen, die sich gegenseitig den Popo lecken, mit ihren Zungen in die Scheide eindringen und sich mit den Fingern die Klitoris kitzeln. Bewusst tritt de Sade alles Heilige in den Staub, weil gottlose Besudelungen das Begehren stark anheizen. Die Tabus Inzest, Ehebruch, Sodomie und Sakrileg werden sogar in ein und derselben Szene gebrochen. So lässt Sade etwa einen Vater seine verheiratete Tochter mit einer geweihten Hostie in den Hintern ficken. Weiter heißt es in *Die 120 Tage von Sodom*: „Er lässt sich während der Heiligen Messe von einem Mädchen peitschen, fickt dabei eine zweite in den Mund und entlädt bei der heiligen Wandlung."[298] Oder: „Er geht zur Kommunion und lässt sich unmittelbar danach von vier Mädchen in den Mund scheißen."[299]

Stets fehlt es Sades Wüstlingen an lustvoller Hingabe. Seine brutalen Peiniger sind einfach nur kalt, tyrannisch und machtversessen. Sie bleiben gefühllos bei ihren gemeinen Morden, zerstörerischen Auspeitschungen und brutalen Schändungen. Hochmütig und kaltblütig spannen sie ihre Opfer auf die Folter. Zärtlicher Taumel und eruptive Verschmelzung fehlen ganz. Die detailliert ausgemalten Obszönitäten erschöpfen zwar fast alle Möglichkeiten, doch emotionale Intensität sucht man darin vergebens. Ohne jedes Mitgefühl fügen brutale Lüstlinge ihren unschuldigen Opfern unablässig Schmerzen zu. Deren Leid stachelt ihre Geilheit erst richtig an. Sades Helden bleiben unempfindlich für jede Humanität. Sie leugnen das Böse, weil die Bosheit in der menschlichen Natur liege. Alle Verbrechen werden aus Wollust begangen. So kommt es regelmäßig zu bloßen Lustmorden, bei denen sich die Tops mehrmals sexuell entladen. Da es aussichtslos sei, sich der Natur zu widersetzen, könne der Mensch ihrer Diktatur nur dadurch entkommen, dass er bewusst tue, was er sonst instinktiv tun würde. Viele Philosophen von Hobbes über Montaigne bis Baudelaire betonen den natürlichen Ursprung menschlicher Grausamkeit. Baudelaire etwa schreibt: „Man untersuche sämtliche Handlungen und Begierden des bloß natürlichen Menschen, und man wird nichts als Scheußlichkeiten finden. Alles Schöne und Edle ist ein Ergebnis von Vernunft und Verstand."[300]

Lange vor Erfindung von Foto und Film formte Sade seine gewaltverherrlichenden Fantasien zu anschaulichen Texten, um so die Hand seiner Leser besser zum Masturbieren bewegen zu können. Im Gegensatz zu heutigen Pornogenießern, deren Fantasie nur wenig abverlangt wird, muss sich der Leser von Sades Werken alle Szenen selbst bildlich ausmalen.[301]

Im Vergleich zum liminoiden BDSM fehlt Sades Geschichten alles Spielerische, Leichte, Gewichtslose. Gerade weil im Imaginären angesiedelt, bleiben seine literarischen Ausschweifungen überaus ernst. Dabei übersteigen viele inszenierte Exzesse jedes menschliche Maß. Trotzdem hinterlässt die wollüstige Gewalt fast keinerlei Spuren bei den Beteiligten. Seine Helden sind unverwüstlich, weshalb man sie im wirklichen Leben unmöglich nachahmen, sondern sich allenfalls von ihnen inspirieren lassen kann. Die unaufhörlich verausgabten, geschundenen und verhöhnten Körper erwachen nach jeder Sexorgie unversehrt wieder zu neuem Leben, bereit für die nächste blutrünstige Raserei. Set und Setting sind unrealistisch. Doch gehen die Sessions nicht nur über alles Menschenmögliche hinaus. Zur Ermüdung der Leser werden sie auch dauernd wiederholt. Pornofilmen annähernd gleich reiht seine Werke zahlreiche Sexualakte aneinander, die sich im Wesentlichen alle ähneln.

Wie seine Lustkörper trotz grausamer Gewalt unverletzt bleiben, so kennen sie auch weder Erschöpfung noch Impotenz. Sie können und wollen immer. Im Roman sind solche Endlosschleifen leicht darstellbar, im Film dagegen nur durch Schnitte möglich. Hier werden Bilderfolgen mit schlaffen Gliedern und missglückten Szenen unterbrochen und neu zusammengefügt. Details werden vergrößert, Handlungen verlangsamt oder beschleunigt. Pornofilme werden aus Versatzstücken montiert.

Der unaufhörlichen Wiederholungen wegen bekommen Sades Sexspiele leicht etwas Mechanisches, was der Meister des Lasters durch die Darstellung immer spektakulärerer Praktiken zu verhindern glaubte. Allerdings wirken seine Inszenierungen durch solche Überbietungen noch unglaubwürdiger, ja lächerlich. Dazu sind seine Schilderungen einfach zu schematisch, als dass sie sexuell stimulieren können. Dies alles lässt den Schluss zu, dass Sade wie später Bataille in literarischer Verdichtung ein sexuelles Verlangen mitzuteilen versucht, das außerhalb alles rational Sag- und Fassbaren liegt. Bei seinen Bemühungen, das Unsagbare auszudrücken, überschreitet er regelmäßig das Sagbare zum Unsäglichen hin. Er treibt das dranghafte Begehren gleichsam an die Grenzen der Sprache, indem er leidenschaftliche Impulse in schockierende Grobheiten, frevelhafte Gewaltszenen und unausführbare Sexualpraktiken übersetzt. Die ins Unermessliche gesteigerten Obszönitäten, die unseren dunklen Gelüsten zu ihrem vollen Recht verhelfen sollen, bleiben so trotz aller Irrealität sinnvolle Stellvertreter unseres abgründigen Verlangens nach ekstatischen Delirien, für die es aber nur sozialverträgliche Möglichkeiten geben darf.

Selbstverständlich wäre erotisch-lustvoller Sadismus nicht sozialverträglich lebbar ohne erotisch-lustvollen Masochismus. Leopold von Sacher-Masoch (1836–1895) beschrieb in seinem Roman *Venus im Pelz* jenes triebhafte Schmerz- und Unterwerfungsverlangen, für das der Begriff Masochismus steht. Im Gegensatz zu den übersteigerten Ausführungen Sades bleiben Sacher-Masochs Darlegungen zurückhaltend. Sein Buch kommt mit bloßen Anspielungen ohne jedes obszöne Wort aus.

Das schmutzige Heilige

Im 20. Jahrhundert gehörte Bataille zu den ersten, die Marquis de Sade nicht als verrückt und krank verurteilten, sondern als Philosophen des Exzesses würdigten.[302] Dessen obszöne Obsessionen seien Sachwalter unseres dunklen Verlangens nach Grenzüberschreitungen. Zu solch einem Philosophen der schwarzen Erotik entwickelte sich Bataille dann selbst, indem er mit ungewohnt grellem Licht die verborgenen Winkel der menschlichen Abgründe ausleuchtete, aus deren Schluchten immer wieder schmutzige Fantasien hervorgejagt kommen. Seltsamerweise würdigt Bataille diese sumpfigen Unterwelten als heilig. Nur was hat das Heilige mit morastigem Schmutz zu tun?

Reinlichkeit und Schmutz

Menschen suchen Schutz vor Schmutz. Dieser ist der Bodensatz ihres Lebens, von dem die meisten nichts wissen möchten. Wer dreckig ist, soll sich waschen. Schmutz erweckt das Bedürfnis nach Sauberkeit. Norbert Elias hat gezeigt, wie sich die Hygiene- und Sauberkeitsvorstellungen im Laufe der letzten Jahrhunderte verschärft haben.[303] Nicht selten galten körperliche Ausflüsse und Ausscheidungen, Speichel, Wundeiter, Menstruationsblut und Samenerguss eingeschlossen, als schmutzig. Inbegriff allen Schmutzes sind unverdauliche Endprodukte der Darmtätigkeit, Exkremente: Stuhl oder Kot, in der Vulgärsprache auch Scheiße und Kacke genannt. Werden diese übelriechenden Substanzen als Düngemittel gebraucht, heißen sie Mist und Gülle. Der Durchschnittsbürger weiß zwar nicht, wie die braune Materie schmeckt, aber jeder weiß, wie sie riecht: Sie stinkt. Da sie für gewöhnlich Abscheu hervorruft, wurde sie aus der Öffentlichkeit verbannt. Die Konfrontation mit fremden Exkrementen wird als Zumutung empfunden. Defäkiert wird in abgeschlossenen Räumen: Klosetts. Sprachlich sind die Worte Kloset und Kloster miteinander verwandt. Beide entstammen dem Ausdruck „claudere", was soviel wie „abschließen" bedeutet. Da mit der rechten Hand gegrüßt und gegessen wird, empfehlen einige Kulturen, nach der Darmentleerung den Po mit der linken Hand zu waschen. Ausschluss von Schmutz aus der Öffentlichkeit ist für die moderne Zivilisation charakteristisch. In Küche, Bad, ja in allen Gebäuden, selbst auf der Straße gelten genaue Hygienebestimmungen und hohe Reinlichkeitsstandards. Der heutige Mensch kämpft ununterbrochen gegen Staub und Dreck, die auf der Rangskala der Dinge extrem niedrig angesiedelt sind. Die zahlreichen Maßnahmen zur Meidung und Beseitigung von Schmutz sollen vorrangig Krankheiten verhindern.

Abgetrennt von der Alltagswelt gibt es seit jeher einen Bereich des Heiligen, in dem gleichfalls Reinlichkeitsvorschriften gelten. Der sakrale Raum ist vor Verunreinigung zu schützen. In den großen Weltreligionen stehen Schmutz und Heiligkeit einander diametral gegenüber. Das Heilige ist das Reine, das allen, die sich ihm nähern, hohe Reinlichkeit vorschreibt: rituelle Waschungen der Hände, Füße und anderer Körperteile. Gebete sollen in körperlicher Sauberkeit gesprochen werden. Beim Betreten einer Moschee soll der Muslim sich seine Füße waschen, beim Betreten einer Kirche der Katholik mit Weihwasser bekreuzigen. Bei der Taufe wird das Kind mit Weihwasser benetzt, wodurch die Erbsünde von ihm abgewaschen und der alte Adam in ihm aufgelöst wird. Wasser ist Sinnbild für Reinheit, weshalb es in fast allen Religionen hohen Stellenwert besitzt.

So entspricht geistlicher Reinheit körperliche Reinlichkeit. Ausschließlich reine Hände dürfen kultisch handeln. Religiöse Reinheitsvorschriften verlangen bei bestimmten Ritualen nicht nur einen sauberen Körper, sondern unter Umständen sogar sexuelle Enthaltsamkeit. Sinnliche Ausschweifungen lehnen die christlichen Kirchen wie alle großen Weltreligionen ab. Sie entspringen lasterhaften Begierden und stehen für unreine Gedanken, Worte oder Werke. Das Obszöne ist schmutzig, das Heilige rein. Letzteres hat allen Schmutz hinter sich gelassen, jede Dreckschicht von sich abgestreift.

Aus medizinischer Sicht erscheinen religiöse Reinheitsvorschriften als sinnvoll. In jüdischen Regionen und muslimischen Ländern, in denen es fast immer warm ist, können das Verbot von Schweinefleisch, das Händewaschen vor dem Essen und rituelle Waschungen ansteckende Krankheiten verhindern.[304] Genauso machte früher Weihrauch den Geruch übelriechender Menschen in den Kirchen erträglich. Doch so sehr religiöse Praktiken positive Auswirkungen auf Hygiene und Gesundheit hatten, hierauf reduzieren lassen sich reinlich ausgeübte Rituale nicht.

Das reine Heilige

Wie prächtige Tempel, Moscheen, Synagogen, Kirchen und Klöster, aber auch kontemplative Gebetsorden, feierliche Liturgien, Gastmähler, Trauer- und Festzeremonien beweisen, kennen fast alle Religionen die unproduktive Verausgabung. Selbst religiöse Gebote, wie Bedürftigen mit Almosen zu helfen oder Reisenden mit Gastfreundschaft zu begegnen, können als Beispiele unproduktiver Verausgabung angesehen werden.

Alles in allem jedoch lehnen die christlichen Kirchen wie alle großen Weltreligionen die unproduktive Verausgabung ab. Sexuelle Exzesse werden als unrein, schmutzig, nicht gottgewollt aus dem sakralen Raum verbannt.[305] An die Stelle benebelnder Drogen, wilder Tänze und unbändiger Schreie sind harziger Weihrauch, würdevolles Schreiten und gregorianischer Gesang getreten. Damit verschwand die zügellose Erotik aus dem Heiligen. Streng wurde unterschieden zwischen dem Reinen und Unreinen, mit dem sich die Menschen nicht beflecken sollten. Dazu zählten alle körperlichen Freuden, die als sündiges Teufelswerk, heidnische Verirrung oder schamlose Gotteslästerung verworfen wurden. Hiervon sollte sich der Gläubige fernhalten.

Erst vor diesem Hintergrund wird die radikale Ablehnung der grausamen Gladiatorenkämpfe und Tierhetzen in den Arenen, der Wagenrennen im Circus, Athletenwettkämpfe im Stadion und Bühnenaufführungen im Theater seitens der Kirchenväter verständlich. Das frühe Christentum brachte jeglicher Form des Spiels tiefes Misstrauen entgegen. Dazu gehört das Verbot der Olympischen Spiele wie der Mysterien von Eleusis durch Kaiser Theodosius im Jahre 393. Nach dessen Auffassung gleichen die alten religiösen Feste und sportlichen Wettkämpfe gottlosen Kulten. Bei den großen Feierlichkeiten zu Ehren von Eleusis wurde der Vermählung der Getreidegöttin Demeter mit dem Himmelsgott Zeus gedacht, die das weite Land mit üppiger Ernte segnen sollten.[306] Alle späteren Feiertage haben ihren Ursprung in heidnischen Orgien. Sie sind ein Abglanz alter kultischer Bräuche, in denen es sinnlich exzessiv zuging, das Reine noch mit dem Unreinen vermischt war. Die Austragungsorte sportlicher und künstlerischer Spektakel atmen nach wie vor den Geist heidnischer Tempel, so die Kirchenväter, in denen auf grausame Weise unschuldiges Blut vergossen, lüsterne Leidenschaft entfacht und unter Drogeneinfluss unflätige Raserei entfesselt wurden. Nach dem Kirchenvater Tertullian ergreifen weiterhin teuflische Dämonen an diesen Stätten von den Besuchern Besitz, um sie zu beschmutzen.[307]

Der Unterscheidung zwischen dem reinen, göttlichen Heiligen und dem unreinen, teuflischen Sündigen im sakralen Raum entspricht auf der profanen Seite die Zweiteilung in Gut und Böse, Sauberkeit und Dreck.

Das unreine Heilige

Schmutz an sich gibt es nicht. Schmutz gibt es nur in Bezug auf Sauberkeit, die für gesellschaftlich erwünschte Ordnung steht. Diese wird durch Reinheitsgebote geschützt. Sonach bezeichnet Schmutz eine Art von Turbulenz oder Chaos. Dreck verstört und stört die Ordnung, die alles verurteilt und ausstößt, was sich ihr nicht einordnen lässt. Das Schmutzige soll nicht dazugehören. Es wird als anstößig empfunden, weil es die Ordnung bedroht. Das Unsaubere muss abgewaschen, übersprüht oder abgekratzt werden. Sowohl säkulare als auch sakrale Ordnungen trennen zwischen Sauberem und Schmutzigem. Wo alles in Ordnung ist, regieren Reinheit und Reinlichkeit. In den Vorstellungen von Sauberkeit schwingen stets Auffassungen von der richtigen Ordnung mit, gegen die jeglicher Schmutz verstößt. Schmutz ist immer fehl am Platz. Darum wird er gerne als „Materie am falschen Ort" bezeichnet.[308]

Wie die säkulare Kultur alles Feuchte, Schmierige und Faulige als schmutzig absondert, so verwirft die sakrale Kultur alles Exzessive, Wilde und Leidenschaftliche als unrein. Beides steht im Verdacht, das Leben des Einzelnen und die Gesellschaft zu gefährden. Fäkalworte und Fürze sind in der Öffentlichkeit unzulässig. Tauchen sie dennoch auf, versehentlich oder in Beschimpfungen, Wortspielen und Witzen, sorgen sie entweder für große Heiterkeit oder Empörung.

Im Gegensatz zur Ausgrenzung des Unreinen aus unserer profanen und sakralen Welt wird in zahlreichen archaischen Religionen das Reine mit dem Unreinen vermischt. „Die Anschauungen über Heiligkeit und Unreinheit sind in primitiven Gesellschaften noch nicht voneinander getrennt", schreibt Frazer.[309] Aber wie kann das hohe Heilige mit dem niedrigen Schmutzigen zusammenhängen?

Beides wird gewöhnlich durch Verbote von der Alltagswelt abgeschirmt. Die Menschen sollen sich genauso vom Heiligen wie vom Schmutzigen fernhalten. Beidem begegnen sie mit Scheu. Hier wie dort gelten die gleichen Tabus. Wie von verfaulenden Leichen und menstruierenden Frauen, zwei traditionelle Beispiele für Unreinheit, strömt vom Göttlichen ebenfalls eine gefährliche Energie aus, vor der man sich hüten soll. Deren Wirkung sei so stark, dass die hiervon Überwältigten es das Leben kosten könne, wenn sie sich hiervor nicht in Acht nähmen.[310]

Allerdings gilt das Heilige selbst auch als unrein.[311] Damit werden vor allem die sinnlichen Exzesse im sakralen Raum archaischer Religionen gemeint. In alten Stammesgesellschaften besaßen exaltierte Orgien und ekstatische Grenzüberschreitungen heiligen Charakter. Leidenschaftliche Gesten, Tänze und Schreie gehörten zum religiösen Leben dazu. Eine überschäumende Lebendigkeit, bei der die Beteiligten regelmäßig in Raserei oder Trance fielen, war für heilige Feste charakteristisch. Hierbei verband sich nicht nur sexuelle Wollust mit religiöser Verzückung. Wie ausgeführt, spielte auch explosive Gewaltsamkeit in rituellen Orgien eine wichtige Rolle. Begleitet von exaltierten Gesten, rhythmischen Gebärden und wilden Gesängen wurden nicht selten Tier- und Menschenopfer dargebracht. Das archaische Heilige, wie alles Sakrale vom profanen Alltag abgetrennt, bestand hauptsächlich aus rauschhaften Fruchtbarkeits-, Toten- und Götterkulten, bei denen die Menschen außer sich gerieten und sich wie von Dämonen besessen verhielten. Nicht selten ging es dabei feucht, blutig und klebrig, also im geläufigen Sinne unrein zu. Teilweise führten die heiligen Exzesse sogar zur gegenseitigen Beschmutzung mit Schlamm und Exkrementen.

Luststoffe minderer Qualität

Spielarten der Anal- und Fäkalerotik waren archaischen Orgien keineswegs fremd. Im Extremfall schloss die heilige Koprophilie sogar den Verzehr von Kot ein. Kaiser Caligula wird nachgesagt, dass er die Exkremente seiner Partnerinnen gerne verspeiste.[312] In Marquis de Sades Büchern wie in der Verfilmung seiner *120 Tage von Sodom* durch Pasolini wird die Koprophagie, also das Essen von dem, was Organismen als überflüssig und wertlos ausscheiden, auf die Spitze getrieben. Keine Leidenschaft passt besser zur Wollust als Trunkenheit und Fresssucht. In dieser Vermischung sind bereits die Extreme angelegt, die bei Sade und seinen Anhängern zum Trinken von Blut, Schlucken von Sperma, dem Lecken von Scheidenflüssigkeit, dem Spielen mit Ölen oder Urin wie zum Verspeisen und Beschmieren mit Exkrementen führen. Der Marquis bezeichnet die *120 Tage von Sodom* als den schmutzigsten Bericht, der je verfasst wurde. Wie immer schießt Sade übers Ziel hinaus und verhindert hierdurch eine ernste Auseinandersetzung mit der Frage, wie Ausgestoßenes und Ausgeschiedenes überhaupt in das Heilige hineingeraten konnten.

Seine Vorstellungen sind schlechthin unsinnig, wenn es beispielsweise heißt: „Er lässt im Laufe des Tages dreißig Weiber zu sich kommen und sich von allen in den Mund scheißen; er isst den Dreck von dreien oder vieren der hübschesten. Er wiederholt das fünfmal die Woche, was 7800 Weiber im Jahr ausmacht. Als die Chanvielle ihn kennenlernt, zählt er siebzig Jahre und treibt dies seit fünfzig Jahren so fort."[313] Solche Zahlen sind maßlos übertrieben, die Sache hingegen ist es nicht. Bis heute findet es eine Reihe von Menschen sexuell erregend, auf den Körper, ins Gesicht oder in den Mund uriniert oder defäkiert zu bekommen. Manche lieben es sogar, die Ausscheidungen eines anderen mit der Zunge aus dem After herauszuholen, seinen Hintern sauber zu lecken und seine Ausscheidungen zu verzehren. In dieser bizarren Subkultur wird Urin als „Natursekt" und Kot als „Kaviar" gefeiert. Jedoch kommt die Berufung zu solch merkwürdigen Genüssen eher selten vor. Die meisten finden solche Exzesse einfach nur abstoßend.

Ekel ist ein körperlicher Abwehrzustand gegen Fremdes, dessen Nähe man nicht erträgt, weshalb man sich mit Übelkeit davon abwendet, wenn man nicht sogar davor erbricht. Eine wesentliche Aufgabe des Ekels liegt in seiner Alarmfunktion, die den Einzelnen von Verdorbenem fernhält, das oft stinkt und bei Verzehr die Gesundheit gefährdet. Aber nicht alles Ekelhafte verfügt über diese Eigenschaften. Der Verzehr von Materie minderer Art ist nicht notwendigerweise gesundheitsschädlich. Viele Ekelhemmungen werden kulturell vermittelt. In *Feuchtgebiete* stellt Charlotte Roche den weiblichen Körper nicht als wohlriechende Sexbombe und erotisches Schaustück dar, sondern bringt ihn mit widerwärtigem Kot, Schleim und Blut in Verbindung. Ekelgefühle haben nicht nur körperliche Schutzfunktion, sondern gründen auch auf gesellschaftlichen Tabus. Doch wie weit die Abwehr von „Kaviar" und „Natursekt" kulturell bedingt ist, darf hier offen bleiben. Man muss diese Exzesse nicht mögen. Aber wem sie gefallen, der sollte sie mit dem passenden Partner ungeniert ausleben dürfen, statt sozialunverträgliche Scheußlichkeiten zu begehen. Es gibt eben die seltsamsten Möglichkeiten, seine Botenstoffe und Lustzentren im Hirn zu aktivieren. Archaische Orgien verbanden das Lehmige, Breiige und Ölige öfter mit dem Heiligen. Wilde Schlammschlachten, welche die Dynamik zwischen Eros und Leben auf die Spitze trieben, trieben im gleichen Augenblick die religiösen Exzesse bis zum Äußersten.

Heiligsprechung des Obszönen

Die uralte Verbindung zwischen sinnlicher Wollust, klebriger Flüssigkeit und glitschiger Materie auf der einen Seite, religiöser Verzückung auf der anderen wurde bereits vor Jahrtausenden in den großen Weltreligionen aufgelöst. Zwar gab es im Christentum auch ein Phase, in der die Vernachlässigung des Körpers, also auch das Strotzen vor Dreck, als besonders religiös, weil weltabgewandt, galt; es wurde einigen Heiligen nachgesagt. Allerdings wurde hier nur der Heilige, nicht aber das Heilige mit dem Schmutzigen verbunden. Im Gegenteil, gerade weil sich der Heilige am reinen Geistigen, Jenseitigen und Sakralen orientierte und alles Körperliche, Diesseitige und Profane geringschätzte, ließ er sein Äußeres bewusst ungepflegt, woraufhin es leicht verwahrlosen konnte.

In archaischen Kulten dagegen wurden die sinnlichen, aggressiven und sexuellen Exzesse selbst als heilig angesehen, weil die hieran beteiligten Personen überzeugt waren, durch diese Delirien in Kontakt zu höheren Mächten treten zu können. Solche sinnlichen Tumulte, die auch schmutzige Gedanken, das Vulgäre und Obszöne umfassten, überschritten nicht bloß den geordneten Alltag, sondern öffneten zugleich die Augen für eine göttliche Wirklichkeit, die mit dem gewöhnlichen Alltag nichts gemein hatte.

Wenn hier nun für das unreine Heilige Partei ergriffen wird, dann allerdings weniger zur Wiederbelebung der liminalen Kräfte archaischer Religionen als vielmehr zur Rechtfertigung liminoider Exzesse im säkularen Alltag.[314] Sonach muss unterschieden werden zwischen früherem und heutigem unreinen Heiligen. In den Urreligionen gilt das Heilige als unrein, insofern es sinnlich exzessiv ist. Hier dagegen wird der sinnliche Exzess, also das Unreine, ohne jeden religiösen Bezug heiliggesprochen, um ihn einerseits von der Aura des Abscheulichen, Bösen und Verwerflichen zu befreien, andererseits als zulässige Lebensbereicherung zu adeln.

Dabei richtet sich die Heiligung des Dranghaften, Wilden und Obszönen zwar gegen alle sinnenfeindlichen Weltreligionen. Doch sprechen hierzulande inzwischen eher medizinische als noch religiöse Bedenken gegen sinnliche Exzesse, die bekanntlich gesundheitsschädlich sind.[315] Nach Lage der Dinge lässt sich das pralle Dasein nur auskosten, wenn man bereit ist, seine Gesundheit teilweise aufs Spiel zu setzen. In den vollen Genuss des Lebens kommt nur, wer einen Einsatz wagt, etwas riskiert, nach Nietzsche und Bataille ja nicht einmal den Tod fürchtet – gemäß Schillers *Wallenstein*: „Und setzt ihr nicht das Leben ein, nie wird euch das Leben gewonnen sein."[316] Der volle Sinn des Daseins erschließt sich erst, wenn man sein Dasein nicht vor allem bewahrt, meint Goethe in *Selige Sehnsucht*: „Und so lang du das nicht hast, dieses: Stirb und werde! Bist du nur ein trüber Gast auf der dunklen Erde."[317] Dem steht allerdings der berechtigte Wunsch entgegen, selbst aus den gewagtesten Abenteuern noch heil herauszukommen. Die Kunst des Lebens liegt in der geglückten Balance.

Unser Körper ist die Quelle aller Freuden und Leiden, Schaltzentrale unserer Sehnsüchte und Ekstasen. Darum sollte niemand die Chancen seines Lebens nutzen, ohne die Signale seines Körpers zu beachten. Dieser ist ein Maßstab fürs Angemessene. Er gleicht einem Kompass, der den Einzelnen gut durch das Leben zu navigieren vermag. Allerdings schließt Achtsamkeit nicht zeitweilige Gefährdung und Beeinträchtigung von Gesundheit aus. Feinschmecker der Lust nehmen sie der erlebten Intensität wegen geflissentlich in Kauf. Einerseits geht es zwar nur mit Grenzziehungen, andererseits aber auch nicht ohne Sorgenbrecher und Freiräume.

So sind experimentierfreudiger Sex, Drogenkonsum beim Liebesspiel, geselliges Rauchen und Trinken, exzessives Tanzen bis zum Umfallen zwar ungesund, aber sie können das Leben auf wunderbare Weise beglücken. Erotische Abenteuer und exzessive Partyseligkeit bringen das unreine Heilige ins Alltagsleben zurück. Das Gleiche gilt für aufregende Sportveranstaltungen, ja jede Feier, die bewusst gegen maßvolles Haushalten beim großzügigen Auftischen verstößt. Fern aller profanen Alltagssorgen verwandeln lustvolle Exzesse das Unreine in etwas Heiliges, wie Bataille meint: „Das Heilige ist das verschwenderische Aufbrausen des Lebens (…), präzis der Flamme vergleichbar, die das Holz zerstört, indem sie es verzehrt."[318] Anders formuliert: „Das Heilige ist die Entfesselung der Leidenschaften. (...) Ein riesiges Fest und eine maßlose Zügellosigkeit geben uns ein Bild davon."[319]

Ohne solche Heiligsprechungen bleibt das Unreine einfach nur das Kranke, Wahnhafte, Schmutzige, früher Teuflische, Sündige, Dämonische. Wo lustvolle Besessenheit, Trance und Raserei nicht in den Rang des Heiligen erhoben werden, weil es nur noch profane Sphären gibt, werden alle exzessiven Lebensformen wie auch deren Intensifikatoren Alkohol, Tabak, Drogen, Techno und Viagra zum Problem. Sie werden als Störungen der profanen Alltagsordnung empfunden. Indem man diesen Phänomenen aber eine höhere Weihe verleiht und sie von der profanen auf die heilige Seite stellt, widersetzt man sich ihrer Verunglimpfung. Der Begriff des Heiligen rehabilitiert diese Erfahrungen als liminoide Erlebnisse, die den Einzelnen verzaubern können. Das jeder religiösen Transzendenz entkleidete sinnliche Leben zu intensivieren heißt, es zu heiligen. Orgiastische Exzesse haben zwar ihre religiöse Magie verloren. Sie sind aber nichts Abartiges oder Anstößiges, nur weil sie aus der nüchternen Alltagswelt herausfallen. Im Raum des unreinen Heiligen darf das schmutzige Begehren, das in uns allen schlummert, seinen liminoiden Zauber ungetrübt entfalten. Dabei darf es durchaus feucht, schmierig und schlammig zugehen.

Im Gefolge der Aufklärung wurden diverse Versuche unternommen, die Religion konsequent auf die Augenhöhe der Vernunft zu bringen und alles Irrationale zu tilgen. Bei diesen Anstrengungen blieb das Heilige auf der Strecke, das nüchterner Rationalität zum Opfer fiel. Doch ist das Bedürfnis nach exaltierter Begeisterung, wildem Rausch und unbegreiflicher Überwältigung unausrottbar. Diesen Erlebnisraum besetzt heute vorrangig die liminoide Eventkultur, die auf liminale Wahrheitsansprüche verzichtet.

Festlicher Überschwang

„Verschwende Dich, so wie Lampen nachts das Öl verschwenden, um der Welt ihr Licht zu spenden", schreibt Shakespeare in *Venus und Adonis*.[320] Deutlicher Goethe in *Eins und Alles*: „Im Grenzenlosen sich zu finden / Wird gerne der einzelne verschwinden. / Da löst sich aller Überdruss; / Statt heißem Wünschen, wildem Wollen / Statt lästgem Fordern, strengem Sollen, / Sich aufzugeben ist Genuss."[321] Noch klarer ein Song aus dem Film *Tanz auf dem Vulkan*: „Die Nacht ist nicht allein zum Schlafen da / Die Nacht ist da, dass was gescheh' / Ein Schiff ist nicht nur für den Hafen da / Es muss hinaus, hinaus auf hohe See! / Berauscht euch, Freunde, trinkt und liebt und lacht / Und lebt den schönsten Augenblick, / Die Nacht, die man in einem Rausch verbracht, / Bedeutet Seligkeit und Glück!" Gelungene Feste verzieren nicht bloß das Leben, sie verzehren es auch. „Lebensgenuss ist Verbrauch des Lebens", schreibt Max Stirner.[322] Ausführlicher Nietzsche: „Es ist unbeschreiblich angenehm, sich überwältigt zu fühlen. Plötzlich und tief in ein Gefühl wie in einen Strudel hinabzusinken! Sich die Zügel aus der Hand reißen zu lassen und einer Bewegung wer weiß wohin zuzusehen (...). Ein Spielball von Urkräften. Es ist eine Ausspannung in diesem Glück, ein Abwerfen der großen Last, ein Abwärtsrollen ohne Mühen wie in blinder Schwerkraft sich einem alles verschlingenden und zerdrückenden Eindruck einmal zeitweilig zu überlassen."[323]

Hier wird das Glück nicht vom betrachtenden, sondern vom genießenden Leben erwartet: dem ungehemmten Erleben sinnlicher Intensitäten in orgiastischer Ausschweifung. Das Wesen des Festes ist der Exzess, der zeitweilig die reguläre Ordnung aufhebt. Ein Fest bedeutet soviel wie Verschwendung: Völlerei, „gula", und Trunksucht, „ebrietas". Doch liegt der wahre Ursprung aller luxuriösen Verschwendung im erotischen Delirium. „Verschwendung ist ohne weiteres kein Tadel, sie ist vielleicht notwendig. Auch die Heftigkeit der Triebe gehört hierher", findet Nietzsche.[324] Ähnlich Georges Bataille, Emile Zola und Werner Sombart: „Aller Wunsch nach Verfeinerung und Vermehrung der Sinnenreizmittel wird letzten Endes in unserem Geschlechtsleben seinen Grund haben: Sinnenlust und Erotik sind letzten Endes ein und dasselbe. So dass der erste Antrieb zu jedweder Luxusentfaltung in der großen Mehrzahl aller Fälle gewiss auf irgendwelches bewusst oder unbewusst wirkende Liebesempfinden zurückzuführen ist."[325]

Die Geschichte beweist eindeutig, dass Menschen Phasen und Enklaven zum Ausleben abgründiger Neigungen benötigen. Schon die obszönen Darstellungen alter indischer Tempel erinnern an das periodisch auftretende Bedürfnis nach wollüstiger Leidenschaft. Noch so starke Vernunftregulierung und Triebkontrolle können das Verlangen nach exzessiver Raserei nicht ausschalten. Menschliches Leben bewegt sich zwischen asketischer Fastenzeit und ekstatischem Karneval!

Erst im Alter nimmt das Verlangen nach der prallen Seite des Lebens ab, mag auch senile Vergnügungssucht vor den Einflüsterungen der Lust nicht Halt machen. Begleiterscheinungen des Alterns heißen einerseits mehr Fett und Falten, andererseits weniger Muskelmasse, Energie und Libido. Als Träger sexueller Botschaften stellt der ältere Körper nur noch eine herabgestufte Erotik dar. Seit Platon über Cicero bis Schopenhauer wird der allmähliche Verfall von Lust und Attraktivität aber begrüßt. Denn mit der erotischen Libido verschwindet auch das Verlangen danach, so dass der sexuelle wie jeder andere Rausch nicht mehr schmerzlich vermisst werden können. Es ist unmöglich, Vergnügungen nachzutrauern, nach denen einem nicht mehr der Sinn steht. Rastlose Sehnsucht weicht regungsloser Stille. Allein zu existieren ist jetzt schon anstrengend genug. Aber mag der hormonelle Boykott der Lust auch zu baldiger Erschöpfung und vorzeitiger Ermüdung führen, so bedeutet er doch zugleich größeren Seelenfrieden. Wenn allerdings noch laue Reste des einstigen Feuers brennen, dann findet man sich mit dem hormonellen Sabotageakt nicht so leicht ab. Eine Zeitlang können Hormonkuren, das blaue Wunder „Viagra" und das rosa Zaubermittel „Flibanserin" oder vergleichbare Substanzen älteren Menschen noch zu Last-Minute-Abenteuern verhelfen. Irgendwann aber schwindet die Lust auf sinnliche Exzesse. Möglicherweise bedauert man nun noch immer das Ende aufregender Abenteuer, auf die man wehmütig zurückblickt. Der Widerschein vergangener Leidenschaften quält. Aber irgendwann ist jede rauschhafte Verzückung vorüber.

Da drängt sich abschließend die bange Frage auf, ob es im bisherigen Leben überhaupt genug sinnliche Exzesse gab, welche die Alltagsordnung außer Kraft setzten. Lassen sich Augenblicke grenzenlosen Sinnenglücks in die Erinnerung zurückrufen, die von höchster Lust und größter Freude erfüllt waren? Wann hat man zuletzt Momente praller Intensität empfunden?

Bis heute werden die sinnliche Ekstase und sexuelle Ausschweifung vorrangig kritisch im Zusammenhang mit Drogenprävention, Jugend- und Popkultur diskutiert. In diesem Kontext wird Mündigkeit fast ausschließlich mit aufgeklärter Rationalität, allenfalls mit beherrschter Emotionalität gleichgesetzt. Ekstatische Delirien und sinnlicher Rausch gelten als unvereinbar mit jeder Erziehung zur Mündigkeit. Niemand soll dem Begehren uneingeschränkt die Zügel schießen lassen. Doch so richtig es ist, dass die öffentliche Ordnung nicht jede Anregung zur orgiastischen Ausschweifung vorbehaltlos erlauben und die Bürger blindlings solchen Versuchungen aussetzen darf – es geht nicht ohne urwaldähnliche Reservate. Dort darf der „unspaltbare Nachtkern", wie André Breton die eigene Andersheit, das Fremde in uns, „Abjekte" nennt, integraler Bestandteil des gelebten Lebens werden. Jedenfalls lassen sich die wilden Triebkräfte weder durch humanistische Ideen noch durch harte Strafandrohungen gänzlich zurückdrängen. Allerdings sollte sich das Ungeheuer in uns nicht durch blutige Kämpfe verwirklichen, deren Brutalität, Sinn- und Hoffnungslosigkeit Francisco de Goya im Radierzyklus *Desastres de la Guerra* oder Otto Dix auf dem Triptychon *Der Krieg* drastisch zur Anschauung bringen. Statt den Überschuss explosiver Kräfte katastrophal in häuslicher Gewalt, grölenden Straßenrandalen oder grausamen Bürger- und Gotteskriegen zu vergeuden, sollte er lieber auf gloriose Weise durch aufheiternde Sexorgien, aufreizende

Körperspiele, aufpeitschende Technoparts und aufputschende Sportevents verprasst werden. Wir brauchen solche liminoiden Freiräume und haben ein Recht darauf. Das Fest des Obszönen darf sogar als dionysisches Spiel mit sado-masochistischen Elementen und psychoaktiven Substanzen gefeiert werden, wie Gottfried Benn findet: „O Nacht! Ich nahm schon Kokain / und Blutverteilung ist im Gange / das Haar wird grau, die Jahre fliehn / ich muss, ich muss im Überschwange / noch einmal vorm Vergängnis blühn."[326]

Jubelfeiern der Lust sind so beliebt, weil sie den Körper mit Wogen freigesetzter Botenstoffe durchfluten. Unklar ist nur, wie sie sich in unseren geordneten Alltag einfügen lassen, ohne dass der Einzelne und die Gesellschaft hieran Schaden nehmen. Eines aber ist sicher: Das Fest des Lebens kann nicht warten.

Anmerkungen

1. Nietzsche, Kritische Studienausgabe, Bd. 4, S. 243.
2. Shakespeare, Hamlet, 2012, S. 135.
3. Nietzsche, Kritische Studienausgabe, Bd. 10, S. 629.
4. Kierkegaard, Kleine Schriften 1848/49, S. 33.
5. Nietzsche, Kritische Studienausgabe, Bd. 11, S. 571.
6. Gide, Erzählungen, S. 183.
7. Nietzsche, Kritische Studienausgabe, Bd. 4, S. 19.
8. Benn, Gesammelte Werke, Bd. 3, S. 53.
9. Ebd., S. 87.
10. Sofsky, Traktat über Gewalt, 2005.
11. Girard, Gewalt und Religion, S. 13.
12. Sorel, Über die Gewalt, 1981.
13. Girard, Ich sah den Satan vom Himmel fallen, S. 193 ff.
14. Girard, Das Heilige und die Gewalt, S. 77.
15. Girard, Ich sah den Satan vom Himmel fallen, S. 193 ff.; Frazer, Der goldene Zweig, S. 831.
16. Frazer, Der goldene Zweig, S. 820 ff.
17. Ebd., S. 114 ff.; Girard, Ich sah den Satan vom Himmel fallen, S. 109.
18. Frazer, Der goldene Zweig, S. 628 ff., S. 949 ff.
19. Aldhouse Green, Menschenopfer, 2003.
20. Lévi-Strauss, Traurige Tropen, S. 382 f.
21. Euripides, Tragödien, S. 1116 ff.
22. Ebd., S. 565 ff.
23. Nietzsche, Kritische Studienausgabe, Bd. 12, S. 265.
24. Ebd., S. 266.
25. Girard, Ich sah den Satan vom Himmel fallen, S. 168.

26 Nietzsche, Kritische Studienausgabe, Bd. 13, S. 266; Bd. 6, S. 374.
27 Ebd., Bd. 13, S. 266.
28 Ebd., Bd. 1, S. 33.
29 Ebd.
30 Psalmen 35,19; 69,5.
31 Joh. 8,3.
32 Aischylos, Tragödien, S. 397 ff.
33 Popitz, Phänomene der Macht, 2009.
34 Lévi-Strauss, Traurige Tropen, S. 384 f.
35 Arendt, Eichmann in Jerusalem, 2011.
36 Arendt / Fest, Eichmann war von empörender Dummheit, S. 44.
37 Milgram, Das Milgram-Experiment, 1982.
38 Frisch, Graf Öderland, S. 11.
39 Bauer, Schmerzgrenze, 2013.
40 Zimbardo, Der Luzifer-Effekt, 2012.
41 Raether, Der Acte gratuit, S. 81.
42 Foucault, Überwachen und Strafen, 1994.
43 Nietzsche, Kritische Studienausgabe, Bd. 5, S. 295.
44 Dülmen, Theater des Schreckens, 2010.
45 Frazer, Der goldene Zweig, S. 633.
46 Foucault, Überwachen und Strafen, S. 82.
47 Nietzsche, Kritische Studienausgabe, Bd. 5, S. 302.
48 Nietzsche, Kritische Studienausgabe, Bd. 3, S. 30.
49 Foucault, Überwachen und Strafen, S. 232.
50 Nietzsche, Kritische Studienausgabe, Bd. 5, S. 300.
51 Cook, Zum Mittelpunkt der Arktis, S. 46; Cook, Wo Norden Süden ist, S. 238.
52 Andrée, Dem Pol entgegen, S. 213.
53 König, Sternstunden des Alpinismus, S. 188.
54 Karl, Ein Leben ohne Wenn und Aber, S. 298.
55 Blumenberg, Die Vollzähligkeit der Sterne, S. 212 f.
56 Karl, Ein Leben ohne Wenn und Aber, S. 190 f.
57 Ebd., S. 278.
58 Ebd., S. 11.
59 Ebd., S. 190 f.
60 Ebd., S. 298.
61 Messner, Antarktis, S. 271.

62 Gide, Die Verliese des Vatikans, S. 181.
63 Dostojewskij, Schuld und Sühne, S. 562.
64 Camus, Der Fremde, S. 88 ff.
65 Beckett, Molloy, S. 130.
66 Frisch, Graf Öderland, S. 8.
67 Ebd., S. 17.
68 Augustinus, Bekenntnisse, 2.5.
69 Bataille, Gilles de Rais, 2006; Huysmans, Tief unten, 2007.
70 Bataille, Gilles de Rais, S. 24.
71 Foucault, Die Anormalen, S. 145 ff.
72 Bauer, Schmerzgrenze, 2013.
73 Ebd.
74 Foucault, Die Anormalen, S. 125 ff.
75 Ebd., S. 77 ff.
76 Bataille, Gilles de Rais, S. 23 f; Foucault, Die Anormalen, S. 164 ff.
77 Marquis de Sade, Die 120 Tage von Sodom, 2006; Bataille, Das obszöne Werk, 1982.
78 Bataille, Gilles de Rais, S. 15, 94.
79 Frisch, Graf Öderland, S. 57.
80 Kristeva, Fremde sind wir in uns selbst, S. 209.
81 Roebling, Acte Gratuit, S. 156.
82 Zweig, Meistererzählungen, S. 331.
83 Schiller, Sämtliche Werke, Bd. 5., S. 461.
84 Sontag, Das Leiden anderer betrachten, 2005; Münkler, Der Wandel des Krieges, S. 196 f.
85 Buford, Geil auf Gewalt, 2010.
86 Montaigne, Essais, Bd. II, S. 159 f.
87 Nietzsche, Kritische Studienausgabe, Bd. 3, S. 30.
88 Sofsky, Traktat über Gewalt, 2005; Zimbardo, Der Luzifer-Effekt, 2012.
89 Sofsky, Zeiten des Schreckens, 2002; Reemtsma, Vertrauen und Gewalt, 2009.
90 Euripides, Tragödien, S. 1189.
91 Thukydides, Der Peloponnesische Krieg, III 82 ff.
92 Benjamin, Zur Kritik der Gewalt, 1978; Agamben, Homo sacer, 2002.
93 Münkler, Der Wandel des Krieges, 2010.
94 Mann, Der Zauberberg, S. 641 ff.
95 Zimbardo, Der Luzifer-Effekt, 2012.

96 Nietzsche, Kritische Studienausgabe, Bd. 5, S. 311.
97 Eichhorn / Kuwert, Das Geheimnis unserer Großmütter, 2011; Mühlhäuser, Vergewaltigungen durch Soldaten der Wehrmacht, 2010; Gebhardt, Als die Soldaten kamen, 2015.
98 Zola, Bestie Mensch, S. 47.
99 Ebd., S. 49.
100 Ebd., S. 231.
101 Ebd., S. 233.
102 Ebd., S. 324.
103 Ebd., S. 325.
104 Ebd., S. 326.
105 Annunzio, Lust, S. 134 f.
106 Zweig, Meistererzählungen, S. 313, S. 330.
107 Montaigne, Essais, Bd. II, 11, 160.
108 Simmel, Individualismus der modernen Zeit, S. 196.
109 AT, Buch Jesaja 2,4; 9,1-6; 11.
110 AT, Buch Ezechiel, 38.
111 Vergil, Aeneis, 4. Ekloge.
112 Burckhardt, Weltgeschichtliche Betrachtungen, S. 190.
113 Gide, Erzählungen, S. 302.
114 Freud, Gesammelte Werke, 1938, Bd. 17, S. 71.
115 Helbling, Tribale Kriege, 2006.
116 Schmitt, Der Begriff des Politischen, S. 34.
117 Junker/Paul, Der Darwin Code, 2010.
118 Ohler, Der totale Rausch, 2015.
119 Conrad, Herz der Finsternis, 2012.
120 Thoreau, Walking, S. 169.
121 Baudelaire, L'Idéal, zitiert nach Kupfer, Alexander: Künstliche Paradiese 2006, S. 416.
122 Nietzsche, Kritische Studienausgabe, Bd. 5, S. 98.
123 Schnitzler, Flucht in die Finsternis, S. 66.
124 Büchner, Woyzeck, S. 164.
125 Kristeva, Power of Horrors, 1982.
126 Kristeva, Fremde sind wir in uns selbst, 2013.
127 Freud, Studienausgabe, 1982, Bd. 4, S. 243 ff.
128 Elias, Über den Prozess der Zivilisation, 1976.
129 Duerr, Der erotische Leib, 1999; Duerr, Die Tatsachen des Lebens, 2005.

130 Foucault, Überwachen und Strafen, S. 42.
131 Foucault 2007; Nietzsche, Kritische Studienausgabe, Bd. 5.
132 Bolz, Konsumistisches Manifest, 2002.
133 Münkler, Der Wandel des Krieges, S. 131.
134 Stiglegger, Ritual und Verführung, 2006; Stiglegger, Terrorkino, 2010.
135 Sontag, Das Leiden anderer betrachten, 2005.
136 Baudrillard, Von der Verführung, 1991.
137 Sade, Die 120 Tage von Sodom, S. 468 f., S. 474.
138 Buñuel, Mein letzter Seufzer, S. 148.
139 Goethe, Werke in zwölf Bänden, Bd. 1, S. 367.
140 Bataille, Das obszöne Werk, S. 38.
141 Ebd., S. 40.
142 Ebd.
143 Ebd., S. 50.
144 Kuncik/Zipfel, Medien und Gewalt, 2004.
145 Zola, Bestie Mensch, S. 30.
146 Ebd., S. 58.
147 Ebd., S. 30, S. 236.
148 Hume, Eine Untersuchung über die Prinzipien der Moral, S. 119.
149 Petrarca, Das einsame Leben, S. 57.
150 Foucault, Die Ordnung der Dinge, S. 289.
151 Andersch, Der Vater eines Mörders, S. 136.
152 Frisch, Stiller, S. 52.
153 Nietzsche, Kritische Studienausgabe, Bd. 5.
154 Nietzsche, Kritische Studienausgabe, Bd. 3, S. 76.
155 Diderot, Die Nonne, S. 195.
156 Kierkegaard, Entweder Oder, Bd. 1/1, S. 64 f.
157 Sontag, Die pornographische Phantasie, S. 308 f.
158 Foucault, Überwachen und Strafen, S. 250 ff.; Foucault, Die Anormalen, S. 63 ff.
159 Foucault, Überwachen und Strafen, 1994, S. 254, S. 375 ff.; Camus, Die Pest, 2008.
160 Dülmen, Erfindung des Menschen, S. 73 ff.
161 Simmel, Individualismus der modernen Zeit, S. 341.
162 Bataille, Die Erotik, S. 55 ff.
163 Lévi-Strauss, Traurige Tropen, S. 225; Sommer, Feste, Mythen, Rituale, S. 314 ff.

164 Bataille, Die Aufhebung der Ökonomie, S. 317; Bataille, Die Erotik, S. 66 f.
165 Bataille, Die Erotik, S. 67.
166 Ebd.
167 Marx, Philosophische und ökonomische Schriften, S. 128.
168 Jauch, Sade, S. 201.
169 Bataille, Aufgaben des Geistes, S. 52.
170 Nietzsche, Kritische Studienausgabe, Bd. 6, S. 407.
171 Nietzsche, Kritische Studienausgabe, Bd. 5, S. 379.
172 Bataille, Aufgaben des Geistes, S. 124.
173 Valéry, zitiert nach Bertholet, Paul Valéry, S. 516.
174 James, Die religiöse Erfahrung, S. 323.
175 Ebd., S. 306 f.
176 Angelus Silesius, Cherubinischer Wandersmann, Strophe 25.
177 Mechthild von Magdeburg, zitiert nach Buber, Ekstatische Konfessionen, S. 74.
178 Teresa von Avila, Das Buch meines Lebens, S. 426 f.
179 Brüning, Mechthild von Magdeburg, Mechthild von Hackeborn, Gertrud die Große, 2008; Feldmann, Ein Gott zum Küssen, 2012; Reschika, Das Versprechen der Ekstase, 2011.
180 Kupfer, Die künstlichen Paradiese, S. 410.
181 Hofmann, LSD – mein Sorgenkind, S. 218.
182 Leary, Politik der Ekstase, 1997.
183 Spörl, Gottlose Mystik in der deutschen Literatur um die Jahrhundertwende, 1997.
184 Nietzsche, Kritische Studienausgabe, Bd. 1, S. 9-156, S. 553-599.
185 Bataille, Aufgaben des Geistes, S. 116.
186 Ebd., S. 120.
187 Ebd., S. 136.
188 Bataille, Die Aufhebung der Ökonomie, S. 45.
189 Frazer, Der goldene Zweig, S. 481 f.
190 Klages, Vom kosmogonischen Eros, S. 39.
191 Nietzsche, Kritische Studienausgabe, Bd. 6, S. 120.
192 Edinger, Kathartische Exzesse, 2013.
193 Nitsch, Das Orgien Mysterien Theater, 1990.
194 Mattheus, Antonin Artaud, S. 86.
195 Nitsch, Das Orgien Mysterien Theater, 1990.

Anmerkungen

196 Mauthner, Der Atheismus und seine Geschichte im Abendlande, Bd. 4, 2011; Landauer, Skepsis und Mystik, 1978.
197 Nietzsche, Kritische Studienausgabe, Bd. 1, S. 888.
198 Nietzsche, Kritische Studienausgabe, Bd. 10, S. 86.
199 Otto, Das Heilige, 1979.
200 Michaux, Turbulenz im Unendlichen, 1961; Pitigrilli, Kokain, 2005.
201 Hesse, Steppenwolf, S. 179.
202 Mattheus, Antonin Artaud, S. 175.
203 Marinetti, Teoria e invenzione futurista, S. 384.
204 Hecken, Avantgarde und Terrorismus, 2006.
205 Breton, Die Manifeste des Surrealismus, S. 56.
206 Fischer-Lichte, Ästhetik des Performativen, 2004.
207 Ebd., S. 110.
208 Ebd., S. 188.
209 Mattheus, Antonin Artaud, S. 86.
210 Ebd., S. 160.
211 Edinger, Kathartische Exzesse, S. 78.
212 Foucault, Wahnsinn und Gesellschaft, 1981.
213 Nietzsche, Kritische Studienausgabe, Bd. 3, S. 14.
214 Wetz, Lebenswelt und Weltall, 1994; Wetz, Kunst der Resignation, 2000.
215 Gehlen, Urmensch und Spätkultur, S. 236.
216 Kant, Werke, Bd. 2, S. 348.
217 Spörl, Gottlose Mystik in der deutschen Literatur um die Jahrhundertwende, S. 172 f.
218 Frazer, Der goldene Zweig, S. 197 ff.
219 Turner, Das Ritual, 2005.
220 Durkheim, Die elementaren Formen des religiösen Lebens, S. 295-300; Lévi-Strauss, Traurige Tropen, S. 167 f.
221 Frazer, Der goldene Zweig, S. 1005 f.
222 Gennep, Übergangsriten, 1999; Turner, Das Ritual, 2005.
223 Lévi-Strauss, Traurige Tropen, S. 179.
224 Ebd., S. 185.
225 Frazer, Der goldene Zweig, S. 511.
226 Bachtin, Literatur und Karneval, 1990.
227 Frazer, Der goldene Zweig, S. 847 ff.
228 Vgl. Mattig, Rock und Pop als Ritual, 2009.
229 Novalis, Werke und Briefe, S. 48.

230 Wetz, Lob der Untreue, S. 159.
231 Stowasser, Anarchie, 2007.
232 Sorel, Über die Gewalt, 1981.
233 Augustinuns, Bekenntnisse, Buch 1-3; Tertullian 2008.
234 Turner, Vom Ritual zum Theater, 2009; Fischer-Lichte, Ästhetik des Performativen, 2004.
235 Nietzsche, Kritische Studienausgabe, Bd. 1, S. 34.
236 Bataille in Stiglegger, Ritual und Verführung, S. 90.
237 Bataille, Aufgaben des Geistes, S. 53.
238 Genet, Querelle, 2003.
239 Gide, Erzählungen, S. 300.
240 Nietzsche, Kritische Studienausgabe, Bd. 4, S. 340.
241 Pfaller, Wofür es sich zu leben lohnt, S. 228 f.
242 Sartre, Den Menschen erfinden, S. 39.
243 Dülmen, Erfindung des Menschen, S. 128.
244 Bataille, Die Erotik, S. 135 ff.
245 Wilde, Tereny, S. 169.
246 Römerbrief 7,18.
247 Wilde, Das Bildnis des Dorian Gray, S. 29.
248 Wilde, Tereny, S. 51.
249 Kupfer, Die künstlichen Paradiese, S. 415.
250 Sommer, Feste, Mythen, Rituale, S. 84.
251 Neuhaus, Der Stierkampf, 2007; Frisch, Stiller, S. 257 ff.
252 Mattig, Rock und Pop als Ritual, 2009; Trotha, Soziologie der Gewalt, S. 235 ff.
253 Wetz, Die Magie der Musik, 2004.
254 Ebd.
255 2 Samuel 6,16; Jeremia 31,4.
256 Dante, Die Göttliche Komödie, S. 178 f.
257 Rilke, Briefwechsel mit Magda von Hattingberg, S. 30.
258 Tolstoi, Die Kreutzersonate, S. 114.
259 Mann, Doktor Faustus, S. 16.
260 Ebd., S. 321.
261 Ebd., S. 550.
262 Ebd., S. 551.
263 Ebd., S. 391 f.
264 Ebd., S. 646.

Anmerkungen 251

265 Ebd., S. 98.
266 Zweig, Ungeduld des Herzens, S. 336 ff.
267 Mann, Frühe Erzählungen, S. 246 ff.
268 Mann, Buddenbrooks, S. 498.
269 Wetz, Die Magie der Musik, 2004.
270 Kaimann, Celebration Generation, 2007.
271 Rapp, Lost and Sound, 2009; Denk/von Thülen, Der Klang der Familie, 2012.
272 Airen, Strobo, 2009; Goetz, Rave, 2001; Hirth, Lutra Lutra, 2016.
273 Masci, Die Ordnung herrscht in Berlin, 2014.
274 Simmel, Der Begriff und die Tragödie der Kultur, S. 245 ff.
275 Cassirer, Die Tragödie der Kultur, S. 103 ff.
276 Huxley, Schöne Neue Welt, 2014.
277 Huxley, Eiland, 2014.
278 Vibhuti Uzler, Party am Abgrund, 2013.
279 Gide, Erzählungen, S. 136.
280 Schiller, Sämtliche Werke, Bd. 5, 384.
281 Kant, Werke, 1968, Bd. 7, S. 170.
282 Freud, Werkausgabe in zwei Bänden, 1978, S. 375.
283 Benn, Gesammelte Werke, Bd. 1, S. 341.
284 Kemper/Sonnenschein (Hrsg.), Sucht und Sehnsucht, S. 161.
285 Lévi-Strauss, Traurige Tropen, S. 179.
286 Huysman, Gegen den Strich, 2011.
287 Wetz, Lob der Untreue, 2011.
288 Gide, Erzählungen, S. 163.
289 Holzberg 2009, 139.
290 Simmel, Das Abenteuer, S. 27.
291 Gide, Erzählungen, S. 111.
292 Holzberg, Catull, S. 37.
293 Mirabeau, Der Garten der Qualen, 1992.
294 Réage, Geschichte der O, 1999.
295 Jauch, Sade, S. 54.
296 Sade, Justine oder Vom Mißgeschick der Tugend, 1967; Sade, Juliette oder Die Vorteile des Lasters, 1990.
297 Sade, Die 120 Tage von Sodom, 2006.
298 Ebd., S. 390.
299 Ebd., S. 388.

300 Kupfer, Die künstlichen Paradiese, S. 191.
301 Flaßpöhler, Der Wille zur Lust, 2007.
302 Bataille, Die Erotik, S. 173 ff.
303 Elias, Über den Prozess der Zivilisation, 1976.
304 Douglas, Reinheit und Gefährdung, 1985.
305 Nietzsche, Kritische Studienausgabe, Bd. 6, 254, S. 307, S. 372.
306 Frazer, Der goldene Zweig, S. 207 f., S. 573 f.
307 Tertullian, Über die Spiele, 2008.
308 Douglas, Reinheit und Gefährdung, S. 52.
309 Frazer, Der goldene Zweig, S. 325, S. 882.
310 Ebd., S. 302 ff.
311 Eliade, Die Religionen und das Heilige, S. 37.
312 Werner, Dunkle Materie, S. 57.
313 Sade, Die 120 Tage von Sodom, S. 385.
314 Leiris, Die eigene und die fremde Kultur, S. 228 ff.
315 Pfaller, Wofür es sich zu leben lohnt, 2012.
316 Schiller, Sämtliche Werke, Bd. 4, S. 58.
317 Goethe, Werke in zwölf Bänden, Bd. 2, S. 19.
318 Bataille, Theorie der Religion, S. 46.
319 Jauch, Sade, S. 197.
320 Shakespeare, Venus und Adonis, S. 755/756.
321 Goethe, Werke in zwölf Bänden, Bd. 1, S. 368.
322 Stirner, Der Einzige und sein Eigentum, S. 359.
323 Nietzsche, Kritische Studienausgabe, Bd. 3, S. 271.
324 Nietzsche, Kritische Studienausgabe, Bd. 9, S. 451.
325 Sombart, Liebe, Luxus und Kapitalismus, S. 86; Zola, Nana, S. 324 ff.
326 Benn, Gesammelte Werke, Bd. 3, S. 53.

Literatur

Abelard und Heloise: Die Leidensgeschichte und der Briefwechsel, München 1987.
Agamben, Giorgio: Homo sacer, Frankfurt 2002.
Airen: Strobo, Berlin 2009.
Aischylos: Tragödien, Mannheim 2011.
Aldhouse Green, Miranda: Menschenopfer, Essen 2003.
Anaux de la Croix: Liebeskunst und Lebenslust. Sinnlichkeit im Mittelalter, Darmstadt 2003.
Andersch, Alfred: Der Vater eines Mörders, Zürich 1980.
Andrée, Salomon A.: Dem Pol entgegen, Leipzig 1930.
Angelus Silesius: Cherubinischer Wandersmann, Stuttgart 1986.
Annunzio, Gabriele d': Lust, Stuttgart 2008.
Arendt, Hannah: Eichmann in Jerusalem, München 2011.
Arendt, Hannah / Fest, Joachim: Eichmann war von empörender Dummheit, München 2013.
Augustinus, Aurelius: Bekenntnisse, München 1955.
Baberowski, Jörg: Räume der Gewalt, Frankfurt/M. 2015.
Bachtin, Michail M.: Literatur und Karneval, Frankfurt/M. 1990.
Barthes, Roland: Die helle Kammer, Frankfurt/M. 1985.
Bataille, Georges: Die Erotik, München 1994.
Bataille, Georges: Die Aufhebung der Ökonomie, München 2001.
Bataille, Georges: Das obszöne Werk, Hamburg 1982.
Bataille, Georges: Das Blau des Himmels, Berlin 2006.
Bataille, Georges: Theorie der Religion, München 1997.
Bataille, Georges: Die innere Erfahrung, München 1999.

Bataille, Georges: Das Unmögliche, München 1987.
Bataille, Georges: Nietzsche und der Wille zur Chance, Berlin 2005.
Bataille, Georges: Gilles de Rais, Hamburg 2006.
Bataille, Georges: Henker und Opfer, Berlin 2008.
Bataille, Georges: Aufgaben des Geistes, Berlin 2012.
Baudelaire, Charles: Die Blumen des Bösen, Frankfurt/M. 1979.
Baudelaire, Charles: Die künstlichen Paradiese, Zürich 2000.
Baudelaire, Charles: L'Idéal, zitiert nach Kupfer, Alexander: Künstliche Paradiese 2006.
Baudrillard, Jean: Von der Verführung, München 1991.
Bauer. Joachim: Schmerzgrenze, München 2013.
Beck, Teresa Koloma / Schlichte, Klaus: Theorien der Gewalt, Hamburg 2014.
Beckett, Samuel: Molloy, Paris 1951.
Benjamin, Walter: Zur Kritik der Gewalt, Frankfurt/M. 1978.
Benjamin, Walter: Über Haschisch, Frankfurt/M. 1979.
Benn, Gottfried: Gesammelte Werke I-IV, Stuttgart 1977.
Bergson, Henri: Die beiden Quellen der Moral und der Religion, Freiburg 1980.
Bertholet, Denis: Paul Valéry, Berlin 2011.
Blumenberg, Hans: Die Vollzähligkeit der Sterne, Frankfurt/M. 1997.
Bolz, Norbert: Konsumistisches Manifest, München 2002.
Breton, André: Die Manifeste des Surrealismus, Hamburg 1977.
Brüning, Barbara: Mechthild von Magdeburg, Mechthild von Hackeborn, Gertrud die Große, Leipzig 2008.
Buber, Martin: Ekstatische Konfessionen, Berlin o.J.
Büchner, Georg: Woyzeck, in: Werke und Briefe 1. Band, Frankfurt/M. 1979.
Buford, Bill: Geil auf Gewalt, München 2010.
Buñuel, Luis: Mein letzter Seufzer, Berlin 2004.
Burckhardt, Jakob: Weltgeschichtliche Betrachtungen, München 1978.
Burroughs, William S.: Junkie, Frankfurt/M. 1978.
Burschel, Peter: Die Erfindung der Reinheit, Göttingen 2014.
Camus, Albert: Der Fremde, Reinbek 2008.
Camus, Albert: Die Pest, Reinbek 2008.
Cancik, Hubert: Rausch-Ekstase-Mystik, Düsseldorf 1978.

Cassirer, Ernst: Die Tragödie der Kultur, in: ders.: Zur Logik der Kulturwissenschaften, Darmstadt 1994.

Conrad, Joseph: Herz der Finsternis, Stuttgart 2012.

Cook, Frederick A.: Wo Norden Süden ist, Hamburg 1953.

Cook, Frederick A.: Zum Mittelpunkt der Arktis, Braunschweig/Berlin/Hamburg 1928.

Dante Alighieri: Die Göttliche Komödie. Fegfeuer. Zweiter Gesang, Stuttgart 1977.

Denk, Felix / von Thülen, Sven: Der Klang der Familie, Frankfurt/M. 2012.

Diderot, Denis: Die Nonne, Frankfurt/M. 2003.

Dostojewskij, Fjodor: Schuld und Sühne, München 1953.

Douglas, Mary: Reinheit und Gefährdung, Berlin 1985.

Duerr, Hans Peter: Der erotische Leib, Frankfurt/M. 1999.

Duerr, Hans Peter: Die Tatsachen des Lebens, Frankfurt/M. 2005.

Dülmen, Richard van: Theater des Schreckens. Gerichtspraxis und Strafrituale in der frühen Neuzeit, München 2010.

Dülmen, Richard van (Hrsg.): Erfindung des Menschen, Wien/Köln/Weimar 1998.

Durkheim, Emile: Die elementaren Formen des religiösen Lebens, Frankfurt/M. 1981.

Edinger, Nikolaus: Kathartische Exzesse, Hamburg 2013.

Elias, Norbert: Über den Prozess der Zivilisation, Frankfurt/M. 1976.

Eliade, Mircea: Die Religionen und das Heilige, Salzburg 1954.

Enzensberger, Christian: Größerer Versuch über den Schmutz, Frankfurt/Berlin/Wien 1980.

Euripides: Tragödien in zwei Bänden, Mannheim 2010.

Feldmann, Christian: Ein Gott zum Küssen. Wie Mystiker leben und was sie erfahren, Freiburg 2012.

Flaßpöhler, Svenja: Der Wille zur Lust. Pornographie und das moderne Subjekt, Frankfurt/M./New York 2007.

Fink, Helmut / Rosenzweig, Rainer (Hrsg.): Das Tier im Menschen, Münster 2013.

Fischer-Lichte, Erika: Ästhetik des Performativen, Frankfurt/M. 2004.

Foucault, Michel: Die Ordnung der Dinge, Frankfurt/M. 1974.

Foucault, Michel: Wahnsinn und Gesellschaft, Frankfurt/M. 1980.

Foucault, Michel: Überwachen und Strafen, Frankfurt/M. 1994.

Foucault, Michel: Interview Juni 1982, in: Diskus 3/99.

Foucault, Michel: Die Anormalen, Frankfurt/M. 2007.

Foucault, Michel: Ästhetik der Existenz, Frankfurt/M. 2007.

Frazer, James G.: Der goldene Zweig, Hamburg 2011.

Freud, Sigmund: Gesammelte Werke, Frankfurt/M. 1938.

Freud, Sigmund: Werkausgabe in zwei Bänden, Frankfurt/M. 1978.

Freud, Sigmund: Studienausgabe, Frankfurt/M. 1982.

Frisch, Max: Graf Öderland, Frankfurt/M. 1963.

Frisch, Max: Stiller, Frankfurt/M. 1980.

Gebhardt, Miriam: Als die Soldaten kamen, München 2015.

Gehlen, Arnold: Der Mensch, Wiesbaden 1976.

Gehlen, Arnold: Urmensch und Spätkultur, Wiesbaden 1986.

Gelpke, Rudolf: Vom Rausch im Orient und Okzident, Stuttgart 1995.

Genet, Jean: Querelle, Hamburg 2003.

Gennep, Arnold van: Übergangsriten, Frankfurt/M. 1999.

Gide, André: Erzählungen, Berlin 1978.

Gide, André: Die Verliese des Vatikans, München 2003.

Girard, René: Ich sah den Satan vom Himmel fallen wie ein Blitz, München 2002.

Girard, René: Gewalt und Religion, Berlin 2010.

Girard, René: Das Heilige und die Gewalt, Ostfildern 2012.

Goetz, Rainald: Rave, Frankfurt/M. 2001.

Goethe, Johann Wolfgang: Werke in zwölf Bänden, München 1998.

Haas, Alois: Mystik als Aussage-, Erfahrungs-, Denk- und Redeformen christlicher Mystik, Frankfurt/M. 2007.

Han, Byung-Chul: Topologie der Gewalt, Berlin 2014.

Hanske, Paul-Philipp / Sarreiter, Benedikt: Neues von der anderen Seite, Frankfurt/M. 2015.

Hecken, Thomas: Avantgarde und Terrorismus, Bielefeld 2006.

Heckmann, Heinz, Dieter / Walter, Sven (Hrsg.): Qualia, Paderborn 2006.

Heitmeyer, Wilhelm / Soeffner, Hans-Georg (Hrsg.): Gewalt, Frankfurt/M. 2004.

Helbling, Jürg: Tribale Kriege. Konflikte in Gesellschaften ohne Zentralgewalt, Frankfurt/M. 2006.

Hesse, Hermann: Steppenwolf, Frankfurt/M. 1973.

Hirth, Matthias: Lutra Lutra, Dresden 2016.

Hofmann, Albert: LSD – mein Sorgenkind, Stuttgart 2013.

Holzberg, Niklas: Catull. Der Dichter und sein erotisches Werk, München 2003.

Holzberg, Niklas: Die römische Liebeselegie, Darmstadt 2009.

Honig, Jan Willem / Both, Norbert: Srebrenica, München 1997.

Hume, David: Eine Untersuchung über die Prinzipien der Moral, Stuttgart 1996.

Huysman, Joris-Karl: Tief unten, Stuttgart 2007.

Huysman, Joris-Karl: Gegen den Strich, München 2011.

Huxley, Aldous: Die Pforten der Wahrnehmung. Himmel und Hölle, München 2014.

Huxley, Aldous: Schöne Neue Welt, Frankfurt/M. 2014.

Huxley, Aldous: Eiland, München 2014.

James, William: Die religiöse Erfahrung, Leipzig 1920.

Jauch, Ursula Pia (Hrsg.): Sade, Frankfurt/M. 2014.

Jünger, Ernst: Annäherungen. Drogen und Rausch, Stuttgart 1979.

Junker, Thomas / Paul, Sabine: Der Darwin Code, München 2010.

Jütte, Robert: Geschichte der Sinne, München 2000.

Kaimann, Zoe: Celebration Generation, Neckenmarkt 2007.

Kant, Immanuel: Werke. Akademie Textausgabe, Berlin 1968.

Kanitscheider, Bernulf (Hrsg.): Drogenkonsum – bekämpfen oder freigeben, Stuttgart 2000.

Karl, Reinhard: Ein Leben ohne Wenn und Aber, Zürich 2002.

Kaufmann, Matthias (Hrsg.): Recht auf Rausch und Selbstverlust durch Sucht, Frankfurt/M. 2003.

Kaufmann, Jean-Claude: Frauenkörper-Männerblicke. Soziologie des Oben-ohne, Konstanz 2006.

Kemper, Peter/ Sonnenschein, Ulrich (Hrsg.): Sucht und Sehnsucht, Stuttgart 2000.

Kierkegaard, Søren: Entweder/Oder, Gütersloh 1979.

Kierkegaard, Søren: Kleine Schriften 1848/49, Gütersloh 1984.

Klages, Ludwig: Vom kosmogonischen Eros, München 1922.

König, Stefan: Sternstunden des Alpinismus, München 1991.

Kristeva, Julia: Powers of Horror. An Essay on Abjection, New York 1982.

Kristeva, Julia: Fremde sind wir in uns selbst, Frankfurt/M. 2013.

Kuncik, Michael / Zipfel, Astrid: Medien und Gewalt, Mainz 2004.

Kupfer, Alexander: Göttliche Gifte, Stuttgart 1996.

Kupfer, Alexander: Die künstlichen Paradiese, Stuttgart 2006.

Kuwert, Philipp / Eichhorn, Svenja: Das Geheimnis unserer Großmütter, Gießen 2011.

Landauer, Gustav: Skepsis und Mystik, Münster/Wetzlar 1978.

Leary, Timothy: Politik der Ekstase, Erlbach 1997.

Leiris, Michel: Die eigene und die fremde Kultur, Frankfurt/M. 1985.

Lévy-Strauss, Claude: Traurige Tropen, Frankfurt/M. 2015.

Mann, Thomas: Frühe Erzählungen, Frankfurt/M. 1981.

Mann, Thomas: Doktor Faustus, Frankfurt/M. 2001.

Mann, Thomas: Buddenbrooks, Frankfurt/M. 2002.

Mann, Thomas: Der Zauberberg, Frankfurt/M. 2015.

Marinetti, Fillipo Tommaso: Teoria e invenzione futurista, Verona 1968.

Marx, Karl: Philosophische und ökonomische Schriften, Stuttgart 2008.

Masci, Francesco: Die Ordnung herrscht in Berlin, Berlin 2014.

Mattheus, Bernd: Antonin Artaud, München 2002.

Mattig, Ruprecht: Rock und Pop als Ritual, Bielefeld 2009.

Mauthner, Fritz: Der Atheismus und seine Geschichte im Abendlande Bd. 4, Aschaffenburg 2011.

Messner, Reinhold: Antarktis, München 1995.

Michaux, Henri: Turbulenz im Unendlichen, Frankfurt/M. 1961.

Milgram, Stanley: Das Milgram-Experiment, Reinbek 1982.

Mirabeau, Octave: Der Garten der Qualen, Stuttgart 1992.

Montaigne, Michel de: Essais, München 1998.

Mühlhäuser, Regina: Vergewaltigungen durch Soldaten der Wehrmacht, Hamburg 2010.

Münkler, Herfried: Der Wandel des Krieges, München 2010.

Neitzel, Sönke / Welzer, Harald: Soldaten, Frankfurt/M. 2011.

Neuhaus, Rolf: Der Stierkampf, Frankfurt/M. 2007.

Nietzsche, Friedrich: Kritische Studienausgabe in 15 Bänden, München/Berlin/New York 1980.

Nitsch, Hermann: Das Orgien Mysterien Theater, Salzburg/Wien 1990.

Novalis: Werke und Briefe, Gütersloh 1976.

Ohler, Norman: Der totale Rausch, Köln 2015.

Otto, Rudolf: Das Heilige, München 1979.

Ovid: Liebeskunst, Frankfurt/M. 1982.

Literatur

Tolstoi, Leo: Die Kreutzersonate, Frankfurt/M. 1968.

Petrarca, Franceso: Das einsame Leben, Stuttgart 2004.

Pitigrilli: Kokain, Hamburg 2005.

Pfaller, Robert: Wofür es sich zu leben lohnt, Frankfurt/M. 2012.

Popitz, Heinrich: Phänomene der Macht, Tübingen 2009.

Quincey, Thomas de: Bekenntnisse eines englischen Opiumessers, Frankfurt/M. 2009.

Raether, Martin: Der Acte gratuit, Heidelberg 1980.

Rapp, Tobias: Lost and Sound, Frankfurt/M. 2008.

Réage, Pauline: Geschichte der O, München 1999.

Reemtsma, Jan Philipp: Vertrauen und Gewalt, München 2009.

Reschika, Richard: Das Versprechen der Ekstase, Bochum/Freiburg 2011.

Rilke, Rainer Maria: Briefwechsel mit Magda von Hattingberg, Frankfurt/M. 2000.

Ritter, Henning: Die Schreie der Verwundeten. Versuch über Grausamkeit, München 2013.

Roebling, Iris: Acte Gratuit, München 2009.

Sacher-Masoch, Leopold von: Venus im Pelz, Frankfurt/M. 1980.

Sack, Gustav: in Spörl, Uwe: Gottlose Mystik in der deutschen Literatur um die Jahrhundertwende, Paderborn 1997.

Sade, Marquis de: Justine oder Vom Mißgeschick der Tugend, Frankfurt/M./Berlin 1967.

Sade, Marquis de: Juliette oder Die Vorteile des Lasters, Frankfurt/M./Berlin 1990.

Sade, Marquis de: Die 120 Tage von Sodom, Köln 2006.

Sartre, Jean-Paul: Den Menschen erfinden, Hamburg 1986.

Schiller, Friedrich: Sämtliche Werke, Stuttgart 1862.

Schmidt, Rainer: Liebestänze, Köln 2009.

Schmidt-Salomon, Michael: Jenseits von Gut und Böse, München 2012.

Schmitt, Carl: Der Begriff des Politischen, München 1932.

Schnädelbach, Herbert: Religion in der modernen Welt, München 2009.

Schnitzler, Arthur: Flucht in die Finsternis, Stuttgart 2006.

Simmel, Georg: Der Begriff und die Tragödie der Kultur, in: ders.: Philosophische Kultur, Leipzig 1911.

Simmel, Georg: Das Abenteuer, in: ders.: Philosophische Kultur, Berlin 1998.

Simmel, Georg: Individualismus der modernen Zeit, Frankfurt/M. 2008.

Shakespeare, William: Venus und Adonis, Stuttgart 2013.
Shakespeare, William: Hamlet, München 2012.
Sofsky, Wolfgang: Zeiten des Schreckens, Frankfurt/M. 2002.
Sofsky, Wolfgang: Traktat über Gewalt, Frankfurt/M. 2005.
Sofsky, Wolfgang: Die Ordnung des Terrors, Frankfurt/M. 2008.
Sofsky, Wolfgang: Das Buch der Laster, München 2009.
Sombart, Werner, Liebe, Luxus und Kapitalismus, Berlin 1996.
Sommer, Volker: Feste, Mythen, Rituale, Hamburg 1992.
Sontag, Susan: Krankheit als Metapher, Frankfurt/M. 2005.
Sontag, Susan: Das Leiden anderer betrachten, Frankfurt/M. 2005.
Sontag, Susan: Die pornographische Phantasie, in: Jauch, Ursula Pia (Hrsg.), Sade, Frankfurt/M. 2014.
Sorel, Georges: Über die Gewalt, Frankfurt/M. 1981.
Sorg, Eugen: Die Lust am Bösen, München 2011.
Spörl, Uwe: Gottlose Mystik in der deutschen Literatur um die Jahrhundertwende, Paderborn 1997.
Stiglegger, Marcus: Ritual und Verführung, Berlin 2006.
Stiglegger, Marcus: Terrorkino, Berlin 2010.
Stirner, Max: Der Einzige und sein Eigentum, Stuttgart 1985.
Stowasser, Horst: Anarchie, Hamburg 2007.
Strassmann, Rick: DMT, München 2012.
Strindberg, August: Nach Damaskus, Stuttgart 1979.
Teresa von Avila: Das Buch meines Lebens. Gesammelte Werke 1, Freiburg 2006.
Tertullian: Über die Spiele, Stuttgart 2008.
Thoreau, Henry David: Walking, in Kupfer, Alexander: Die künstlichen Paradiese 2006.
Thukydides: Der Peloponnesische Krieg, Stuttgart 2014.
Tolstoi, Leo: Die Kreutzersonate, Frankfurt/M. 1968.
Trotha, Trutz von (Hrsg.): Soziologie der Gewalt, Opladen/Wiesbaden 1997.
Tugendhat, Ernst: Egozentrizität und Mystik, München 2006.
Turner, Victor: Das Ritual, Frankfurt/M. 2005.
Turner, Victor: Vom Ritual zum Theater, Frankfurt/M 2009.
Uhl, Matthias / Eckard, Voland: Angeber haben mehr vom Leben, Heidelberg/Berlin 2002.

Literatur

Vatsyayana: Kamasutra, Berlin 2004.

Vergil: Aeneis, Köln 2010.

Vibhuti Uzler, Bettina: Party am Abgrund, Berlin 2013.

Wahl, Klaus: Aggression und Gewalt, Heidelberg 2013.

Walder, Patrick / Amend, Günter: Ecstasy und Co. Alles über Partydrogen, Reinbek 1997.

Wehr, Gerhard: Europäische Mystik, Wiesbaden o.J.

Werner, Florian: Dunkle Materie: Die Geschichte der Scheiße, München 2011.

Wilde, Oscar: Das Bildnis des Dorian Gray, Frankfurt/M. 2000.

Wilde, Oscar: Tereny, Hamburg 2004.

Wetz, Franz Josef: Lebenswelt und Weltall, Stuttgart 1994.

Wetz, Franz Josef: Kunst der Resignation, Stuttgart 2000.

Wetz, Franz Josef: Die Magie der Musik, Stuttgart 2004.

Wetz, Franz Josef: Illusion Menschenwürde, Stuttgart 2005.

Wetz, Franz Josef: Lob der Untreue, München 2011.

Wetz, Franz Josef: Rebellion der Selbstachtung, Aschaffenburg 2014.

Zimbardo, Philip: Der Luzifer-Effekt, Berlin/Heidelberg 2012.

Zola, Emile: Nana, Frankfurt/M. 2008

Zola, Emile: Bestie Mensch, Bremen 2013.

Zweig, Stefan: Meistererzählungen, Frankfurt/M. 1970.

Zweig, Stefan: Ungeduld des Herzens, Frankfurt/M. 2001.

Gerhard Vollmer
Gretchenfragen an den Naturalisten
Schriftenreihe der Giordano Bruno Stiftung, Bd. 5
ISBN 978-3-86569-204-7, 90 Seiten, geheftet, Euro 5.-

Gerhard Vollmer, Physiker, Philosoph und selbst Naturalist, beantwortet 46 Kernfragen über Gott, Welt und Mensch im Sinne des philosophischen Naturalismus. Anders als Goethes Faust hat er es nicht nötig, seine Meinung wortreich zu verbergen. Vielmehr geht es ihm darum, auf klare Fragen – manchmal auch auf unklare Fragen – klare Antworten zu geben.

Bernulf Kanitscheider
Die Materie und ihre Schatten
Naturalistische Wissenschaftsphilosophie
ISBN 978-3-86569-015-9, 298 Seiten, kartoniert, Euro 20.-

Im Laufe der Jahrmillionen hat die Natur eigenständige Strukturen und Gebilde hervorgebracht, die den Eindruck erwecken, als habe sie sich ihrer eigenen Stofflichkeit entfremdet. Sind diese Schatten der Materie ein Zeichen für die Grenzen einer naturalistischen Verfassung alles Seienden oder nur Ausdruck des schöpferischen Potentials der Natur? Bernulf Kanitscheiders Antwort ist klar: Unser Universum ist eine Welt der Materie und der Stoff, aus dem diese Welt besteht, ist lebendig und kreativ. Deshalb braucht es auch keine übernatürlichen Kräfte, um das Geschehen zu erklären; mit der Idee der „Selbstorganisation" lässt sich ein schlüssiges Bild von der Welt zeichnen.
Bernulf Kanitscheider bringt die naturalistische Sicht der Dinge näher, erläutert ihre Varianten und stellt uns die Tradition vor. In einem eigenen Kapitel wendet er sich der Praktischen Philosophie zu und erörtert, was eine naturalistische Philosophie auf die Frage „Wie sollen wir leben" antworten könnte.

Heinz W. Droste
Turn of the Tide – Gezeitenwechsel
Einführung in Mario Bunges exakte Philosophie
ISBN 978-3-86569-189-7, 196 Seiten, kartoniert, Euro 14.-

Mario Bunge gilt als wichtiger Vertreter des zeitgenössischen philosophischen Realismus. Der 1919 in Buenos Aires geborene Philosoph geht von der grundlegenden Erkennbarkeit der Welt aus. Er steht in der Tradition der Aufklärung: Objektivität und das Vertrauen in die Vernunft als menschliche Erkenntnisgrundlage verteidigt er gegen relativistische postmoderne philosophische Strömungen.
Aus Bunges Sicht ist eine Philosophie wertvoll, „wenn sie uns hilft, zu lernen, zu handeln, unser wertvolles kulturelles Erbe zu erhalten, und wenn sie uns anleitet, unser Zusammenleben mit unseren Mitmenschen zu fördern". Auf der Basis dieser Definition hat sich Bunge immer wieder in gesellschaftliche Debatten eingemischt – beispielsweise in die Diskussion des menschenverursachten Klimawandels und der Risiken neoliberaler Wirtschaftskonzepte. Heinz W. Droste legt die erste deutschsprachige Einführung zu Mario Bunge und den Grundzügen seiner Philosophie vor.

Alibri Verlag, Postfach 100 361, 63703 Aschaffenburg
Fon (06021) 581 734, www.alibri.de